데이터 리터러시

데이터 리터러시

AI 시대를 지배하는 힘

강양석 지음

Data Literacy

이콘

차례

서문: 데이터를 삶의 소품으로 _009

\1장\ 2020년, 우리가 데이터를 쓰는 모습

- 80%가 버려지고, 8%만 성공한다 _014
- 열에 일곱은 믿지 않는 자신의 데이터 _019
- 엄청난 투자, 그러나 실사용은 고작 21% _024

\2장\ 디지털 대전환의 열쇠, 데이터 리터러시

- 대전환의 걸림돌① 데이터 공유하기 싫어요. _028
- 대전환의 걸림돌② 데이터 읽을 줄 몰라요. _034
- 걸림돌 제거 작전: 2020년부터 열에 여덟은 데이터 리터러시 집중! _040
- 데이터 리터러시, 회사 가치를 5% 늘리는 힘 _049

\3장\ 개척자들의 데이터 리터러시

- 일반인을 위해, 골고루, 문제해결 중심으로 _058
- 생각보다 엄중한 데이터 윤리 _063
- 개척자들의 접근법 _068

\4장\ 데이터 리터러시 접근법: 말을 배우듯

- 내게 필요한 데이터 리터러시는 어떻게 결정되는가? _078
- 개인의 데이터 리터러시는 일상의 문제해결에서부터 _110
- 조직의 데이터 리터러시는 '데이터 놀이' _114

\5장\ 데이터 리터러시의 전제조건: 데이터의 힘을 믿습니까?

- 데이터와 인지력 _122
- 데이터와 판단력 _153
- 데이터와 설득력, 그리고 동기부여 _180

\ 6장 \ 데이터 리터러시 특강: 16가지 실전 역량

- 데이터 부서에서 자주 들리는 말들 _210

Ⅰ. 데이터의 이해와 관련된 역량들 _213
  1) 공감 역량: 뭐 좀 느껴지는 거 없나요?
  2) 직관 역량: 숫자가 튀는데요?
  3) 사실 파악 역량: 설마, 잘못 읽어서 그런 건 아니죠?
  4) 패턴 파악 역량: 결대로 썰어봐요.
  5) 비판 역량: 사실인가? 연관이 있는가? 그게 전부인가?

Ⅱ. 데이터를 잘 확보하는 역량 _260
  1) 지목 역량: 원하는 게 정확히 뭔지 모르겠어요
  2) 수집 역량: 넝마주이세요?
  3) 대체 데이터 생산 역량: 데이터 없으면 분석 끝나나요?

Ⅲ. 데이터를 통해 잘 판단하는 역량 _285
  1) 맥락 파악 역량: 누울 자리를 보고 다릴 뻗어라
  2) 어프로치 설계 역량: 바다를 끓일 거예요?
  3) 데이터 가공 역량: 왔다 갔다 분석하신건가요?
  4) 의사결정 원리 적용 역량: 기회비용은 무시한 건가요?

Ⅳ. 데이터로 소통하기 _318
  1) 표현 역량: 차트의 색감만 좋지 내용은 없네요. 화가세요?
  2) 스토리텔링 역량: 듣다가 길을 잃었어요.
  3) 리포팅 역량: 보고서 쓰러 회사 다녀요?
  4) 토론 역량: 아니, 그러니까……아니, 그러니까!

\ 7장 \ 맺으며: 데이터리터러시닷숍 프로젝트

부록: 메시지별 적합한 12개 차트 유형 _368

평심서기(平心舒氣), 아버지 사랑합니다.

서문_ 데이터를 삶의 소품으로

2015년 데이터 사고력을 강조한 책 『데이터로 말하라』를 썼을 때만 해도 외로웠다. 모두가 데이터를 고급 분석 툴이나 빅데이터, 또는 숫자의 집합이나 업무의 대상으로만 보는 것 같았기 때문이다. 또한 4차 산업혁명의 주인공은 우리 자신이지 데이터가 아님에도 '데이터와 관련된 고급 스킬로 무장하지 않으면 뒤처질 것'라는 공포까지 조장됐다.

하지만 2020년인 지금은 개인이 소소하게 데이터를 읽고, 쓰고, 데이터로 소통하는 기본기가 갖는 중요성이 전 세계적으로 활발히 논의되고 있다. 구텐베르크의 금속활자가 기술적 혁신을 넘어 역사적 도구가 된 것도 '지식의 개인화'에 기여했기 때문이라는데, 데이터 역시 그에 필적할 만한 도구로 기능할지 기대된다.

데이터를 그런 도구로 만들려면 데이터 활용에 필요한 생각 근육을 키워야 한다. 데이터에 끌려가기보다는 데이터를 끌어갈 생각의 힘이 강해져야 한다는 뜻이다. 데이터는 어디까지나 생각을 거드는 도구이지, 그 자체가 생각이 될 수는 없기 때문이다.

데이터의 힘과 한계를 균형 있게 받아들이고, 비판하고 해결하며 방어하고 공격하는 생각 근육을 단련하자. 데이터는 그 이후에 활용할 수 있는 기폭제다. 우리 모두가 데이터과학자가 될 필요는 없고 그럴 수도 없다. 나도 아니다. 인생관이나 전략을 극적으로 뒤엎을 촌철살인 데이터를 만날 가능성은 낮다. 평상시대로 잔잔하게 각자의 상황에서 어떤 목적을 가질지 먼저 챙기자. 데이터는 그다음에 필요한 도구다.

그래서 데이터는 수리 영역이 아닌 언어 영역에 속한다. 수학처럼 숫자로 가득 채워져 있지만 수학처럼 정답을 주는 것이 아니란 뜻이다. 데이터는 분석의 대상이 아닌 소통의 도구이고 그렇기에 언어를 배우듯 접근해야 한다. 데이터 리터러시는 곧 '데이터를 언어처럼 사용하는 힘'이고, 이 책은 그에 필요한 데이터 활용 문법책이라 해도 좋겠다. 그 문법의 핵심을 최대한 쉽게 전달하기 위해 간략하고 쉬운 예들을 설명에 활용했으니 부디 내용이 지나치게 캐주얼하다는 생각에 독자 여러분이 실망하시진 않으셨으면 하는 바람이 있다.

더불어 데이터에 접근하는 데는 균형 잡힌 시각이 필요하다. 엑셀, 파이썬(Python), R, 시각화 도구, BI 등 툴의 시각에서 접근하면 큰 그림을 놓친다는 뜻이다. 바라건대 이 책이 데이터가 왜 삶의 필수품인지 이해하고, 일상적이어서 납득이 가고, 가벼워서 지치지 않고, 얕아서 넓고 균형감 있게 데이터에 접근하는 데 도움이 되길 바란다.

2021년 1월

강양석

1장

2020년, 우리가 데이터를 쓰는 모습

오염된 데이터를 쓸 바엔 차라리 아무것도 하지 말라.
– 찰스 배비지(Charles Babbage)

80%가 버려지고, 8%만 성공한다

데이터를 전략자원으로 보는 기업들이 본격적으로 늘어난 것은 약 10년 전의 일이다. 이들 회사는 데이터의 수집과 저장, 분석에 온 힘을 쏟았고 그 결과 많은 혁신을 우리에게 선사했다. 그런 노력 덕에 지구상에 존재하는 데이터의 90%는 지난 10년 동안 만들어졌다는 분석도 있는데, 그 규모는 대략 2025년까지 약 175제타바이트에 이를 것이라 한다. 이는 2017년 2월 대비 무려 10배나 되는 양이다.

감도 안 오는 이 규모는 우리에게 수많은 희망을 불러일으켰다. 컴퓨팅 파워, 즉 컴퓨터의 처리 능력이 조금만 더 향상된다면 마치 그 많은 데이터를 하나의 솥단지에 집어넣고 끓여 뭔가 어마어마한 결과물을 도출해낼 수 있을 것 같은 희망 말이다. 아니, 꼭 그렇게 거창한 것까진 아니더라도 최소한 인간의 작업 방식과 생산성 정도는 충분히 좋아질 거라고 우린 믿었다.

사실 우리의 기대대로 그간 데이터의 양은 많아졌고 컴퓨팅 파워도 충분히 빠르게 성장해왔다. 그럼 우린 지금 뭘 보고 있을까? 아마 상상한 그대로의 현실을 충분히 실감하고 있다고 자신 있게 얘기할 수 있는 사람은 많지 않을 것이다. 데이터에 대한 우리의 상상의 크기와 실제 기업들이 만들어 내는 가치의 사이에는 영원히 좁혀지지 않는 캐즘(chasm)이 존재한다. 그럼 그 격차는 더 벌어질까, 아니면 좁혀질까? 어차피 잠재 GDP와 실제 GDP의 관계 같은 것이지만, 더 벌어질지 좁혀질지 그 경향성은 고민해볼 필요가 있다. 강산도 변한다는 세월인 10년도 지났으니 이쯤해서 한번 되짚어보자.

2019년 같은 호기심을 가진 조사가 있었다. 글로벌 시장 조사 및 컨설팅 업체 포레스터(Forrester)에 따르면, 조사 대상이 된 글로벌 주요 기업들이 가진 데이터의 약 60~73%는 전혀 분석되지 못하고 사장된다 한다. 이렇게 처리되지 않은 채 막연히 '언젠간 쓸 일이 있겠지' 하며 쌓아둔 데이터를 다크 데이터(dark data)라고 부른다. 이런 다크 데이터는 수치 등으로 정형화된 데이터뿐 아니라 그림, 영상 등의 형태이기도 하며, 구식 디바이스 등에 저장돼 있기도 한다. 또 다른 시장조사 기관 가트너(Gartner)는 전 세계 데이터의 80% 이상이, IBM 리서치(IBM research)는 약 88%가 다크 데이터에 해당한다고 본다.

수집한 데이터를 100% 사용한다는 건 어차피 무리가 아닐까 싶겠지만, 문제는 단순히 여기서 끝나는 게 아니다. 그 많은 데이터를 만들고 유지하는 데 드는 비용이 만만치 않기 때문이다. 글로벌 정보보안 기업 베리타스(Veritas)는 "세계의 IT 관리자들이 비즈니스 가치가 있다고 여기는 데이터는 15%에 불과하다"면서 "이대로 둔다면 저장과 관리에 드는 비용이 2020년에는 약 3조 3,000억 달러에 육박할 수 있다"라고 경고하기까지 했다.

이에 더해 데이터를 사용하지 않는 데서 발생하는 기회비용까지 생각하면 문제는 한층 심각해진다. 일례로 글로벌 중장비 설비 분야의 공룡 기업인 캐터필러(Caterpillar)는 그렇게 사장된 데이터로 매년 약 90억~180억 달러어치의 추가 매출이 증발하고 있다고 2014년 추산했다. 캐터필러는 포크레인 같은 중장비에 센서를 부착하고 데이터를 분석해주는 '비전 링크' 서비스, 그리고 장비에 장착되는 '프로덕트 링크'를 통해 연료소비량, 장비 이상 유무, 가동 및 공회전 시간 등의 데이터를 인공위성을 통해 전송케 하는 혁신적 데이터 인프라로 유명하다. 그뿐만 아니라 PC나 스마트폰 등으로 분석된 정보를 고객이 활용함으로써 사고 예방 등을 할 수 있다는 강력한 고객 가치도 만들어냈다. 그런데 그렇게 놀라운 환경을 구축한 캐터필러도 자신들이 수집한 데이터를 잘 사용하지 못했던 것이다. 그 이유는 무엇일까?

문제는 딜러들이었다. 데이터 활용에 익숙하지 않았던 딜러들은 실시간으로 전송되는 고객 데이터를 아예 거들떠보지 않았고, 그에 따라 부품 이상 및 교체 징후가 있는 장비를 보유한 고객에게 재빨리 부품 구매를 권하는 세일즈 활동 역시 당연히 없었다. 그렇게 형성될 수 있는 추가 매출 규모가 최대 180억 달러, 즉 약 20조 원이라면, 이는 우리나라의 작은 대기업 그룹 매출이 기록하는 총합과 엇비슷한 액수다. 급기야 캐터필러는 딜러사들에게 이러한 데이터 방치 문제를 해결하라고 강력히 주문했고, 이를 충족시키지 못하는 업체와는 딜러 계약 종료라는 강수를 둬야만 했다(참고로 캐터필러의 딜러사 자격은 부모가 자식에게 세대를 건너 물려준다는 말이 있을 정도로 딜러들의 생계와 직결된 문제였다).

캐터필러의 사례는 우리에게 분명 시사하는 바가 있다. 데이터를 쌓는 것과 쓰는 것 그리고 그로 쌓은 데이터로 돈을 버는 것은 전혀 다른 사안이란 점이 그것이다. 디지털 대전환(Digital Transformation) 전략의 끝은 데이터를 쌓는 게 아니라, 쓰게 하는 데 있다는 것이다. 데이터를 효과적으로 사용하지 못하는 데 따르는 비용 규모는 일반 기업의 경우 전체 매출의 8~12%, 서비스업 회사의 경우 총비용의 40~60%에 육박할 것이라는 연구 결과도 있다. 절대로 무시할 수 없는 수치인 것이다.

이런 회사들의 65%는 결국 어떤 심각한 상황이 발생해서 그것을 개선해야겠다는 확실한 동기를 갖기 전까지 이 문제에 대해 수수방관하고 있는 게 일반적이다. '문제로 삼지 않으면 문제가 아니다'라는 식의 태도인 셈인데, 정말 큰 문제는 바로 이런 태도라 하지 않을 수 없다. 어떤 데이터든 검증 과정을 거쳐야 그것이 활용 가능한 것인지 아닌지를 알게 되는데, 검증되지 않은 데이터가 쌓이면 쌓일수록 이후에 들어갈 검증 비용은 감당할 수 없이 비싸지기 때문이다. 즉, '시간이 지나면 해결될 문제'가 아닌 것이다.

데이터를 분석, 검증하지 않고 쌓아두기만 할 경우 발생할 수 있는, 무시할 수 없는 또 다른 문제는 바로 보안과 컴플라이언스(compliance, 법·제도의 준수) 문제다. 어떤 데이터가 쌓여 있는지 모르다 보니 그 데이터들이 개인정보 취급 위반 등의 법적 문제를 일으킬 수 있는지조차도 모르는 것이다. 늘어나는 이 데이터 문제의 증가와 관련, 시장조사기관 가트너는 "기업의 80% 이상이 2021년까지 적절한 데이터 컴플라이언스 보완책을 개발하지 못한다면 심각한 법적 문제에 시달릴 것"이라고 경고했다.

지난 10년간 우리는 그저 데이터를 놓치지 않고 많이 쌓으려는 데만 열중한 것 같다. 글로벌 컨설팅 업체 액센츄어(Accenture)의 2019년 조사에 따르면 조사 대상 기업 중 데이터를 실질 가치로 전환하는 데는 고작 32%가. 데이터를 활용한 프로젝트에서 성공했다고 한다. 여러 기업들의 임원들을 대상으로 한 다른 조사에서 '데이터 기반 프로젝트에 만족했다'라고 답한 응답자 수는 전체의 8%에 불과했다.

이러한 현상에 주목해온 글로벌 사이버 보안 업체 재스크(JASK)의 머신러닝 수석연구원 딘 페퍼(Dean Pepper)의 말은 지난 10년을 중간 평가하는 데 큰 도움을 준다. 우리가 현재까지 집중했던 것, 그리고 앞으로 집중해야 할 것이 무엇인지에 대한 실마리가 되기 때문이다.

2019년 기업 AI 분야에서의 가장 큰 트렌드를 꼽으라면 단연 '데이터 활용'입니다. 수년 동안 쌓기만 했던 데이터를 이제야 본격적으로 사용하겠다고 생각하기 시작한 것이죠.

실제로 최근 국내외 기업은 다크 데이터에서 쓸모 있는 정보를 캐내는 일에 열중하고 있다. NHN, 엔씨소프트, LG CNS, 롯데카드 등 국내 대기업은 다크 데이터를 새로운 비즈니스 기회로 활용하려는 노력을 기울이는 중이고 구글(Google), 애플(Apple), 아마존(Amazon), 스포티파이(Spotify) 등의 글로벌 기업들은 다크 데이터 활용을 위한 AI 스타트업 인수전에 이미 뛰어들었다. 한마디로 지난 10년이 '축적의 시기'였다면, 이제 '분석의 시기'가 온 것이다.

열에 일곱은 믿지 않는 자신의 데이터

사실 데이터를 조금이라도 아는 사람 입장에서 보면 '축적의 시대'라는 표현은 결코 좋은 뜻이 아니다. 데이터는 쌓는 단계와 쓰는 단계가 구분되면 될수록 효용 가치가 떨어지기 때문이다. 사용하기 위해서가 아니라 막연히 '언젠간 쓰겠지'라는 생각으로 쌓아놓은 데이터는 정작 쓰려 할 때 애물단지가 되어버린다. 축적 목적이 불분명하다 보니 종류가 이것저것 마구 뒤섞여 쌓여 있는가 하면 언제 어떻게 집계되었는지를 알려주는 세심한 태그(tag)나 분류(classification)도 제대로 달려 있지 않은 상태이기 때문이다. 베리타스의 2019년 조사에 따르면, 조사에 응한 국내 기업들의 데이터 중 57%(글로벌 기업의 경우 52%)가 이러한 상태에 있다고 한다.

이런 경우 발생하는 골치 아픈 문제가 있다. 개별 데이터의 개념이 애매모호해 사용하기도 뭣하고, 사용하지 않는 것도 뭣하다는 게 그것이다. 비유하자면 내게 필요한 동물 데이터는 포유류, 조류, 양서류로 나뉘어 있어야 하는데 정작 쌓여 있는 데이터는 관심필요종, 멸종위기종, 멸종종의 기준으로 구분되어 있는 상황이라 하겠다.

이 때문에 업계에서는 데이터 알고리즘만큼이나 데이터의 전처리 및 후처리 역량을 중시한다. 이런 처리들이 제대로 되어 있지 않으면 막상 그 데이터를 쓰려 할 때는 다듬어야 할 게 너무나 많아지기 때문이다. 조티 스와룹(Jyothi Swaroop) 베리타스 부사장은 "데이터가 기업 전반에서 파편화되거나 태그가 올바르게 지정되지 않으면 다크 데이터가 될 가능성이 높고, GDPR(General Data Protection Regulation, 개인 정보보호 규정) 등의 데이터 보호 규정을 위반할 경우엔 기업의 평판 및 시장점유율에 부정적 영향을 미칠 수 있다"라고 우려를 표했다.

각 기업들이 지금까지 데이터를 잘 쌓아왔는가의 여부는 그들이 자신들의 데이터를 신뢰하는지 물어보면 금세 확인할 수 있다. 안타깝게도 2019년 액센츄어의 조사에 따르면 응답 기업의 30% 정도만 자신들의 데이터가 쓸 만하다고 믿고 있었다. 다시 말해 나머지 70% 정도의 기업은 데이터를 다시 쌓는 등의 특단의 조치가 필요한 것이다.

'쓰레기 같은 데이터로 분석하면 결과도 분명 쓰레기같이 나온다 (garbage-in, garbage-out)'라는 유명한 말은 그저 우스갯소리가 아니다. 글로벌 항공사인 유나이티드 에어라인스(United Air Lines)의 사례가 이에 딱 맞는 경우다. 과거 이 항공사는 비행기 좌석 수요를 과학적으로 예측하기 위해 자사가 보유하고 있던 데이터를 기반으로 예측 모형을 만들어 운영한 바 있다. 그런데 2018년 즈음, 그 모형의 기초가 되었던 데이터들은 근본도 알 수 없는 몇 십 년 전 구닥다리 데이터였음이 밝혀졌고 당연히 그 모형 역시 즉각 폐기됐다. 하지만 그 대가는 생각보다 혹독해서 유나이티드 에어라인스가 그 데이터 탓에 그간 '잃어버린 매출'은 연간 10억 달러 규모일 것으로 추산되었다. 이처럼 데이터를 쌓아놓기만 할 뿐 평소 활용하지 않으면 데이터 생성년 및 출처의 확인이라는 간단한 절차조차도 쉽게 무시되고, 그 때문에 감당하거나 손실로 처리되는 비용 규모 역시 매우 증가한다.

데이터를 활용 목적으로 쌓지 않아서 발생하는 문제에 더 적합한 미국 A 은행의 사례도 있다. A 은행은 모든 운영 영역에서 데이터를 통한 혁신을 만들어내고 싶었다. 그래서 그들이 처음으로 한 일은 최대한 많은 데이터를 모아 데이터 레이크[(data lake, 가공되진 않았지만 언제든 접근 가능하도록 만든 기업 내 데이터 시스템 또는 리파지토리(repository)]를 만드는 것이었다. 그러나 이 계획은 이내 실패하고 말았다. 저장된 데이터들이 도저히 쓸 수 없는 형태거나 오염된 상태라, 그들이 만든

것은 데이터 레이크라기보다 데이터 스웜프(data swamp)라고 불러야
할 수준이었기 때문이다.

A 은행이 무시한 것은 '전체 비즈니스 맥락에 맞는 데이터 수집 목
적의 설계'였다. 목적이 없다 보니 어떤 데이터를 수집해야 할지, 그 데
이터들을 어떤 구조로 쌓아야 할지, 그리고 쌓인 자료마다 어떤 적요
를 달고 어떻게 계통을 잡아놔야 할지에 대한 과정이 전혀 이뤄지지
않았던 것이다. 어떤 요리를 만들지도 정하지 않은 상태에서 그저 최
대한 많이 재료들만 사서 쌓아놓은 셈이다.

미리 생각해놔야 했던 것은 그것들 외에도 또 있었다. 은행업의 특
성상 좋은 의사결정을 하기 위해서는 은행 밖 주체들과 관련된 데이터
도 고려해야 하는 것이 필수다. 대표적인 예가 고객 데이터일 것이다.
고객 정보가 없으면 은행에서 벌어지는 일에 종합적인 의미를 부여하
는 게 불가능해지기 때문이다.

A 은행에선 안타깝게도 이런 상황들이 계속되었고, 쌓여가는 데이
터들이 망가지는 속도도 점차 빨라졌다. 자연히 은행 구성원들은 데이
터 레이크에 쌓인 모든 데이터를 신뢰하지 않았고 그것을 바탕으로 통
찰을 얻는다는 건 꿈도 꾸지 못했다. 수백억을 쏟아부은 A 은행의 데
이터 레이크 프로젝트는 그렇게 허무히 막을 내렸다.

물론 목적 없이 데이터 쌓는 일을 무턱대고 비난하는 것은 옳지 않
다. 데이터라는 것은 자꾸 쓰여야 단단해지지만, 사실 사용하려 할 땐
어떤 데이터가 됐든 존재해 있어야 하기 때문이다. 모든 일에 시작이

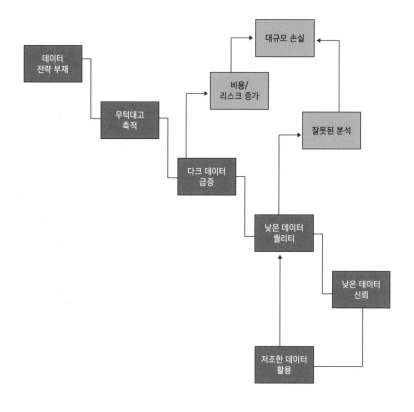

무턱대고 데이터를 쌓는 것은 큰 리스크를 짊어지는 것과 같다.

있듯 그간 우리는 그저 그 시작에 최선을 다했었다.

하지만 지금부터는 달라야 한다. 지금 이 순간에도 목적 없이 축적되는 데이터들은 언젠가 검증이라는 실험대에 오를 것이고, 그 결과에 따라 폐기되거나 신뢰를 얻을 것이다. 우리가 해야 할 일은 우선 그 검증 속도를 가속화하는 것, 그리고 지금까지와는 다르게 목적이 데이터의 생성, 활용, 폐기 등 전체 생애 주기를 주도할 수 있도록 데이터 감각을 날카롭게 다듬어놓는 것이다. 지금 우리에게 필요한 것은 데이터를 쓸 줄 아는 머리다.

엄청난 투자, 그러나 실사용은 고작 21%

날카로운 데이터 감각으로 데이터를 쓸모 있게 만드는 것은 사람이 하는 일이다. 그리고 앞서 말한 대로 데이터는 자꾸 쓸수록 쓸모가 있어진다. 이 과정이 원활히 이루어지려면 우선 누구나 데이터에 접근이 가능해야 한다. 그래야 경험이 쌓이고 데이터에 대한 시비가 공론화 및 가시화되며, 이를 통해 데이터가 점점 담금질되기 때문이다. 이것이 바로 데이터 투명성이 데이터 신뢰성에 기여하는 방식이다.

지난 10여 년간 우리는 '써야 좋아진다'라는 명제를 위해 천문학적 금액을 투자해왔다. IT 시장전문조사 기관 IDC의 발표에 따르면 글로벌 BDA(Big Data & business Analytics solution) 시장 규모는 2019년 현재 약 1,891억 달러에 이른다고 한다. 또한 이 시장은 2018~2022년 사이 연평균 약 13.2%의 고속성장세를 보이고 있으며 2022년경에는 약 2,743억 달러 규모에 도달할 것으로 예측된다. 근래 연평균 13%씩 성장하는 시장은 찾기 힘들다. 참고로 글로벌 IT 전체 지출액은

2018~2019년 새 0.4% 증가했다.

2020년 현재 세계 경기가 전반적으로 침체된 상황에서도 유독 이 시장이 빠르게 성장하는 이유를 IDC의 댄 베셋(Dan Vesset) 부사장은 다음과 같이 설명했다. "디지털 대전환이 핵심입니다. 기업의 최고 의사결정자들이 데이터를 통해 비즈니스를 더 빠르게, 더 경쟁력 있게 만들려고 본격적으로 움직이기 시작한 것이죠. 이를 위해 기업들은 모든 데이터 인프라를 재설계하고 있습니다. 그리고 그 핵심에 BDA 솔루션들이 있죠."

눈여겨볼 부분은 BDA 소프트웨어 시장인데, 그중 퍼블릭 클라우드를 통해 판매 및 구동되는 소프트웨어 영역의 성장세가 예사롭지 않다. 클라우드 기반 BDA 소프트웨어 시장은 2018~2022년에 무려 32.3%의 연평균성장률을 보일 것으로, 또 2022년이면 전체 BDA 소프트웨어 시장의 44%를 차지할 것이라 전망된다. 클라우드에서 빅데이터를 분석한다는 것은 그만큼 데이터 접근성과 투명성이 좋아짐을 의미한다. 이제 축적의 시대를 넘어 분석의 시대가 도래하고 있는 것이다.

하지만 이게 전부가 되어선 안 된다. 분석의 시대가 꽃을 피우려면 그 주체인 사람이 준비되어 있어야 한다. 좋은 인프라와 소프트웨어가 제아무리 많다 해도 그것을 안 쓰거나 못쓰면 아무런 의미를 갖지 못하기 때문이다.

그럼 우리는 얼마나 준비되어 있을까? 글로벌 데이터 리터러시 교육 기관인 클릭(Qlik)에 따르면 전 세계 지식근로자 중 약 60%가 비즈니스 인텔리전스 툴에, 그리고 75%가 데이터 분석 소프트웨어에 접근 가능하다고 한다. 하지만 안타깝게도 대부분의 조직에선 여전히 옛날 방식으로 데이터가 활용되고 있으며, 앞서 언급한 최첨단 데이터 분석 툴과 체계적인 교육은 소수의 전문가들에게만 허락되는 것이 현실이다. 언제 어디서나 데이터에 접근 가능한 권한은 당연히 그 소수만의 것이고 말이다.

결과적으로 일반적인 직원들은 그간 데이터에 대한 심리적 저항감을 해소할 기회가 없었다. 시비를 걸어야 하는데 외려 경외하게 된 것이다. 그래서인지 클릭의 조사에서 '데이터를 자신 있게 다룰 줄 안다', 즉 데이터를 읽고, 이해하고, 의문을 품고, 관련 문제를 해결하는 데 자신감이 있다고 답한 사람은 전체 응답자 중 21%에도 채 미치지 못했다. 더불어 같은 조사에 따르면 이런 변화를 이끌어나가야 할 임원들 중 32%만 데이터로 어떤 가치를 만들어내는 데 성공해본 경험이 있다고 한다.

이런 상황이라면 더 큰 저장 장치, 더 빠른 컴퓨팅 기기, 더 현란한 분석 소프트웨어에 돈을 퍼붓는 일을 멈춰야 한다. 이는 밑 빠진 독에 물 붓기와 마찬가지이기 때문이다. 독에서 물이 빠져나가는 속도보다 더 빨리 물을 붓겠다는 패기는 좋지만 우리는 좀 더 신중하게 접근해봐야 할 필요가 있다. 데이터나 툴이 부족한 건 아닌 듯한데, 사람들은 왜 데이터를 사용하지 않는 걸까?

2장

디지털 대전환의 열쇠, 데이터 리터러시

빅데이터는 비트가 아닌 재능으로 만들어져 있다.
−더글러스 머릴(Douglas Merrill)

대전환의 걸림돌① "데이터 공유하기 싫어요."

'사람들은 왜 데이터를 사용하지 않는 걸까?'에 대한 힌트를 나는 다음의 차트에서 얻었다.

2018년 가트너가 발표한 이 차트를 온전히 이해하려면 일단 CDO라는 생소한 단어를 알아야 한다. 'Chief Data Officer'의 약자인 CDO는 사람, 돈, 기술, 사업 아이템 못지않게 데이터 역시 기업의 중요한 전략 자원이라는 사실이 명확해지면서 생긴 임원급 포지션이다. 따라서 CDO는 데이터를 통해 자사의 모든 행위에 혁신을 불어넣어야 한다는 임무를 띠고 있으며, 당연히 디지털 대전환의 선봉장에 해당한다.

가트너는 2016년부터 매년 CDO들에게 정기 설문조사를 실시해

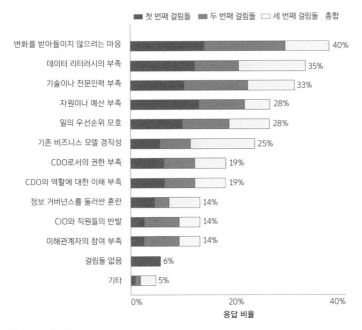

가트너 제3차 글로벌 CDO 서베이

■ 첫 번째 걸림돌 ■ 두 번째 걸림돌 □ 세 번째 걸림돌 총합

항목	총합
변화를 받아들이지 않으려는 마음	40%
데이터 리터러시의 부족	35%
기술이나 전문인력 부족	33%
자원이나 예산 부족	28%
일의 우선순위 모호	28%
기존 비즈니스 모델 경직성	25%
CDO로서의 권한 부족	19%
CDO의 역할에 대한 이해 부족	19%
정보 거버넌스를 둘러싼 혼란	14%
CIO와 직원들의 반발	14%
이해관계자의 참여 부족	14%
걸림돌 없음	6%
기타	5%

응답 비율

*설문 대상: CDO 152명
*질문: "CDO의 역할을 성공적으로 추진하는 데 있어 걸림돌은 무엇이라고 생각합니까?
       3순위까지 말씀해주십시오."

CDO(Chief Data Officer)들은 변화 마인드와 데이터 리터러시가 핵심 걸림돌이라고 지목했다. 출처: 가트너, 2019

왔다. 3년째인 2018년의 설문 주제는 'CDO 역할을 추진하는 데 있어
가장 큰 걸림돌은 무엇인가?'였는데 이에 대한 응답에서 1위는 '조직
은 아직 변할 마음이 없다는 것', 2위는 '조직이 데이터 읽는 법 자체를
모른다는 것(Poor Data Literacy)'이었다.

조직이 시행하려는 변혁의 크기가 크면 클수록 구성원들의 마음이 쉽게 모이지 않는 것은 사실 자연스러운 일이다. 변혁 자체를 반대해서라기보다는 대전환을 실감하지 못해 자신의 일이 아니라 여길 수 있기 때문이다. 하지만 이런 마음의 문제가 먼저 해결되지 않으면 다른 문제들을 풀어나가는 것도 어려울 수밖에 없다.

앞서 말한 대로 데이터는 자꾸 사용되어야 혁신의 중심에서 제 역할을 할 수 있다. 그러므로 이러한 변혁을 이끌어내려는 사람들은 조직 내에서 초반에 싫은 소리를 많이 듣겠지만, 그 고비를 넘을 때까지 많은 실험을 통해 구성원들 마음에 확신을 조금씩 심어줘야 한다. 데이터로 생각하고 결정하고 의사소통하는 것이 정말 유익하다는 확신 말이다.

마음이 먼저 풀려야 이후에 풀릴 수 있는 나머지 문제들 중 하나가 데이터 사일로(Data Silos) 현상이다. 사일로 현상은 서로 교류하지 않고 폐쇄적 성향을 띠어가는 상태를 의미한다. 때론 조직관료주의의 원흉으로 지목받기도 하는데, 이때의 관료주의는 부서원들이 회사 전체의 이익보단 자기 부서의 이익을 우선시하는 현상을 일컫는다. 종합하면 데이터 사일로 현상은 각 부서가 가지고 있는 데이터와 통찰을 다른 부서와 공유하지 않는 현상이라고 해석할 수 있다.

그 이유는 뭘까? 줘봐야 남 좋은 일만 시킨다고 생각하기 때문이다. 대학생 시절을 떠올려보면, 평소엔 수업도 안 듣다가 시험 기간만 되면 강의 노트를 빌려달라던 친구가 하나쯤 있기 마련이다. 이런 경우엔 노트를 빌려주지 않아야 한다. 그 친구의 심보가 괘씸하기도 하지만 대부분 대학의 학점은 상대평가 방식으로 매겨진다는 것이 보다 근본적인 이유다. 다시 말해 경쟁자에게는 데이터를 주면 안 되는 것이다.

하지만 기업은 다르다. 대학생은 좋은 학점을 받기 위해 타 학교의 학생들과 경쟁하지 않는 데 반해 기업은 외부의 다른 기업들과 시장에서 경쟁을 하기 때문이다. 외부의 경쟁자와 맞서려면 기업 내 하위 조직들은 반드시 협력해야 하기에 인사 체계를 뜯어고쳐서라도 이런 마음은 없애줘야 한다.

전 산업을 통틀어 광고업계만큼 디지털 대전환을 빨리 이룬 분야도 없을 것이다. 고객 탐색부터 광고 노출, 그리고 성과 검증까지 모든 과정이 디지털화되어 수월해진 것이 그러한 혁신의 비결이었다. 이런 분야에서는 데이터가 조직 간에서 더욱 잘 유통되어야 더 좋은 고객 탐색이 가능해지고 광고 성과의 향상도 기대할 수 있다.

2018년에 발표된 액센츄어의 보고서 '광고의 미래(The Future of Advertising)'에서도 조직의 사일로 현상은 이러한 성과를 저해하는 첫 번째 원인으로 밝혀졌다. 가장 빨리 디지털화된 산업 분야에서도 동일한 문제가 존재하는 것이다.

물론 이러한 사일로 현상이 나타나는 것에는 나름의 이유가 있으니, 바로 데이터 보안 문제다. 데이터가 혁신의 중심이 되려면 많이 유통되고 쓰여야 한다고 앞서 여러차례 말했는데, 정확히 이 과정이 데

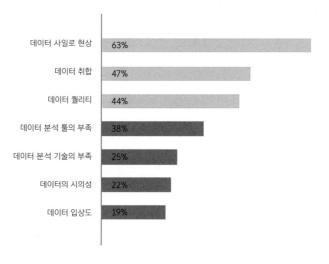

디지털 마케팅에서 고객 데이터 활용을 막는 걸림돌

데이터 사일로 현상	63%
데이터 취합	47%
데이터 퀄리티	44%
데이터 분석 툴의 부족	38%
데이터 분석 기술의 부족	25%
데이터의 시의성	22%
데이터 입상도	19%

디지털 광고 시장에서 가장 큰 걸림돌로 꼽힌 것도 조직 간의 데이터 사일로 현상이었다. 출처: 액센츄어, 2018

이터 보안 문제와 상충한다. 말하자면 투명성이 보안성과 충돌하는 양상인 것이다.

사실 이 문제는 디지털 대전환의 한가운데에 있는 모든 조직이 풀어야 할 새로운 숙제다. 맘먹고 옆 부서에 제공한 데이터가 어느 날 쟁자 손에 들려 있지 말라는 법이 없으니 말이다. 이에 대한 해결 방안은 크게 회사 전체의 데이터 거버넌스를 강화하여 관리 제도로 푸는 방법, 보안 툴을 보강하여 기술 장치로 푸는 방법, 또는 조직원 서로가 서로를 믿는 신뢰 문화 형성의 방법 등이 있다(마음과 의식의 문제가 여기에서 다시 한 번 등장한다).

마인드 문제에서 또 하나 빼놓을 수 없는 것이 권위주의, 특히 기득권을 가진 사람들의 권위주의다. 한때 국내 모 대기업은 생산 공정을 혁신적으로 개선할 디지털 분석 장비를 도입하려 했다. 그 회사의 핵심 경쟁력은 엔진에 들어가는 특정 부품을 매우 섬세하게 절삭가공하는 기술인데 이를 디지털화하려는 시도를 한 것이다. 다시 말해 어느 정도로 섬세히 절삭가공한 것이 완벽한 수준인지, 또 그렇게 완벽한 상태에 가까워지려면 어떻게 해야 하는지를 모두 데이터화하겠다는 계획이었다.

여기서 한번 상상해보자. 이 혁신에 대해 가장 강한 거부감을 표한 것은 누구였을까? 바로 기존의 절삭가공 전문가들이었다. 데이터화한다는 것은 표준화한다는 것이고, 표준화한다는 것은 누구든 쉽게 전문가 수준에 도달할 수 있게 함을 의미하기 때문이었다. 이렇듯 단순 위계가 아닌 전문 역량에서 비롯된 권위의식은 변화의 마인드셋과 정면으로 배치되고, 그렇기에 역시 풀어야 할 문제가 된다.

다시 31쪽의 차트로 돌아가보자. 가트너의 조사에서 CDO들이 지목한 '변화 마인드'는 이렇듯 모든 문제에 걸쳐져 있다. 역으로 보자면 그래서 딱히 뾰족한 실천적 솔루션이 없는 상황이기도 하다. 어찌 보면 이런 마인드 문제는 여타 모든 문제를 다시 한 번 돌돌 말아 달리 표현한 최대공약수 같은 것이다. 문제 삼기엔 좋지만 풀기는 애매한 사안 말이다. 즉각적이고 명쾌한 해결 방안이 단번에 나올 문제가 아닌 만큼 이에 대한 해결 방안은 지속적으로 끈질기게 탐구되어야 한다.

그렇다면 두 번째 걸림돌부터가 실천적 사안에 해당된다고 보는 것이 맞을 듯하다. 두 번째는 바로 '데이터를 읽고 쓸 줄 모른다는 것'이다.

대전환의 걸림돌② "데이터를 읽고 쓸 줄 몰라요."

2017년 스티븐 호킹(Stephen Hawking)은 "인류는 인공지능 때문에 멸망할 수도 있을 것"이라고, 또 같은 해 유발 하라리(Yuval Harari)는 "인공지능은 최악의 불평등 시대를 만들 것"이라고 이야기했다. 세계적인 석학들이 향후 인간을 지배할 인공지능에 대해 경고를 한 것이다.

이토록 인공지능이 급격히 발달 중이고 데이터 분석 솔루션에 수백조 원의 돈이 쓰이는 시대에 '데이터를 읽고 쓸 줄 모른다'는 것은 실로 적잖이 놀랄 수밖에 없는 일이다. 가트너의 조사결과를 다시 살펴보면 이러한 '데이터 리터러시 부족'은 인력 부족, 예산 부족, 모호한 사업 방향, 심지어 애매한 CDO의 역할 등보다 분명 더한 골칫거리로 지목되어 있다. 데이터를 읽고 쓸 줄을 모르니 자신감이 떨어지고, 자신감이 떨어지니 데이터로 문제를 해결해볼 엄두도 내지 못하는 것이다. 데이터는 한켠에서 급속도로 쌓여가고 유지 비용도 늘어가는데 그데이터가 정말 쓸 만한 것인지의 여부를 아는 이는 아무도 없다. 아주 간혹 누군가 써보기 위해 꺼내도 분석 오류에 빠질까 불안해서 쓸 수가 없고, 용기 내서 써봤는데 야속하게도 그 데이터는 오염돼 있었다는 사실이 나중에 밝혀지기도 한다. 그 결과 데이터는 다시 활용의 대상이 아닌 경외의 대상으로 남고……. 이런 악순환은 좀처럼 끝날 줄 모른다.

그러니 이 '형편없는 데이터 리터러시' 문제를 어떻게든 해결해야 하는데, 정확한 해결 방안 도출을 위해 우선은 '데이터 리터러시'라는 것이 무엇인지부터 알아보자.

'리터러시(literacy)'의 사전적 의미는 '읽고 쓸 수 있는 역량'이었는데, 2003년 유네스코는 다음과 같이 좀 더 종합적인 정의를 내렸다.

리터러시는 다양한 맥락을 담은 출력·문자화된 자료에서 개념을 명확히 이해하고, 해석하며, 만들어내고, 소통하는 역량을 말한다. 리터러시는 개인이 지속적으로 목표를 달성하고, 지식과 잠재력을 향상시키며, 주변 또는 더 큰 사회에 참여하게 한다.

유네스코의 이러한 정의는 다소 지엽적인 면이 있다. 근래 이야기되는 데이터는 그 개념이 점점 커지는 중인 데다 AI 같은 기술의 발달로 데이터에 대한 정의 역시 더욱 변화무쌍하게 달라지고 있기 때문이다. 이런 이유로, 데이터 리터러시의 사전적 개념에 너무 집착하거나 다른 변형 개념을 새로 제시하려 애쓰기보다는 '데이터 시대의 (모든) 리터러시'라고 정의하는 편이 유익하다는 주장도 나타났다. 이런 논의를 거쳐 데이터 리터러시에 대한 정의는 2016년 데이터 전문가 아니카 월프(Annika Wolff)에 의해 재정비된다.

데이터 리터러시는 데이터를 건전한 목적과 윤리적인 방법으로 사용한다는 전제하에, 현실 세상의 문제에 대한 끊임없는 탐구를 통해 질문하고 답하는 능력을 말한다. 이를 위해 핵심적으로 필요한 것은 실천적이고도 창의적인 능력들인데 전문가들의 데이터 취급 역량도 일부 포함된다. 예를 들면 데이터를 취사선택하고, 가다듬고, 분석하고, 시각화하고, 비판하고, 해석하는 역량, 더 나아가 스토리를 전개하며 소통하고 일하는 방식을 개선하는 역량 등이 그 예다.

좀 딱딱하긴 하지만 데이터 리터러시의 목적과 속성 역량이 잘 설명된 정의다. 우리가 데이터 리터러시를 배우는 목적은 데이터를 통한 사회와 조직의 개선이라는 것, 그리고 데이터 활용의 윤리적 측면도 명시되어 있기 때문이다.

인류의 모든 혁신은 생산도구와 역량의 대중화가 발생했을 때 임계수준을 돌파하기 시작했다. 활자기술은 기술혁신이지만 그것이 만들어낸 책(지식)의 대중화는 르네상스라는 사회혁신에 기여했다. 또 마이크로소프트(Microsoft)는 개인이 직관적으로 다룰 수 있는 소프트웨어 운영체계라는 기술, 애플은 개인 컴퓨터와 스마트폰이란 기술을 개발했고 이것들이 널리 보급되면서 사람들의 생활과 문화를 진일보시

컸다. 데이터 리터러시 역시 그 시대적 의미가 명확해져 널리 대중화될 때 데이터가 가진 가공할 힘을 최대한 발휘하게 할 것이다. 그래서 월프는 이 점을 강조하며 다음과 같이 말을 보태기도 했다.

사이언티스트들이나 전문가들이 아닌, 반드시 비전문가들에게 적용되어야 하는 개념이다. 전문가들은 리터러시라는 것 이상의 개념을 필요로 하기 때문이다.

마지막으로 좀 더 친숙한 접근도 있다. 바로 가트너의 것이다.

가트너는 데이터를 '언어'로 보는데, 개인적으로 나는 이 접근에 상당히 동의한다. 데이터를 언어로 본다는 이 발상은 단순히 신선함을 넘어 크게 두 가지 면에서 우리에게 기능적인 도움을 준다.

첫째는 '역할'이다. 간혹 데이터 자체가 문제를 해결해준다고 이해하는 이들도 있는데, 그보다는 데이터를 통해 우리의 인지력과 판단력, 설득력 그리고 남에게 동기를 부여하는 역량이 발달한다고 보는 편이 좋다. 데이터를 끌고 가는 인간의 사고력이 뼈대라면 데이터는 근육에 해당한다. 사고력과 직관이 메시지를 만들면, 데이터는 메시지의 효과적 전달에 필요한 화력을 잘 지원하는 역할을 맡는 것이다. 데이터의 이러한 특징에 대해 케사르 엔터테인먼트(Caesar's Entertainment)의 CCO(Chief Commercial Officer) 타리크 샤우카트(Tariq Shaukat)는 이렇게 정리해 말했다. "데이터에서 시작하면 데이터로만 끝납니다. 그래서 내가 우리 팀에 항상 묻는 것 역시 '어떤 질문에 답하기 위해 데이터를 쓰는 것입니까?'입니다." 영어를 배웠다 해서 논리적 사고력이 높아지는 것이 아니듯, 데이터에 숨어 있는 놀라운 의미와 통찰을 발견하는가의 여부는 우리의 감각에 달려 있다.

둘째는 '습득하는 방식'이다. 최근 디지털 마케팅이 산업의 주요 방법론으로 자리매김하면서 데이터와 관련된 학습 커리큘럼들이 이전보다 더욱 많이 늘어났다. 한 가지 아쉬운 점은 그런 학습들이 지나치게 특정 분석 소프트웨어의 사용법을 중심으로 이뤄진다는 것이다. 데이터에 대한 생각의 기본기를 다져놓지 않은 채 엑셀, 파이썬, 시각화 툴, 비즈니스 인텔리전스 툴 등으로만 데이터를 경험하는 것은 주객이 전도된 상황이다.

또한 가트너의 정의에서 반드시 언급해야 하는 부분이 있는데, 바로 '맥락에 맞게(in context)' 데이터를 읽어내는 것이다. 맥락을 제대로 알아야 그에 맞춰 문제를 정확히 규정할 수 있고, 문제가 정확해야 적중도 높은 가설을 설정할 수 있으며, 가설이 명확해야 효율적인 검증 어프로치를 설계하는 것이 가능하기 때문이다. 어떤 데이터가 우리에게 필요한지 아닌지는 이러한 어프로치가 명확할 때에야 비로소 결정된다.

다시 말해 데이터는 절대 그 자체가 목적이자 답이 될 수 없고 오직 '맥락'에 맞게 바라보고 해석할 때에만 제 역할을 발휘한다. 데이터를 그저 학습 대상으로만 여기면 안 되는 이유가 이것이다.

　한 글로벌 리테일 기업의 데이터 분석팀이 점포별 성과 격차가 발생하는 요인을 분석했다. 분석팀은 수천 개 점포의 여름 시즌 데이터를 이용해 분석을 시도했고 '전문 인력과 분석 솔루션을 보유한 점포들은 확실히 성과가 좋았고, 나아가 이직률과 근무만족도 모두 현저히 낮았다'고 보고했다. 보고 내용을 듣던 대부분의 임원들은 뭔가 큰 노하우를 찾았다는 기쁨에 대부분 감동을 느꼈지만, 한 임원의 질문에 그 감동은 사라지고 말았다. "이 분석에는 언제 데이터가 사용된 건가요?" 여름 한철 데이터를 썼다고 분석팀이 답변하자 모두가 당황해했다. 리테일 산업의 특성상 여름은 비정규직 직원의 비율이 원체 높고

데이터는 그 자체가 목적이자 답이 되지 않는다

점포 성과도 다른 계절 대비 세 배의 차이를 보일 정도로 불안정해 어떤 결론을 얻기 위해 분석하기엔 적합지 않은 시기였기 때문이다. 분석팀은 리테일 산업의 '여름'이 갖는 특수성이라는 맥락을 이해하지 못한 것이다.

이처럼 데이터는 맥락과의 궁합이 맞아야 비로소 힘이 된다. 여기에 필요한 것이 맥락적 분석(analysis in context)인데 이에 대해선 5장에서 자세히 살펴보기로 하자.

걸림돌 제거 작전: 2020년부터 열에 여덟은 데이터 리터러시에 집중!

데이터 리터러시에 관한 좀 더 섬세한 논의를 위해 여러 전문가들의 말을 시간순으로 정리해봤다. 읽어보면 데이터에 대한 담론들이 우리가 생각하는 것보다 넓다는 사실, 그리고 데이터 자체보다 데이터를 다루는 우리의 생각하는 힘에 더 방점을 둔다는 점을 느낄 수 있을 것이다.

1) "데이터 리터러시 역량은 누가 어떤 비즈니스에 종사하든 관계없이 향후 10년간 가장 중요해질 비즈니스 능력이다."

— 구글의 수석 이코노미스트 할 베리안(Hal Varian), 2013년

역시 구글은 이런 언급도 가장 먼저 했다. 구글의 미션은 전 세계인의 데이터 접근성을 향상시키는 것이다. 모든 도서관 책의 디지털화, 무인자동차 개발, 아프리카 상공에 띄운 와이파이 열기구 등은 모두 구글이 그 미션을 위해 진행하는 프로젝트들이다. 심지어 구글의 핵심 가치 중에는 '데이터로 말하라'라는 구체적인 소통 원칙도 있으니 구글은 그야말로 데이터의, 데이터에 의한, 데이터를 위한 기업이다. 그런 만큼 데이터 리터러시의 필요성도 자연스럽게 내부에서 먼저 대두되었을 것이다. 시사점은 회사가 데이터로 시장 문제를 해결하고 있어야 직원도 자연스럽게 데이터 활용에 익숙해진다는 것이다.

2) "데이터는 소수 전문가의 손에선 권력이 되고, 다수의 손가락 끝에선 혁신이 된다. 그렇기에 데이터 리터러시는 큰 조직이든 작은 조직이든 한 단계 끌어올린다."

– 브랜트 다이크스(Brent Dykes), 2017년

데이터로 혁신을 일구고 싶다면 어떻게 해야 하는지를 정확히 알려주는 말이다. 데이터와 관련된 해외 칼럼을 읽다 보면 '데이터 민주주의(data democracy)'란 단어가 자주 눈에 띈다. 정보의 독식은 강력한 권력이 되기에 정치 민주화, 경제 민주화에 이어 지금은 데이터의 민주화에 대한 논의가 본격적으로 이루어지고 있다.

한편 4차 산업혁명 시대인 지금 조직에게 가장 요구되는 역량은 '전

략적 유연성과 몰입'이다. 소비자의 마음이 원체 빨리 변하니 조직의 목표도 그에 기민하게 반응해야 하고, 지식노동자들의 생산성이 회사 전체의 경쟁력에 결정적 역할을 하다 보니 그들의 몰입이 중요해진 것이다. 이에 따라 소수 엘리트 전략기획자의 힘보다는 직원 개개인이 자신의 욕망에 기초하여 목표를 세우는 것이 효율성과 업무 유연성 면에서 보다 중요해졌다.

이 모든 것이 가능해지려면 개인의 욕망을 업무에 투영시킬 기폭제가 필요한데 이에 해당하는 것이 바로 데이터다. 그렇기에 기업들은 가급적 많은 직원에게 시장, 고객, 경쟁자, 재무, 인사 관련 데이터를 열어줘야 한다. 이렇게 하면 직원들이 자신들의 업무와 관련된 고민을 하기 시작하고 재미로라도 혁신 목표를 세우게 되기 때문이다. 다시 말해 데이터의 투명성이 직원들의 자발성을 관리하게 되는 것이다. 자발성은 몰입을 낳고, 몰입은 좋은 목표를 낳으며, 좋은 목표가 많은 회사는 연쇄적인 혁신 제품과 서비스로 시장을 이끌어가게 된다.

브랜트 다이크스는 이 점을 정확히 짚어줬다. 데이터를 소수 전문가나 경영진이 독식하면 권력이 되고 느려지지만, 모두의 손에 있는 데이터는 생산적인 대화 소재와 혁신의 땔감이 된다. 이런 환경에서 중요한 것은 데이터를 분석하는 고급 툴이 아니라 이미 회사가 제시한 데이터 내에서라도 이루어지는 문제 파악 및 논의와 결정, 즉 데이터 리터러시다. 조금 단정적으로 비유하자면 첨단 분석 툴은 소수 권력자들을 위한 정보기관, 데이터 리터러시는 다수의 직원이 양질의 목표로 회사를 성장하게 하는 참정권이라 하겠다. 물론 이 둘은 서로 조화를 이뤄야 하고 말이다.

3) "2020년 즈음엔 데이터 리터러시의 끔찍한 결핍을 깨달은 회사들의 80%가 체계적인 데이터 리터러시 역량 개발에 힘쓰기 시작할 것이다."

– 가트너의 부사장 앨런D. 던컨(Alan D. Duncan), 2019년

드디어 회사들이 움직이기 시작했다. 제일 먼저 시작된 것은 데이터와 관련된 리더, 즉 CDO를 세우는 일이었다.

2002년 글로벌 금융회사 캐피털 원(Capital One)이 처음으로 캐서린 클레이 도스(Cathryne Clay Doss)를 CDO로 임명했을 때만 해도 모두들 의아해했다. 당시 그의 역할은 완전히 데이터 중심적이었다기보다는 시장 정보, 내부 공급망 관리 및 IT 인프라 관리였다. 이후 드문드문 야후(Yahoo) 등의 몇몇 회사들도 CDO를 두긴 했으나 그 개념이나 역할은 2010년까지도 여전히 생소하게 여겨졌다.

그러던 중 변화가 감지됐다. 2012년 〈포천(Fortune)〉 선정 1000대 기업들 중 CDO가 있는 곳은 12%에 불과했으나, 2018년엔 68%까지 늘어난 것이다. 지난 10년간 데이터 생산량과 비슷한 증가 추이다.

비록 평균 근속연수가 2년에 불과하고, 임원임에도 CEO에게 직접

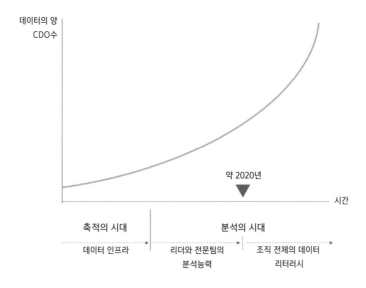

데이터와 CDO의 증가세는 얼추 비슷하다.

보고하는 경우 역시 40% 정도에 그치는 애매한 직책이었음에도 이후 각 기업의 CDO들은 데이터의 가공할 힘을 증명해냈다. 글로벌 컨설팅 기업 KPMG의 조사에 따르면 2018년 현재 CDO를 보유한 회사는 그렇지 않은 회사보다 2배 이상 명확한 디지털 전략을 갖게 되었다 밝혔고, IBM의 조사에서는 CDO 보유 회사 중 3분의 2 이상이 시장성과 면에서 경쟁사를 압도하고 있었다.

이렇게 신뢰를 얻게 된 CDO들이 역점을 둔 것이 바로 조직의 데이터 리터러시 강화였다. '모두가 데이터를 만들 필요는 없지만, 모두가 데이터로 소통할 때 조직 전체의 경쟁력도 올라간다'는 사실에 주목한 것이다. 가트너의 한 조사에 따르면 2020년 현재 약 80%의 회사들이 본격적으로 데이터 리터러시를 강화하겠다고 밝힌 건 당연해 보이기도 하다. 특정 팀이나 부서가 아닌, 전사적인 데이터 문화를 갖춘 회사는 아마 향후 5년 이내에 지속적으로 늘어날 테고, 이후의 시장은 이들에 의해 강하게 주도될 것이다.

4) "우리가 힘든 것은 기술적 역량이 아닌, 데이터를 활용한 문제해결 역량이 부족하기 때문이다."

— 〈하버드 비즈니스 리뷰〉, 데이터 활용도가 우수한
20개 회사 포커스 그룹 인터뷰 중, 2020년

'문제해결'이란 표현이 드디어 등장했다. 문제해결 역량은 종합적이고 유기적인 개념이다. 이런 의미에서 하버드 비즈니스 리뷰의 정리는 반갑다. 데이터는 그 자체가 목적이 아니므로 기존의 의사결정 또는 문제해결 흐름을 근간으로 삼아야 한다. 그래야 현장에서 쓸모가 있다. 그러므로 데이터 리터러시의 역량들 역시 실질적인 문제해결이 가능하도록 세심하게, 또 유기적으로 구성되어야 할 필요가 있다. 2020년 〈하버드 비즈니스 리뷰〉는 '팀의 데이터 리터러시 역량 높이기(Boost Your Team's Data Literacy)'라는 칼럼에서 문제해결 관점의 데이터 리터러시 역량을 다음과 같이 제시했다.

① 좋은 질문을 할 수 있는 역량

② 필요한 데이터를 선별하고 검증할 수 있는 역량

③ 데이터 해석 능력을 기반으로 쓸모 있는 결론을 만들어내는 역량

④ 가설 기반 A/B 테스트를 수행하여 결과를 판별할 수 있는 역량

⑤ 의사결정자들도 이해하기 쉽게 분석 결과를 표현할 수 있는 역량

⑥ 데이터 스토리텔링을 통해 의사결정자들이 전체 그림을 이해하고
분석 결과에 따라 실행하게 하는 역량

잘 살펴보면 이 사항들은 서로 유기적인 관계를 형성하고, 그래서 하나의 흐름을 만든다는 것을 느낄 수 있다.

첫 번째 항목인 '좋은 질문 던지기'는 이후의 분석 방향을 명확히 잡게 해주는 행위다. 또 '좋은 질문'은 맥락의 이해가 없으면 나올 수 없으니 이 항목은 '맥락에 대한 이해 능력'도 전제로 삼는 것이라 하겠다.

두 번째 항목인 '데이터 선별' 역량은 데이터의 홍수 시대를 살아가는 지금 더욱 중요한 능력이다. 질문을 해결하기 위해 더 중요한 데이터가 무엇인지 판단하지 못하면 분석도 갈팡질팡해질 수 밖에 없다.

세 번째의 '해석' 역량은 나머지 모든 역량의 기반이 된다. 해석을 잘해야 잘 분석하고 잘 전달할 수 있기 때문이다.

네 번째에서 언급된 'A/B 테스트'는 마케팅과 웹 분석에서 통상적으로 활용되는 데이터 분석 방법론으로, 두 개의 선택지를 구성하고 분석 결과에 따라 어떤 방안이 좋은지 판단하는 대조 실험을 말한다.

이때 A안과 B안을 선택지로 구성하는 데는 상당히 높은 수준의 사고력과 직관이 요구된다.

다섯 번째의 '분석 결과 표현 역량'은 앞의 과정을 통해 분석된 내용을 상대가 이해할 수 있게끔 하는 역량이다. 데이터 분석은 그 특성상 많은 콘텐츠를 다룰 수밖에 없는데, 그럼에도 결론만큼은 명확히 축약해서 보여줘야 할 필요가 있다.

마지막 여섯 번째는 '데이터 스토리텔링 역량'을 강조한 것인데, 스토리란 단어에 놀랄 필요는 없다. 영화 같은 극적 기승전결의 구성이 아니더라도, 듣는 사람의 관심도와 집중도를 최고조로 이끌 수 있도록 데이터를 잘 배치하면 되기 때문이다.

요약하자면 데이터 리터러시의 골격은 '문제 정의 – 획득 – 해석 – 방안 선택 – 보고서화 – 전달'이다. 일반적인 전략적 문제해결 방법론과 굉장히 유사함을 알 수 있을 것이다.

5) "직원들이 알아서 잘할 거라고 생각해선 안 된다. 중요한 것은 스킬이 아닌 자신감을 심어주는 일이다. 우리의 조사에 따르면 자신이 준비되어 있다고 생각하는 직원은 25%에 불과하다."

－클릭의 데이터 리터러시
글로벌 총괄 조던 모로우(Jordan Morrow), 2020년

마지막이지만 빠질 수 없는 것이 동기부여 방안이다. 직원들이 데이터로 문제해결 하게 만들려면 교육이나 성과 측정에만 매달릴 것이 아니라 '데이터로 많이 놀게끔' 해줘야 한다. 아무리 쉽게 접근하려 해도 데이터로 문제를 해결하는 과정은 분명 낯설고 쉽지 않을 것이다. 그러니 그보다는 데이터를 갖고 여러 활동들을 해보며 작게나마 성공하는 경험을 쌓고, 그 성공을 자랑할 수 있게끔 해줘야 한다는 뜻이다. 이것이 조던 모로우가 얘기한 자신감일 것이다.

이를 위해선 직원들에게 동기를 부여할 수 있는 것이 무엇인지 파악해야 한다. 비싼 외부 강사를 초빙하는 것보다 사내에서 데이터 기

데이터 리터러시 조직 혁신 효과

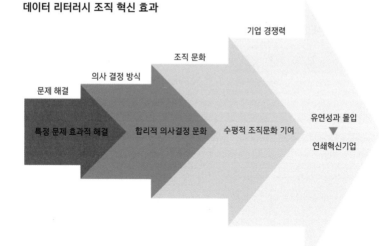

데이터 리터러시 역량은 개인의 문제해결 능력을 넘어 기업의 조직력까지 강화시킨다.

반 문제해결 콘테스트를 여는 편이 효과적일 수 있다. 지식은 비교적 쉽게 전달되지만 역량은 본인이 어느 정도 몰입하느냐에 따라 영그는 시간도 크게 차이 난다. 이 점에 주목하여 동기부여 방안들을 개발해 내는 회사들이 데이터 리터러시 역량의 수준, 더 나아가 기업의 조직력을 강화시킬 수 있을 것이다.

정리해보자. 앞으로 데이터 리터러시로 조직력이 강화된 조직이 등장할 것이다. 구성원 모두가 데이터에 기초해 의사결정을 한다는 것은 단순히 합리적이라는 것을 넘어 수평적 조직 문화에 기여한다는 의미를 갖는다. 수평적 조직은 구성원 개개인이 업무에 보다 몰입하게끔, 또 더 좋은 목표를 많이 만들어내게끔 한다. 데이터 리터러시 역량이 급격히 강조되는 지금인 만큼 앞으로는 이 역량의 배양을 통해 조직력은 물론 경쟁력까지 강화한 기업들이 나타날 것이다. 데이터 리터러시를 아직도 먼 나라의 이야기처럼 느끼는 회사들이 상대적으로 예상치 못한 시점에 빠르게 도태될 수도 있는 이유다.

데이터 리터러시, 회사 가치를 5% 늘리는 힘

지금까지 데이터 리터러시가 어떻게 조직을 혁신시킬 수 있는 것인지를 개념적으로 알아봤다. 그렇다면 이제는 데이터 리터러시에 별 관심이 없는 회사들이 정말 도태될지를 확인해보자.

2018년에는 데이터 리터러시 수준과 기업의 재무적 성과 사이의 상관관계에 대한 흥미로운 연구 하나가 발표되었다. 연구는 데이터 리터러시 전문기관인 클릭, 와튼 스쿨 아카데믹스(Wharton School Academics) 및 영국의 시장정보제공 기업 IHS 마킷(IHS Markit)에 의해 진행되었다. 조사 대상은 글로벌 10개 지역에 퍼진 604개 다국적 기업이었으며 전체적인 결론은 다음과 같았다.

∴ 데이터 리터러시 수준이 높은 기업은 기업가치가 5% 정도(3억 2,000만~5억 3,400만 달러)가 높았다.

∴ 92% 기업의 의사결정자들이 직원들의 데이터 리터러시가 높아지길 원하지만 정작 구체적으로 장려하는 회사는 17%에 불과했다.

데이터 리터러시라는 말도 생소한데 회사를 평가의 대상으로 데이터 리터러시를 이해하는 건 더 생소할지도 모르겠다. 하지만 잘 살펴보자. 성과가 좋은 회사가 데이터 리터러시가 좋은 건지, 데이터 리터러시가 좋은 회사가 성과가 좋은 건지는 알 수 없지만 둘 사이엔 높은 상관관계가 있다고 하니 말이다.

우선 이 조사에서 기업 차원의 데이터 리터러시 수준이 어떻게 측정되었는지부터 살펴보자. 클릭은 이에 대해 '데이터 리터러시 인덱스(Data Literacy Index)'라는 보고서에서 다음 그림과 같이 자세히 밝혔는데, 여기에 나온 요소들 하나하나가 갖는 의미를 좀 더 알아보자.

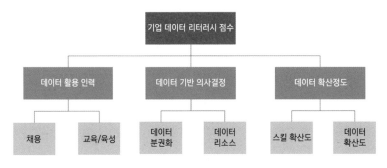

기업의 데이터 리터러시 평가 지표

기업의 데이터 리터러시의 핵심 구성

데이터 리터러시 스킬(Data Literacy Skill)

모든 조직은 데이터 리터러시를 갖춘 구성원을 원한다. 하지만 대개는 데이터 리터러시를 이미 갖춘 인재를 채용하려고만 하지, 교육을 통해 이 역량을 배양하겠다는 생각은 잘 하지 않는다. 그리고 사실 지금의 상황에서는 채용보다 교육이 빠르다. 즉, 회사 내에서 업무의 연장선상으로 배우는 편이 훨씬 빠른 것이다. 다만 이미 데이터 리터러시 역량이 뛰어난 사람을 알아보는 안목은 반드시 있어야 하므로, 채용과 교육 모든 측면에서 얼마나 이 역량을 크게 감안하는지가 중요한 평가 항목이 된다.

데이터 기반 의사결정(Data Driven Decision Making)

이 항목은 두 가지 측면으로 다시 나뉜다. 데이터 디센트럴라이제

이션과 데이터 리소스가 각각 그것이다. 데이터 디센트럴라이제이션 (Data Decentralization)은 접근성(accessibility), 즉 구성원 각자가 얼마나 데이터를 쉽게 활용할 수 있는가를 의미하고 데이터 리소스는 준비도 (readiness), 즉 의사결정에 필요한 데이터가 실제로 존재하는가를 말한다. 이 두 요소는 서로 균형을 이뤄야 한다. 접근성이 좋아도 실제 데이터가 존재하지 않거나, 데이터는 많이 쌓여 있는데 막상 모두가 사용할 수 없는 상황이면 데이터에 기반한 의사결정이라는 것이 무의미해지기 때문이다. 앞서 설명한 '데이터는 써야 단단해진다' 또는 '데이터 민주주의'와 밀접한 관련이 있는 개념이다.

데이터 확산 정도(Data Dispersion)

이는 데이터가 퍼져 있는 정도인데, 그 영역이 넓을수록 좋다고 이 조사에서는 밝히고 있다. 하위에 있는 '스킬 확산정도(Skill Dispersion)' 는 데이터 분석 스킬이 특정 분석 전문 팀이 아닌 기타 부서들에서 얼마나 두루두루 사용되는지를 말한다.

모든 하위 조직은 업무 진행 중 분명 업무의 흔적, 즉 업무 데이터를 남기기 마련이다. 그러므로 외부에서 시장 데이터를 구매하는 경우가 아닌 이상 모든 조직은 정보 생산자로서의 역할도 하게 되는데, 이때 중요한 점은 회사 전체 또는 다른 부서가 곧바로 사용해도 될 만한 양질의 데이터를 얼마나 만들어내고 있느냐는 것이다. 이것이 주요 평가 요소가 되는 건 당연해 보인다.

잘 보면 이 평가 요소는 데이터로 의사결정을 하는 데 필요한 사람, 권한, 데이터를 상징하고 있다. 한 문장으로 압축해보면 '얼마나 많은 구성원들에게 적절한 접근 권한을 부여해서 다양한 데이터를 쓰게 하고 있어?' 정도가 될 것 같다. 그리고 그 답은 이미 '더 많은 사람' '더 많은 권한' '더 많은 데이터'로 정해져 있다. 즉, 평가 철학 자체가 '데이터를 축적했던 시대에서 모두가 분석하는 시대로'를 암시하고, 특정 전문 팀 중심이 아닌 조직 전체의 조직력에 무게를 더 싣고 있는 것을 명확히 느낄 수 있다. 나아가 전체적인 결론 이외에도 곱씹어볼 만한 소결론이 많은데 더 살펴보자.

데이터 리터러시는 재무 성과와 분명한 상관관계를 보인다.

조직의 데이터 러터러시 수준은 기업 가치 측면에서 3~5%정도 높게 측정되었다. 뿐만 아니라 매출 총이익, 총자산이익률, 자기자본수익률, 매출이익률 등 전반적 재무 성과에서도 동일하게 '강한 양의 상관관계'를 보였다. 이에 현상에 대해 연구를 진행했던 와튼 스쿨의 로린 히트(Lorin Hitt) 교수는 다음과 같이 설명했다.

"이것은 아마 회사의 데이터 리터러시 수준을 평가한 첫 번째 연구였을 겁니다. 단순히 직원 개개인의 데이터 리터러시 스킬이 아닌, 회사 내 의사결정 환경 관점에서 평가했다는 점에서 의의가 남다릅니다. 또한 이번 연구는 기업의 '데이터 리터러시'라는 모호한 개념과 비교적 명확한 '재무성과' 사이에 강한 상호강화 관계가 있음을 밝혀냈습니다."

로린 교수가 언급한 '상호강화 관계'는 적절한 표현이다. 재무성과가 좋은 회사는 회사 및 개인의 데이터 리터러시에까지 신경 쓸 여력이 된다는 것은 맞는 말이다. 또한 좋은 데이터 리터러시를 바탕으로 하는 합리적 의사결정 문화를 갖춘 기업은 분명히 좋은 시장 경쟁력을 가지는 경향이 있을 것이다. 반드시 인과 관계에 있다고 할 순 없지만 그 둘의 방향은 분명 같다.

조직 차원의 데이터 리터러시 강화는 생존의 문제다.

현재 대부분의 기업들은 직원들의 데이터 리터러시 역량 향상을 생존의 문제로 보고 있으나, 이번 조사의 대상이었던 604개 글로벌 회사 중에선 24%만이 스스로 준비됐다고 평가했다. 데이터 리터러시가 좀 더 뛰어난 직원들을 선별해서 채용할 계획이 있다고 밝힌 회사는 약 63%였지만, 이는 기본적으로 '데이터 리터러시 능력'은 곧 '개인의 책임하에 있는 능력'이라는 발상임을 뜻한다. 다시 말해 회사 차원에서 직원들의 데이터 리터러시를 체계적으로 강화할 계획은 아직 세우지 못하고 있는 것이다. 그나마 34% 정도는 조사 당시 데이터 리터러시 교육을 진행하고 있다고, 또 36% 정도는 데이터 리터러시가 좋은 직원에게 더 높은 보상을 주는 제도를 운영 중이라고 밝혔을 뿐이다.

해외 기업들은 꽤 오래전부터 데이터 리터러시를 조직 경쟁력의 핵심 키워드로 이해하기 시작했고, 이 연구를 통해 강력한 확신을 갖게 되었다. 그러니 가트너의 부사장 앨런 던컨의 2019년 논평대로, 2020년부터는 80%의 회사가 조직 차원에서 데이터 리터러시 역량을 강화할 거라는 주장은 충분히 설득력이 있다.

데이터를 쌓아두긴 했으나 썩히고 있다.

'데이터가 중요하다'고 답한 회사와 '데이터가 업무 현장 의사결정에서 필요하다'고 답한 회사의 비중은 각각 100%에 가까운 93%, 98%였다. 하지만 충격적이게도, 연구가 이뤄진 2010년 초반 당시 데이터 기반의 의사결정으로 조직이 변했다, 고 답한 회사는 고작 8%에 불과했다. 실제로 53쪽의 표에 있는 세 개의 대분류 평가 항목 중 '데이터 기반의 의사결정' 항목은 평균적으로 가장 낮게 나타났다. 더욱 안타까운 사실은 전반적으로 데이터 리터러시가 뛰어난 직원들이 충분히 넓게 포진해 있는 회사들조차도 예외가 아니었다는 것이다.

이 현상은 데이터에 대한 기존의 접근법이 얼마나 잘못되었는지를 보여준다. 우리는 흔히 '데이터가 먼저 있어야 의사결정도 있다'고 생각하기 쉽지만, 실은 의사결정 프로세스에 데이터가 가미되는 것이다. 다시 말해 데이터가 우리가 하는 의사결정 양식 자체를 바꾸는 것은 아니라는 것이다. 고급 빅데이터 분석 툴보다 문제해결과 의사결정 역량에 데이터 특화 내용을 얹는 것이 더 중요한 이유 또한 이것이다. 조직 전체가 데이터에 기초한 의사결정 문화를 갖는 게 훨씬 중요하다. 특정 부서가 특정 문제를 잘 해결하는 게 전부가 아닌 것이다.

생각만 하는 것이 아닌, 행동하는 경영진이 필요하다.

이 조사에서 유럽 지역 회사들은 대체적으로 데이터 리터러시 수준이 높았으며 특히 영국, 독일, 프랑스가 두드러졌다. 상대적으로 미국과 APAC 지역 국가들이 낮게 나타났고, 전체 1등은 싱가포르였다.

이런 격차가 발생한 이유 역시 연구진은 정확히 지목했는데, 바로 경영진이었다. 유럽지역 회사의 경영진 중 데이터가 '매우 중요하다'라고 답한 비중이 72%였던 데 비해 아시아 회사들에선 60%, 미국 회사들에선 고작 52%만이 이에 동의했다. 특히 미국·회사의 경영진들 중 조직의 데이터 활용 방식에 '정말 조금 변화가 있긴 하다'라고 답한 이들은 약 47%였다. 유럽과 아시아의 36%, 40% 정도보단 조금 높았지만, 중요한 문제는 구체적인 행동으로 옮긴 미국 회사들이 별로 없다는 것이었다. '데이터 교육을 현재 실시 중이다'라고 응답한 미국 회사들은 전체 조사 대상국 중 30%대로 가장 적었고, '매우 진지하게 직원들을 독려하고 있다'라는 항목에 동의한 회사도 16% 수준으로 가장 낮았기 때문이다. 그러나 이제는 '어떤 생각을 가지고 있느냐'보다 '어떤 행동을 보여야 하는가' 가 중요한 사정이다.

지금까지는 개념적·실증적으로 왜 데이터 리터러시가 개인과 조직에게 무기가 되는지 설명했다. 회사는 환경을 만들고 개인은 데이터로 의사결정하는 습관을 길러야 한다. 그래야만 엄청난 속도로 쌓여가는 데이터가 비로소 전략자원이 될 수 있기 때문이다.

3장

개척자들의
데이터 리터러시

데이터로 배운 것은 세상 어느 곳에서도 통한다.
그러니 데이터를 마스터하라! 모두가 당신을 환영할 것이다.
– 존 엘더(John Elder)

일반인을 위해, 골고루, 문제해결 중심으로

데이터 리터러시에 대한 본격적인 연구는 축적의 시대를 거쳐 분석의 시대로 접어드는 2015~2020년에 이루어졌다. 그 이전까지는 데이터 전문가들, 즉 이미 전문적이고 세분화된 훈련을 받은 이들의 시대였기에 데이터 리터러시를 논할 필요가 없었다. 그러나 데이터 리터러시에서의 관건은 '모두가 전문가처럼 되는 것'이 아니라 '모두가 전문가의 말을 이해하고 비판할 수 있는 것'이다. 그래야만 데이터 전성시대를 선도할 수 있는 개인의 힘과 조직력을 기를 수 있기 때문이다.

이에 따라 체계적인 역량 프레임워크에 대한 필요성이 자연히 대두되기 시작했다. 우선은 지식을 학문적으로 분류하는 문헌정보학이 중심이었으나 이후 현장에서의 필요성이 점차 커져가며 교육학과, 수학과, 컴퓨터공학과 또는 경영학 교수진에게 전파되었다. 최근에는 데이터 리터러시가 모든 사람들에게 필요한 핵심 역량이라는 의식이 강해졌고 데이터 리터러시 교육을 공익적 목적으로 시도하는 비영리기구들과 생존 과제로 받아들이는 기업들에 의해 정점에 이르렀다.

초창기 학계를 중심으로 이뤄졌던 주요 연구별 데이터 리터러시 프레임워크를 살펴보자. 다행스럽게도 2019년에 캐나다 통계청이 발표한 '데이터 리터러시: 무엇이고 어떻게 측정하나(Data Literacy: What It Is and How to Measure It in the Public Service, Aneta Bonikowska, Claudia Sanmartin and Marc Frenette)'를 보면 초창기 연구들 간의 비교 분석이 가능하다. 아마도 캐나다 통계청은 이 문제를 상당히 진지하게 받아들였던 듯한데, 덕분에 우리는 데이터 리터러시가 어떤 하위 속성 역량들로 구성되어 있는지 일목요연하게 이해하는 것이 가능해졌다.

가장 먼저 주목할 부분은 '역량'에 해당하는 단어로 어빌리티(ability)가 아닌 컴피턴시(competency)가 사용되었다는 점이다. 전자가 '할 수 있는가'의 여부에 주목하는 단어라면 후자는 말의 뿌리를 '경쟁하다(compete)'에 두고 있는 만큼 경쟁적 관점, 즉 얼마나 잘하고 못하는가에 주목하는 단어다. 그렇기에 '컴피턴시'를 사용했다는 것은 곧 데이터 리터러시의 속성 역량들 역시 (데이터 사이언티스트의 수준까지는 아니더라도) 다소 전문화된 훈련과 육성을 필요로 하는 것들임을 암시한다. 더불어 이는 단순한 스킬이나 지식수준이 아니라 조직 입장에선

데이터 리터러시 초창기 주요 연구 내 '핵심 역량 분석'

		초창기 주요 연구					
		Ridsdale (2015)	Databilities by Data To The People(2018)	Wolff(2016)	Sternkopf nd Muelle r(2018)	Grillenberger and Romeike (2018)	중첩률 (100%)
	분석 과정 기획, 실행, 모니터링	불포함	불포함	포함	불포함	불포함	20%
	데이터 인쿼리 프로세스 수행	불포함	불포함	포함	불포함	불포함	20%
	데이터의 사용과 응용에 관한 이해와 지식	포함	불포함	포함	불포함	불포함	40%
	비판적 사고	포함	불포함	불포함	불포함	포함	40%
	데이터 기반 문화	포함	불포함	불포함	포함	불포함	40%
	데이터 윤리(보안, 개인정보보호 등)	포함	불포함	포함	포함	포함	80%
	분석 도구 활용	포함	불포함	포함	불포함	포함	60%
	데이터 접근	포함	포함	포함	포함	포함	100%
속성	데이터 수집	포함	포함	포함	불포함	포함	80%
역량	데이터 관리와 조직화	포함	포함	불포함	불포함	포함	60%
(Compe	데이터 조정	포함	포함	포함	포함	포함	100%
tency)	데이터와 출처의 품질 평가 및 확보	포함	포함	포함	포함	포함	100%
	데이터 레퍼런스 구성 및 운영	포함	불포함	불포함	불포함	불포함	20%
	데이터 기초 분석	포함	포함	포함	포함	포함	100%
	데이터 시각화	포함	포함	불포함	포함	포함	80%
	데이터 구두 제시	포함	포함	불포함	포함	불포함	60%
	데이터 해석(데이터 이해)	포함	포함	포함	포함	포함	100%
	데이터 기반 문제정의	포함	포함	포함	포함	불포함	80%
	데이터 기반 의사결정	포함	포함	포함	불포함	불포함	60%
	데이터 기반 의사결정 및 결론 도출 평가	포함	포함	불포함	불포함	불포함	40%
	메타데이터 생성 및 활용	포함	포함	불포함	불포함	불포함	40%
	데이터의 지속성과 재활용	포함	포함	불포함	불포함	포함	60%
	데이터 공유	포함	불포함	불포함	포함	포함	40%
	데이터 보존	포함	불포함	불포함	불포함	포함	40%
	포맷 간 데이터 전환	포함	포함	포함	포함	불포함	80%
	가설 전개	불포함	불포함	포함	불포함	불포함	20%
	대용량 데이터 활용	불포함	불포함	포함	불포함	불포함	20%

범례 / 평균 중첩률 50%이상 역량.

출처: 캐나다 통계청.

장기적이고 종합적인 투자, 개인 입장에선 본인의 자세에 따라 이 역량을 갖추기까지 걸리는 시간에 차이가 있을 것임을 뜻하는 것이기도 하다.

다음으로 살펴볼 것은 어떤 역량들이 공통적으로 지목되었는가, 즉 '데이터 리터러시 핵심 역량' 부분이다. 이를 위해 나는 연구 간 중첩되는 역량을 직접 계산한 뒤 그중 평균 약 60%이상을 넘는 역량만 '핵심'이라고 표현해봤다. 여러 연구들에서 만장일치로 지목된 핵심 역량은 데이터 접근, 데이터 조정, 데이터 품질 검증, 데이터 기초 분석, 데이터 해석이었다. 잘 보면 이것들은 전문가보다는 비전문가의 역량에 가깝다고 볼 수 있다. 원천 데이터를 기획·집계하고 고도의 분석을 시도하는 역량이 데이터 리터러시 능력에 우선적으로 필요한 요소들은 아니라는 것이다. 그러나 이미 있는 데이터를 잘 이해하고 유효성을 벗어나지 않는 선에서 자신의 목적에 맞게 조정할 수 있는 역량, 즉 데이터 해석 및 데이터 조정은 데이터 리터러시의 개념과 잘 맞는 역량에 해당한다.

그다음으로 살펴볼 역량은 데이터 윤리, 데이터 수집, 데이터 시각화, 데이터 기반 문제 정의, 포맷 간 데이터 전환이다. 이 역량들은 앞의 단락에서 언급한 것들보다 좀 더 적극적인 데이터 활용에 필요한 역량이라 볼 수 있다. 데이터를 활용하는 문제해결자의 입장에서 필요한 것들이기 때문이다. 가령 데이터 접근이 이미 조직 내 존재하는 데이터를 발견하고 접근하는 역량이라면 수집은 이와 비슷한 듯 다른 역량으로, 조직 외부에서도 인터뷰나 유료 자료 구매, 나아가 대체 데이터 생산 등을 통해 원하는 데이터를 획득하는 적극적 행위라고 볼 수 있다. 이런 방식과 연결되는 것이 데이터 조정과 포맷 간 데이터 전환이다. 데이터 조정이 특정 데이터 세트를 자신의 입맛에 맞게 조정하는 것이라면, 포맷 간 데이터 전환은 복수의 데이터 세트를 조정하는 과정에 해당한다. 그리고 마지막 핵심 역량들로는 분석 도구 활용, 데이터 관리, 데이터 구두 제시, 데이터 기반 의사결정, 데이터 재활용이 있다.

이상을 살펴봤을 때 재밌는 사실은 최근 우리가 접하는 데이터 학습 체계와 중요도가 오묘하게 역행하고 있다는 점이다. 툴 중심에서 역량 중심으로 흐르는 지금까지의 접근 방식은 데이터 리터러시 학습체계 관점에서 봤을 때 뭔가 앞뒤가 바뀌었다고 여겨질 수 있는 것이다.

물론 중요도가 우선순위를 의미하는 것은 아니지만, 부담 없는 수준에서 데이터와 보다 친숙해진 이후 그에 기초하여 의사결정을 하거나 분석 도구를 자유자재로 이용하는 순서가 맞을 수도 있다. 데이터 역량 함양이 최종적으로 추구하는 것은 데이터 분석 툴을 자유자재로 다뤄 의사결정을 해보는 것일 테지만, 그럴수록 성급하게 뛰어들지 말고 기초부터 차근차근 접근할 필요가 있다는 뜻이다.

특히 학교와 기업은 이 점을 염두에 두고 데이터 리터러시 교육을 진행해야 한다. 지나치게 스킬 중심인 교육이 진행되면 나중에 원천 데이터 조작, 개인정보 오남용, 데이터 이기주의, 오류투성이의 결론 등 은근히 많은 문제가 생길 수 있기 때문이다. 그렇기에 이런 기술 위주의 교육보다 선행되어야 하는 것은 데이터를 대하는 자세, 즉 데이터 철학 및 윤리와 관련된 교육이다.

생각보다 엄중한 데이터 윤리

2016년 액센추어의 조사에 따르면 조사 대상 회사의 약 81%가 비윤리적 데이터 취급을 엄연한 위험요인으로 인식하고 있고, 83%는 데이터 신뢰도를 디지털 경제의 초석으로 여기며, 80%가 직원들로부터 데이터 윤리 가이드라인에 대한 요구를 경험했다고 응답했다. 또한 2020년 유네스코는 세계적으로 활용할 수 있는 인공지능 윤리 권고안 마련에 나섰다. AI 및 데이터 사용 과정에서 야기되는 윤리적 문제와 관련해 세계가 공동으로 적용할 수 있는 권고안의 마련을 위해 각국 전문가 24명이 참여하는 국제전문가그룹(AHEG)이 출범된 것이다.

이런 움직임은 국내에서도 있었다. 2020년 한국에서는 데이터 이용 활성화를 위한 가명정보 개념 도입, 개인정보 보호 거버넌스 체계의 효율화, 데이터 활용에 따른 개인정보 처리자의 책임 강화, 모호한 '개인정보' 판단 기준의 명확화를 골자로 하는 데이터 3법이 국회를 통과했다.

이런 모든 움직임은 데이터 윤리라는 철학적 문제에 기초하고 있다. 빛이 강하면 그림자가 짙듯, 데이터의 힘이 점점 커져가는 시대엔 그만큼 '데이터를 잘 활용한다는 것'의 의미를 충분히 파악하고 그에 따르는 제도를 마련해야 할 필요성도 커진다. 물론 가장 중요한 것은 제도 자체의 마련이 아니라 이 시대를 살아가는 우리가 갖춰야 할 인식일 것이다. 그렇기에 여기에선 앞서 언급한 제도들을 하나씩 검토하기보다는 윤리적 관점에서 데이터가 가진 의미를 짚어보겠다.

가장 중요한 것은 인간성의 보호다

데이터로부터 어떤 결론이 도출됐다면 그것이 특정 개인이나 커뮤니티에 나쁜 영향을 끼치진 않을지 신경 써야 한다. 특히나 우리 모두에게 압도적 통찰을 줄 수 있는 빅데이터에서 끌어낸 결론이라면 더욱 그렇다. 하지만 이 말은 그런 결론을 무조건 철회하라는 것이 아니라 그것이 현실화되는 과정에서 인간성을 훼손하진 않는지 꼼꼼히 살펴봐야 한다는 뜻이다.

작성 맥락을 고려하자

데이터 활용 시에는 해당 데이터를 최초 작성한 사람의 의도와 맥락을 명확히 이해해야 한다. 고유의 맥락을 고려하지 않고 상관관계 등의 데이터 분석을 하는 것은 언뜻 대단해 보이지만 실상은 매우 위험한 일일 수 있다.

원천 데이터에 대한 환상을 버리자

엄밀히 말하면 원천 데이터라는 것은 존재하지 않는다. 세상에 존재하는 모든 데이터와 분석 도구들은 과거 사람들의 의사결정에 따른 결과물일 뿐이기 때문이다. 그래서 작성 당시의 맥락, 작성 방식, 책임 범위, 신뢰수준 같은 항목들을 꼼꼼히 검증하는 것이 중요한 것이다. 더불어 데이터는 작성 시점부터 작성자의 주관을 담고 있으므로 '원천 데이터로 갈수록 순수한 진실에 가까워질 것'이라는 가정 역시 착각일 수 있다.

활용성과 보안성은 상충함을 기억하자

데이터는 활용될수록 고유의 보안성과 충돌한다. 이 둘 사이의 균형은 상황마다 다를 수 있지만, 분석 시엔 최대한 이 둘의 오묘한 관계를 이해해야 한다. 그래야 데이터를 사용하면 할수록 그와 비례해서 증가하는 리스크를 감지할 수 있기 때문이다.

법보다 강한 내규가 필요하다

디지털 대전환이 대유행하면서 모든 산업은 대변혁의 시대를 맞이하고 있다. 변화의 속도가 너무 빠른 나머지 데이터 활용 관련과 법과 제도는 이 변화의 속도를 못 쫓아올 수밖에 없기에 각 조직은 법과 제도보다 강한 내부 규칙을 완비해야 한다. 혁신을 거의 이뤄놓고도 미처 마련되지 못한 법이나 제도에 발목을 잡힐 수 있으니 말이다.

무턱대고 쌓지 말자

데이터는 기본적으로 많을수록 힘을 발휘하지만, 무턱대고 쌓기만 하면 위험 또한 증가한다. 그 안에 어떤 위험한 내용이 담겨 있을지 모르는 탓이다. 그러므로 어렵기는 하겠으나 가급적 해당 데이터의 목적성을 명확히 하고 차곡차곡 쌓는 것이 오남용을 막을 수 있는 길이다. 자신이 소화할 수 있는 데이터 양을 넘어서면 오히려 잘 안 들여다보게 되고, 이렇게 마음에서 멀어진 데이터는 리스크에 더 취약해진다.

데이터는 양날의 칼이다

데이터에 접근할 수 있는 환경과 권한이 모든 사람에게 동일하게 주어지는 건 아니다. 게다가 수집, 관계성 분석, 미래 예측까지 할 수 있는 사람은 극소수다. 데이터 분석가들은 자신이 가진 힘을 어떻게 이용하느냐에 따라 사람들이 더 화합할 수도 있고 더 멀어질 수도 있음을 알아야 한다. 국민의 알 권리에 더해 정보 기본권이 헌법적 가치로 등장하는 이유도 같은 맥락이다. 회사 조직에서는 서로 다른 수준의 데이터 접근 권한을 갖는 직원들에게 같은 잣대를 적용해 성과를 평가하는 것이 어불성설이 되는 시기가 올 것이다.

자격을 투명하게 공개하는 제도를 갖자

데이터를 다루는 모든 사람들은 자신의 이력과 역량에 관한 내용을 조직 구성원들과 투명하게 공유해야 한다. 이런 문화는 장기적으로 큰 신뢰의 기반이 된다. 조직은 이를 위한 가이드라인을 제공해야 하고, 개인은 이에 맞춘 자신의 상황을 클라이언트 또는 동료 모두에게 거짓 없이 공개해야 한다. 언제, 어떤 목적으로, 어떤 데이터를, 어떤 방법으로, 어떤 결론들을 도출했는지 등을 말이다.

투명성, 일목요연함, 책임성, 검증 가능성만큼은 유지하자

모든 데이터 윤리들을 위한 뾰족한 해결 방안이 있는 건 아니다. 다만 데이터 활용 시 모든 내용을 투명하게 공개하고, 누구나 그 과정을 쉽게 이해할 수 있도록 일목요연하게 정리하며, 그 분석의 책임은 누구에게 있는지 등을 명확하게 밝혀 제3자에 의한 검증이 쉽게 이루어질 수 있는 상태는 반드시 유지해야 한다. 그래야 윤리적 시행착오를 최소화할 수 있기 때문이다.

동료에 의한 검증 문화가 효과적이다

데이터 윤리성 준수 여부의 확인은 현장에서 이뤄질수록 좋으므로, 가장 가까이 있는 동료들끼리 진행하는 것이 이상적이다. 이는 소프트웨어 엔지니어들의 코드 리뷰를 동료 엔지니어가 했을 때 조직 전체의 생산성이 극대화되는 원리와 비슷하다. 별도의 조직, 차후의 프로세스로 검증 주체나 시기가 늦춰질수록 위험은 모이고 모여 걷잡을 수 없이 커진다.

데이터 윤리에 대한 주요 개념을 일별하고 난 느낌이 어떤지 궁금하다. 데이터 윤리를 얘기할 때 혹자는 "윤리를 강조하면 활용이 더뎌지지 않을까요?"라고 묻곤 한다. 하지만, 앞서 살펴본 개념들에는 '데이터를 신중히 사용하라'는 의미만큼 '데이터를 신뢰받게 만들자'라는 취지가 강하게 녹아 있다. 데이터 활용이 활발해지려면 데이터의 신뢰비용이 낮아야 한다. 그러므로 데이터 윤리는 분석과 활용의 시대의 필수 요소라 할 수 있다.

개척자들의 접근법

학계를 중심으로 한 데이터 리터러시 연구는 자연스럽게 전문교육기관 및 민간으로 넘어가기 시작했다. 영리적 목적이 가미되면 뭐든 확산이 빨라지니 이는 좋은 현상이고, 덕분에 좀 더 실천적인 프레임워크들도 소개되었다. 개인과 조직이 나뉘는 것은 물론 데이터 기반 문화를 만들어내기 위한 변화관리 관점도 적용되기 시작했다.

무엇보다 측정부터 시작하며 각자의 장단점을 알 수 있게 하는 방법론들이 등장했다는 사실에 주목할 만하다. 충분한 교육 없이 테스트부터 보려는 접근이 어쩌면 다소 앉기는 하지만, 조직 내 중요성을 환기시키고 어디서부터 시작할지를 객관적으로 알게 해준다는 점에서는 좋은 방향이다.

그럼 이번에는 그것들의 접근법을 주요 기관별로 알아보도록 하자. 이 책을 다 읽고 나서 '그럼 이제부터 뭘 해야 하지?'라는 의문이 들 때 도움이 될 것이다.

데이터 투 더 피플의 '데이터빌러티즈'

온라인 기반 자가진단 툴인 데이터빌러티즈(Databilites)는 아마도 개인의 데이터 리터러시 수준을 측정할 수 있는 가장 종합적인 진단 툴일 것이다. 호주 소재 교육기관 데이터 투 더피플(Data to the People)이 만든 이 툴은 2015년 발표된 리즈데일(Ridsdale)의 역량 모델에 그 뿌리를 두고 있다.

진단 프레임워크는 크게 '읽기' '쓰기' '해석하기'로 구성되어 있으며, 각 역량별로 다시 여섯 단계의 성숙도를 제시한 것이 큰 특징이다. 특이한 점은 응답자의 역량을 직접적으로 판단하기보다는 '다음 데이터 리딩 관점들 중 당신을 가장 잘 표현한 문장은 무엇입니까?' 등의 질문 형식으로 물어본다는 것이다. 시험보다는 설문조사에 가까운 형태인 셈이다.

개인뿐 아니라 조직의 역량 역시 이 툴로 측정할 수 있다. 훌륭한 점은 회사 전체, 부서, 직무별로 세분화된 측정이 가능하다는 점이다. 이를 통해 어느 부서와 직무가 데이터 리터러시가 더 또는 덜 필요한지 등을 세밀하게 판단하는 것이 가능해진다. 이 결과에 따라 데이터빌러티즈에서는 자연스럽게 어떤 교육 체계가 필요한지 추천해주기까지

한다.

클릭의 데이터 리터러시 프로젝트

소프트웨어 회사이기도 한 클릭은 아마 데이터 리터러시 관련 활동을 가장 활발히 하는 회사일 것 같다. 앞서 이야기했던 데이터 리터러시 수준과 회사 재무성과 간의 실증 분석 역시 이 회사와 와튼 스쿨 간의 협업으로 이뤄진 것이었다. 데이터 리터러시 프로젝트(Data Literacy Project)는 그만큼 신뢰받는 프레임워크다.

클릭은 개인 관점에서의 데이터 리터러시 스킬에 대해 열 개의 자체 데이터 리터러시 수준 점검용 서베이를 제공하고 있다. 질문 내용을 보면 데이터 투 더 피플의 질문 항목들보다 설문조사 느낌이 더 강하다. 각 스킬에 대한 응답자의 느낌을 물어보기 때문이다.

최종 점수가 집계되면 그 결과를 기반으로 데이터 드리머(data dreamer), 데이터 기사(data knight) 등과 같은 '데이터 퍼스널러티(data personality)'를 정해주는 것이 특이하다. 언뜻 생소해 보이기도 하지만 본인의 데이터 성향부터 파악하는 것이 우선이라는 그들의 철학이 엿보인다. 이에 그치지 않고 각 유형별로 효과적인 구체적 학습 방향과 접근 가능한 소스까지 제시하는 것도 장점이다.

ODI

영국의 비영리기구 ODI(The Open Data Institute)는 오픈 데이터를

이용해 데이터 리터러시 관련 컨설팅 및 훈련 서비스를 제공한다. 최근 전 세계 공공 부문의 근로자를 대상으로 설문조사를 실시하기도 했는데, 데이터 리터러시 영역 중 배우고 싶은 부분을 먼저 조사한 후 그에 맞는 맞춤형 훈련 과정을 제공하는 것이 특징이다. 본인이 필요성을 느낄 때 훈련 효과가 높다는 그들의 철학이 느껴지는 부분이다.

피교육자가 공개할 수 있는 데이터를 자료로 삼아 진행된다는 점 또한 ODI의 교육 과정의 특징이다. 이 역시 참여자의 몰입도를 굉장히 높일 수 있는 방안인데, 그만큼 ODI의 교육 진행자는 높은 수준의 문제해결 능력과 실력을 갖춰야 한다. 데이터 교육은 여러 방법론들을 연습할 데이터나 케이스가 부족할 경우 진행이 어렵다는 약점이 있다. 일반적인 사지선다형 시험들처럼 연습문제를 무한정 만들어내기가 어려운 것이다. 그런 점에서 ODI의 교육 방안은 이런 한계를 잘 극복하려는 노력의 산물이자 기관과 피교육자 모두에게 윈-윈인 전략이라 생각된다.

ODI는 또한 개인들이 자신의 리터러시가 얼마나 향상되고 있는지 알 수 있게끔 자체 고안한 데이터 리터러시 프레임워크를 제시한다. 전체 역량은 초보자(explorer), 전략가(strategist), 실전가(practitioner) 그리고 개척자(pioneer) 등 크게 네 개의 수준별 카테고리로 나뉜다. 아쉬운 점은 개인별 스킬 수준을 아이콘으로 쉽게 알아보게는 해놨으나 역량 자체에 대한 정의가 빠져 있고, ODI가 실시하는 설문조사가 이러한 데이터 리터러시 프레임워크와 연결되어 구동되는 것은 아니라는 점이다.

데이터 리터러시 성숙도 모델에 대한 평가툴

2017년 스타인코프(Steinkopf)에 의해 개발된 데이터 리터러시 성숙도 모델 평가 툴(Data Literacy Maturity Model Assessment Tool)은 독일 소재의 데이터 리터러시 전문교육 기관인 스쿨 오브 데이터(School of Data)의 사이트에서 접할 수 있다. 개인 역량의 경우엔 아홉 개의 역량별 세부 질문들이 있고 질문마다 네 개씩의 선택지가 있어 응답자의 수준을 측정할 수 있다. 모든 질문에 답한 뒤에는 매우 구조화된 성숙도 모델에서 자신의 각 역량별 수준이 어느 정도인지 찾아볼 수 있다.

성숙도 모델이란 이름에 맞게 이 툴에서는 조직 두 개, 개인 아홉 개 등 총 열한 개 역량에 대해 네 단계의 성숙도를 제시한다. 눈에 띄는 점은 개인 역량의 성숙 단계를 '질문 → 발견 → 획득 → 검증 → 조정 → 분석 → 시각화 → 소통 → 평가' 등으로 단순화시켜 직관성을 높였다는 점이다.

성숙도 모델의 특징은 역량별 수준 비교가 가능하다는 것이다. 즉, 이 모델이 정의한 기준에 따라 우수한 역량과 취약한 역량을 파악하게 하는 것이 목적이고, 그렇기에 조직 입장에서도 전체 교육 방향을 어떻게 잡아야 할지 가늠할 때 더할 나위 없이 좋은 가이드라인이 될 수 있다.

		읽기			쓰기
		1. 불확신	2. 이해도	3. 확신	4. 능숙함
데이터 리터러시 성숙도		데이터 리터러시 역량의 필요성을 인지하지 못하고 있으며 요구 역량을 이해하지 못한다. 개별 직원들은 데이터에 관심을 갖고 디지털 방식으로 일할 수 있지만, 데이터 기반으로 일을 할 때 요구되는 프로세스에 대해 확신이 없다.	데이터 관련 주제를 기반으로 데이터 활용법을 실험하고 있다. 데이터 이해에 관해서는 이미 이론적으로 상당 부분 이해를 했다. 하지만, 데이터의 사용 사례에 데이터를 응용할 수 있는 단계는 아니며 트레이닝을 더 받아야 한다.	데이터를 단계별로 자신있게 다룰 수 있으며, 데이터를 기반 업무체제를 구축하며 일상적인 업무를 수행한다. 데이터 처리를 위한 일반적인 절차와 기능이 공식화되고 보급되었으며, 이로 인한 편익을 조직의 모든 층위에서 경험한다.	모든 층위에서 데이터에 능숙한 문화를 갖추고 있다. 프로세스를 개선하고 워크플로우를 만들기 위해 데이터를 적극적으로 활용한다.
조직	데이터 문화	데이터라는 용어가 모호하게 느껴지며 확신이 서지 않는다.	데이터라는 개념이 흥미롭게 느껴지며 이전이 뭔지도 이해가 된다. 다만 데이터의 사용 사례를 비롯해 데이터로부터 정확히 기대할 수 있는 바가 뭔지 확신이 서지 않는다.	데이터는 봐도 불안하지 않다. 오히려 현재와 미래의 활동을 진행하고 뒷받침할 수 있는 수단으로 느껴진다. 고위 경영진과 리더들이 데이터 정책을 주도한다.	데이터를 봐도 심리적 장벽(예: 불안감, 두려움, 포기)이 느껴지지 않으며 오히려 마음이 편안하다. 데이터 처리와 변환을 위해서는 자원(시간, 예산, 인력)이 중요하다는 점을 고위 경영진과 프로젝트 매니저들이 이해하고 지원해준다.
	데이터 윤리&보안	데이터의 기밀성, 무결성 및 가용성을 보장해주는 가이드라인에 대해 아는 바가 없다.	데이터는 책임감 있게 사용하는 게 중요하다는 점을 크게 인식하고 있으며, 더 나아가 그 중요성을 알리기 위한 시도를 한다. 구체적인 가이드라인은 없다.	데이터의 활용이 어떤 영향을 가져오는지 안다. 책임감 있는 활용을 위한 가이드라인을 정립하고 내부적으로 통합해 실천에 옮긴다.	데이터의 기밀성, 무결성 및 가용성을 보장하기 위한 프로세스가 마련되어 있다. 필요한 데이터만 수집해 사용한다. 안전하면서 윤리적으로 건전하게 데이터를 처리하기 위해 일관적으로 전사적인 정책을 마련해 지속적으로 재정의하고 최신화한다.
개인	질문/정의 내리기	데이터에서 의미 있는 답을 찾기 위해 질문을 구상하는 능력이 부족함. 데이터가 어떤 질문에 답을 줄 수 있는지 감이 오지 않음.	제한적으로나마 데이터를 보고 질문을 떠올릴 수 있으며 간단한 질문에는 답변도 할 수 있다.	데이터를 보고 정확한 질문을 구상할 수 있으며, 대부분 그 질문들은 의미 있는 답을 찾아내려는 목표를 지향하고 있다.	모든 프로젝트는 다차원적인 질문에 기초하고 있다. 데이터로 답할 수 있는 질문이 뭔지 잘 알고 있기 때문에(확대해석 하지 않음) 정보가 필요한 경우 데이터에 답을 지속적으로 찾아낼 수 있다.
	찾기	활용 가능한 데이터 소스에 대한 이해가 제한적이다. 데이터를 찾기 위해 기본 검색 엔진을 사용한다. 관련성이 가장 높은 데이터 소스를 선별해본 경험이 없다.	알고 있는 데이터 소스는 몇 가지로 제한된다. 검색엔진 사용능력은 우수하며, 내부 데이터 소스를 활용하거나 공공기관 데이터를 요청하는 일은 어렵지 않게 한다.	여러 데이터 소스에 대해 폭넓게 알고 있으며, 데이터 소스로부터 가장 관련성 있는 것을 선택할 수 있다. 특정 주제와 관련된 데이터 포털을 알고 사용할 수 있다.	다양한 유형의 데이터 소스를 심도 있게 이해하고 있다. 정보가 필요한 상황에서 가장 관련성이 높은 데이터 소스를 선택하는 데 필요한 평가 기준을 만들 수 있다. 기존 데이터로는 주어진 문제나 니즈를 해결할 수 없다는 걸 알아채는 능력과, 새로운 데이터를 획득하는 연구 기법을 알고 있다(예: 복잡한 질문).
	획득	데이터를 전체 텍스트로부터 얻어내며 추후 처리를 위한 기초로 사용한다.	.csv와 같은 다운로드 방식 및 데이터 확장자를 사용한다. 종종 데이터에 액세스하기 위해 내부 프로그램을 사용한다(예: CRM).	훨씬 복잡한 데이터 형식(예: JSON, XML)을 사용해 액세스할 수 있다. API를 사용하여 데이터를 가져온다.	정교한 방법(예: 자동 데이터 스크래퍼/스크립트)을 사용해 데이터에 액세스한다. 입력한 형식을 추가적인 처리와 분석에 사용할 수 있는 형태로 변환할 수 있다.
	검증	데이터에 비판적인 평가를 내리지 못하며 데이터를 문자 그대로 받아들인다. 데이터 평가 기준을 설명하지 못한다.	간단한 데이터 품질 측정을 할 수 있다.	조직 전반적으로 데이터를 여러 층위에서 표준 절차에 따라 점검할 수 있다.	데이터 품질 평가를 독립적으로 수행할 능력이 있다. 저작자, 데이터 입수 및 분석 방법, 비교가능성 그리고 품질에 관한 데이터 평가 기준을 정밀하게 정의한다.
	정제	주어진 데이터를 검사, 정제 혹은 표준화해야 한다는 점을 모른다. 데이터를 있는 그대로 처리한다.	주어진 데이터가 대부분 완전하지 않다는 점을 안다. 몇 가지 데이터 품질 평가항목(예: 필드 누락, 중복 항목)과 오류를 손수 수정해야 한다는 걸 안다.	데이터 정제 과정을 돕는 프로그램(예: Open Refine)을 사용해 유효하지 않은 기록을 탐지하고 제거할 수 있다. 데이터 품질 평가항목(예: 기계적 처리 가능 여부, 필드 누락, 중복 탐지)에 대해 잘 알고 있다.	유효하지 않은 기록을 독립적으로 제거할 수 있으며 정상 값을 사용할 수 있도록 자동 스크립트를 통해 모든 열을 변환할 수 있다. 여러 데이터 집합을 결합해 단일 테이블로 만들거나, 중복 항목을 제거하거나 혹은 표준화 방법을 몇 가지든 적용할 수 있다.
	분석	막대차트와 원형 차트, 간단한 수준으로 데이터 테이블을 사용, 기초적인 수준으로 데이터를 요약한다.	기초적인 기술 통계를 사용해 작업 가능. 정보, 히스토그램 및 상자그림(boxplots)을 한데 모을 수 있는 피벗 테이블.	고급 통계(예: 데이터의 추론적 보기, 선형 회귀, 의사결정 나무 모형)를 활용해 작업할 수 있다.	머신러닝 툴(예: 클러스터링, 포어캐스팅, 부스팅, 앙상블 학습)을 총체적으로 사용한다.
	시각화	데이터를 다양한 방법으로 제시할 수 있다는 점을 모름. 표준적인 시각화 방법을 선택해야 하는 시점을 이해하지 못하며, 모양새가 가장 좋은 시각화 방법에 바탕을 둔 결정(시행과 착오)을 내리지 못한다.	표현(예: Excel)하고 싶은 정보와 일치하는 특정 아웃풋을 찾는 능력이 있다.	인터랙티브한 차트/대시보드를 만들어냄. 불확실한 것은 늘 데이터로 시각화한다.	데이터를 다양한 형태(활자, 숫자 혹은 그래픽)로 제시하는 방법에 대해 잘 알고 있다. 정교한 시각화 방법을 프로그래밍하고, 연결하며, 사용자 요청을 예상하는 동적인 대시보드를 설계한다.
	소통	데이터에서 얻은 통찰력을 갖고 소통하지 않거나 더 넓은 맥락에서 바라볼 줄 모른다.	특정 결과값을 찾아내는 능력이 부족하다. 정적인 시각화 자료/중요한 숫자(예: 투자 파트너에게 보고, 뉴스레터)에 간단히 설명을 덧붙인다.	자체 프로젝트를 진행할 때 인터랙티브형 시각화 도구를 활용하며, 설명도 좀 더 넓은 맥락에서 정교하게 한다(예: 데이터 스토리텔링, 컨퍼런스, 토크, 월간 업데이트, 블로그 게시물).	특성, 목적, 청중(예: 데이터 스토리텔링, 데이터 기반 캠페인, 워크숍, 컨퍼런스, 월간 업데이트, 블로그 게시물, 재현가능연구)에 적합한 방식으로 데이터를 합성하고 소통할 수 있다.
	평가 및 해석	데이터에서 얻은 결과값의 정확도에 대해 질문을 던지지 않고문자 그대로 이용한다.	데이터 결과값을 비판적으로 평가하고 해석하는 일에 대해 점점 알아가고 있다. 정확히 무엇에 주목해야 하는지에 대해서는 확실히 모른다.	데이터 결과값을 자신있게 해석한다. 평가 기준을 내면화한다.	데이터 결과값에 대해 지속적으로 질문하고 의심하며, 해석의 범위가 명확하고, 정보를 이용가능한 지식으로 변환할 수 있다.

웨스테드

미국의 비영리기관인 웨스테드(Wested)는 학교 선생님들의 데이터 리터러시와 그 교수법을 지원하기 위해 설립되었다. 데이터 리터러시가 비교적 최근에 등장한 개념이고 우리 모두의 수준을 높이기까지 꽤 시간이 필요하다는 점을 고려하면 이렇게 선생님들을 위한 다양한 학습 교재를 지원하는 것은 좋은 전략으로 보인다.

웨스테드의 홈페이지(http://wested.org)에 있는 네 가지 평가 툴의 특징은 시나리오 기반이라는 것이다. 각 시나리오는 선생님들이 교육 현장에서 맞닥뜨릴 수 있는 고유의 상황들을 근간으로 구성되어 있다. 형성 평가(formative assessment), 집단 따돌림, 장기 성적 추이 분석 등과 관련한 정보, 데이터 세트 등을 제시한 후 문제를 해결하는 과정에서 데이터 리터러시 수준을 측정하는 것이다.

홈페이지에는 이 외에도 데이터 워크숍 툴, 교사들을 위한 교육 자료 및 자체 수준 평가, 학교 내에서의 추진 조직 구성 방법, 교육 현장에서의 데이터 사용과 관련한 전문가 인터뷰 자료 등 방대한 내용이 있다. 비록 실제 내용을 열람하려면 관리자에게 연락을 취해야 하지만, 시도해볼 만한 가치는 충분해 보인다.

가트너의 ISL 프로젝트

마지막으로 살펴볼 것은 가트너의 ISL(Information as a Second Language) 프로젝트다. 앞서 언급된 조직들과 확실히 구분되는 브랜드,

지식 리더십, 규모를 자랑하는 가트너는 데이터 리터러시에 대한 관심이 상당한데 이는 여러 프로젝트들 중에서도 ISL에 가장 잘 드러나 있다.

ISL의 전체 구조 역시 가트너의 명성에 걸맞게 그야말로 광범위해서, 데이터 리터러시와 관련한 기초 내용을 산업별, 기능별, 수준별로 세분화함은 물론 데이터 리터러시 수준 평가, 훈련 및 워크숍, 데이터 기반 조직 설계 등 모든 영역을 아우르고 있다. 이는 가트너가 기업의 혁신 전략 자원으로서 데이터가 가지는 의미를 잘 이해하고 있기에 가능한 것으로 보인다. 즉, 데이터의 잠재력은 조직 전체가 유기적이고 통합적인 접근을 취할 때 최대한 끌어낼 수 있다는 사실을 가트너는 알고 있는 것이다.

가트너는 '데이터 리터러시는 모든 디지털 환경에서 갖춰져야 할 첫 번째 핵심 역량'이라는 확신이 강하기에 각종 분석 툴뿐만 아니라 스토리텔링 같은 역량의 중요성도 강조한다. 둘의 조화를 중시하는 것이다. 또한 실천적으로 데이터 중심 조직 설계에서도 대시보드의 중요성을 언급한다. 데이터 활용 과정과 성공 사례를 자꾸 직원들의 눈에 띄게 하는 것이 모든 변화의 초석이라 보는 것이다. '워크숍 실시 때는 가급적 고객사의 데이터를 활용한다'는 이들의 원칙 또한 앞서 살펴봤던 ODI의 경우와 마찬가지로 좋은 접근법으로 보인다.

이제껏 간략하게 살펴본 데이터 리터러시 개척자들의 사례를 바탕으로 몇 가지 시사점을 정리해보자. 자체 프레임워크나 접근법을 설계하여 데이터로 조직력을 극대화하는 데 기초가 될 것이다.

∴ 개인과 조직의 리터러시 역량을 구분해야 한다.

∴ 개인 수준 및 분석의 목적별 훈련 내용이 세분화되면 좋다.

∴ 툴 사용 능력 못지않게 기초 역량 또한 개인 역량에서 중요하다.

∴ 개인 역량은 데이터로 문제해결을 위한 '질문하기→발견→획득 →검증→조정→분석→시각화→소통→평가'가 골고루 반영되어야 한다.

∴ 가급적 피교육자가 갖고 있는 공개 가능 데이터로 문제해결형 실습을 하는 것이 효과적이다.

∴ 데이터 리터러시 교육에선 자체 수준 진단, 성향 파악, 교수법 전파, 조직 재설계 등이 유기적으로 진행되어야 한다.

4장

데이터 리터러시 접근법:
말을 배우듯

데이터로 실험하고 결정하는 법을 배워야 하는 것은
학생이나 기업 임원이나 매한가지다.
– 댄 애리얼리(Dan Ariel)

내게 필요한 데이터 리터러시는 어떻게 결정되는가?

개척자들의 다양한 프레임워크를 일별하여 살펴봤으니 그것을 각자의 상황에 맞춰 빠르게 습득하기 위해 '나한테 필요한 데이터 리터러시 역량은 어떻게 결정될까?'를 생각해보자. 자기 상황에 맞는 데이터 리터러시 역량을 미리 점쳐보고 자신만의 우선순위를 매겨보는 것이다. 결론부터 말하자면 이는 주체, 데이터를 사용하는 목적, 사용할 데이터의 소스 및 종류에 따라 달라질 수 있다.

데이터로 무엇을 할 것인가?

자신에게 필요한 역량을 판단하는 데 있어 첫 번째 기준으로 삼아야 할 것은 단연 '데이터 분석의 목적'이다. 이를 스스로 결정하지 못

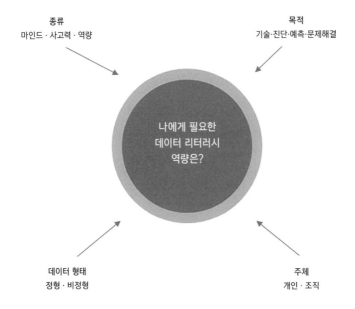

종류
마인드 · 사고력 · 역량

목적
기술·진단·예측·문제해결

나에게 필요한
데이터 리터러시
역량은?

데이터 형태
정형 · 비정형

주체
개인 · 조직

각자에게 필요한 리터러시 역량은 주체, 목적, 종류 및 데이터 형태,
데이터 소스, 종류에 따라 다르다.

하면 나머지 모든 역량이 무용해지기 때문이다. 데이터 그 자체는 목적이나 메시지가 될 수 없기에 현재 본인이 왜 데이터를 필요로 하는지, 어떤 데이터가 필요한지를 판단해야 한다. 이것이 선행되어야 목적에 맞는 분석 역량과 기법을 추려낼 수 있다.

실제로 2015년 KPMG의 데이터 및 분석 설문 보고서에 따르면 기업들은 자사의 데이터 분석 경쟁력이 낮은 이유에 대해 '어떤 (목적으로) 데이터를 분석해야 하는지 모른다'를 첫째로 뽑았고, '데이터를 분석할 수 있는 역량이 부족하다' '수집된 데이터의 분석 방법을 모른다'

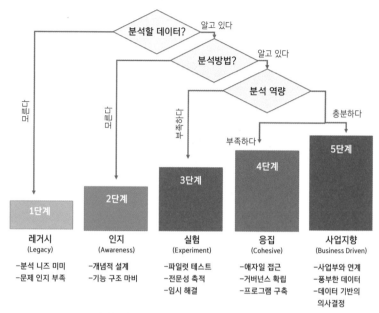

어떤 목적으로 어떤 데이터를 사용할지에 대해 스스로 명확한 답을 갖는 것이 우선이다.

출처: 삼정KPMG 경제연구원

등 역량과 방법론에 관한 문제는 그다음이라고 답했다.

　데이터 분석의 목적은 쉽게 말해 내가 상황을 인지하고 표현하기 위함인지, 평가를 하기 위함인지, 혹은 더 나아가 미래의 양상을 알거나 특정 문제를 해결하기 위함인지를 말하는 것이다. 가령 더운 여름날 여러분이 "현재 온도는 섭씨 35도입니다"라고 말했다면 기술(記述), "더운 날씨는 온라인 사업에 우호적인 조건입니다"는 평가, "앞으로 우리나라의 기후는 아열대 특성을 강하게 띨 것이므로 오프라인 매장은

데이터 분석의 정의 및 활용 분야.

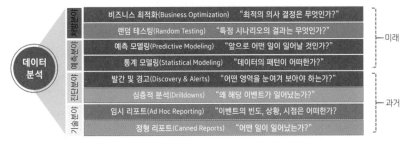

출처: 삼정 KPMG 경제연구원

인접성보다 접근성이 훨씬 중요해질 것입니다"는 예측, "사람의 소비성
향을 자극하는 실내 온도는 섭씨 24도로 분석되었으니 매장의 온도
를 2도 정도 내려보세요"라고 말했다면 문제해결에 해당한다.

이렇듯 기술과 진단은 자연스럽게 과거에, 예측과 처방은 미래에 집
중하게 된다. 하지만 대부분의 미래 분석은 과거의 데이터를 기반으로
이루어지는 것이기 때문에 이 두 그룹은 밀접한 관련성을 갖는다. 다
시 말해 상황에 대한 명확한 인지를 바탕으로 분석해야 기술 및 진단
(가치 판단)이 가능해지고, 그 진단을 미래로 연장시키면 예측이 되며,
이상의 과정에서 활용된 모든 인지와 판단을 모으면 문제해결을 위한
역량이 되는 것이다.

82쪽의 표는 목적에 따라 상대적 중요성이 높은 데이터 리터러시
역량을 정리한 것이다. 가볍게 읽어보면 자신에게 맞는 데이터 리터러
시 역량을 가늠해보는 데 도움이 될 것이다.

속성 역량(Competency)	분석 목적				설명
	기술	진단	예측	문제해결	
분석 과정 기획, 실행, 모니터					문제해결과 예측에 가까울수록 기획의 복잡도, 이종 데이터 양, 가공 오류가능성이 증가하여 자연스럽게 관리(monitor) 포인트도 증가하게 됨
데이터 인쿼리 프로세스 수행					문제해결과 예측에 가까울수록 필요한 데이터 양이 증가하여 논리적이고 구체적인 데이터 인쿼리 수행 능력이 상대적으로 중요해짐
데이터 이해 및 적용방안 파악					잘 이해해야 잘 기술할 수 있고, 나아가 이해에서 나온 인사이트는 상황 진단의 주요 소재가 됨
비판적 사고					비판 역량이 있어야 자신의 기술과 진단에 대한 비판을 최소화할 수 있고, 문제해결 시 전략 대안을 실효성 있게 구성하고 우선순위를 나열할 수 있음
데이터 기반 문화					'데이터로 말하라'라는 문화가 없으면 굳이 많은 노력이 들어가는 예측 및 문제해결 분석을 할 이유를 찾지 못함
데이터 윤리(보안, 개인정보보호 등)					데이터를 통해 인간성을 훼손하지 않고, 원천 데이터의 활용 시 법/제도 테두리를 벗어나지 않는 것은 모든 분석에서 두루 중요함
분석 도구 활용					문제해결과 예측에 가까울수록 분석에 필요한 데이터의 양과 복잡도가 증가하여 분석 도구 숙련도에 따라 정확도, 신속성에 큰 역량 차이를 초래함
데이터 발견(데이터를 발견하고 접근하는 능력)					단순한 데이터 기술을 넘어 문제해결에 가까울 수록, 각자가 처한 문제해결 상황의 특징이 잘 담긴 내부 데이터에 대한 접근 역량이 중요해짐
데이터 수집					단순한 데이터 기술을 넘어 문제해결에 가까울 수록, 각자가 처한 문제해결 상황을 객관적으로 판단할 수 있게 하는 외부 데이터에 대한 수집 능력이 중요해짐
데이터 관리 및 조직화					데이터가 기획,생성, (재)활용,폐기 되는 모든 과정이 원활해야 기초데이터의 신뢰성이 확보되고 활발한 내부데이터 분석 활동이 생겨나게 됨
데이터 조정					특히, 예측 분석은 정량적 민감도 분석과정을 거치게 되는데, 이때 기초 데이터를 어떻게 조정하느냐에 따라 결과치 민감도에는 영향을 주게 됨
데이터 품질과 출처의 평가 및 확보					분석자가 데이터 자체의 유효성까지 검증하게 되면 지나치게 많은 부담을 느끼게 되어 기본적인 데이터 클렌징을 통한 품질은 확보해줘야 함
데이터 레퍼런스 구성 및 운영					데이터 원천소스, 생성시기, 집계주체, 용어설명, 연관 데이터 소개 등이 충실할 수록 데이터 활용도가 높아지고 분석 결과의 신뢰도 또한 높아짐
데이터 기초 분석					예측,문제해결보다 기술,진단 분석이 상대적으로 기초적인 분석 역량으로 가능
데이터 시각화					특정 목적과 관계없이 근간이나, 분석의 양이 많고, 복잡도가 높을 수록 시각화가 가진 힘이 상대적으로 중요해짐
데이터 구두 제시					데이터의 특징과 메시지를 구두설명을 통해 명확히 전달하는 역량은 데이터 분석의 목적 및 난이도와 관련 없이 모든 영역에 걸쳐 중요한 역량임
데이터 해석(데이터 이해)					기본적으로 모든 목적에 중요하나, 오류 없는 해석하는 역량은 명확한 인지력이 중요한 기술분석에서 상대 중요성이 높음
데이터 기반 문제 정의					데이터로 문제를 착안하는 것은 고도의 상황파악 능력을 요구하며, 어떻게 정의하느냐에 따라 이후 모든 문제해결 과정에 영향을 줌
데이터 기반 의사결정					의사결정 맥락, 맥락에 따른 문제정의, 문제정의에 따른 제약조건, 제약조건에 따른 (불)필요데이터 판단, 필요데이터 간 우선순위, 우선순위에 따른 분석 어프로치 설계, 어프로치에 따른 가공 오류 방지, 분석 중간 결론에 따른 어프로치 진화 등을 수행할 수 있어야 효과적인 데이터 기반 의사결정(DDDM)이 가능
데이터 기반 의사결정 검증					다른 사람이 도출한 의사결정 결과를 데이터 유효성, 분석기법 적절성, 분석 결과 메시지화 관점에서 효과적으로 비판 할 수 있어야 자신의 의사결정 역량도 증가함
메타데이터의 생성 및 활용					데이터의 특징을 나타내어 '데이터의 데이터'라 불리는 메타데이터는 데이터 활용 범위에 해당하는 개념으로 목적과는 무관하며 중요함
데이터 지속성 및 재활용					원래 작성/수집 의도 된 것 이외의 분석 목적으로 데이터를 사용하는 개념으로 데이터 활용 범위에 해당하는 개념으로 목적과는 무관함
데이터 공유					데이터가 3자에게 오류 없이 사용되게 할 수 있게 하는 투명성과 일관성을 갖춘 관리체계 및 정책을 의미하므로 특정 데이터 분석 목적과는 무관함
데이터 보존					데이터 저장 분류, 메타데이터 업데이트 등의 활동으로 최대한 많이 활용될 수 있도록 '접근환경'을 유지하는 데이터 보존은 특정 데이터 분석 목적과는 무관함
포맷 간 데이터 전환					데이터가 가진 맥락과 정보를 충분히 이해한 상태에서 다른 포맷의 데이터로 전환하여 데이터 활용도를 높이는 역량이므로 특정 데이터 분석 목적과는 무관함
가설 전개					진단과 문제해결 분석은 분석 가설을 수립하는 것이 효율적 분석 어프로치 설계에 매우 중요하며, 분석 중간 결론으로 가설을 진화하는 것을 포함함
대용량 데이터 활용					데이터의 양은 분석 목적과 무관함

■ 매우 중요　■ 중요　■ 관련 있음　□ 관련 없음　　　　분석 목적에 따라 달라지는 데이터 리터러시 역량

누가 쓸 것인가?

동일한 데이터라도 그것을 분석하는 주체가 일개 개인인지 아니면 조직인지에 따라 그에 요구되는 데이터 리터러시는 서로 다르다. 사회에서도 개인과 조직에게 요구되는 윤리가 각기 다른 것과 마찬가지다. 특히 조직은 구성원 개개인이 문제해결을 잘할 수 있는 환경을 조성해 줘야 할 의무가 있는데 이를 소홀히 하면 데이터의 양이 점점 많아지고, 이종 데이터들이 유통되며, 개인은 적절한 분석을 시도하기가 어려워진다.

다음은 조직의 데이터 리터러시 역량과 관련된 내용이다. 앞서 살펴본 분석 목적별 데이터 리터러시 역량 테이블에서 '특정 목적과 관계없음'으로 표시된 항목들이 대개 조직의 데이터 리터러시 역량에 해당됨을 알 수 있다.

∴ **데이터 윤리**: 조직은 구성원들이 데이터를 통해 인간성을 훼손하지 않고, 원천 데이터의 활용 시 법과 제도의 테두리를 벗어나지 않도록 가이드라인을 제시한다.

∴ **데이터 관리**: 데이터 분석 시도의 활성화를 위해 데이터가 기획, 생성, (재)활용, 폐기되는 모든 과정이 원활히 이루어지게 함으로써 데이터 신뢰도를 높인다.

∴ **데이터 품질 검증**: 기본적인 데이터 클렌징 등 데이터 품질과 관련된 제도를 조직이 마련함으로써 분석자가 데이터 자체의 유

효성 검증과 관련된 부담을 지나치게 많이 느끼지 않게 한다.

∴ **메타데이터 생성 및 활용:** 데이터의 특징을 나타내기 때문에 '데이터의 데이터'라 불리는 메타데이터는 데이터 활용성에 직접적인 영향을 주므로 조직이 전담 부서를 두어 관리해야 한다.

∴ **데이터 재활용:** 모든 데이터들이 본래 작성 및 수집되었을 때의 목적과 다른 목적으로 확장되어 분석 및 사용되려면 데이터 재활용과 관련된 내부 가이드라인을 조직이 잘 마련해두어야 한다.

∴ **데이터 공유:** 투명성, 보안성, 일관성을 갖춘 데이터 관리 체계 및 정책을 조직이 마련하여 제3자가 오류 없이 데이터를 사용할 수 있는 환경을 조성해야 한다.

∴ **데이터 보존:** 조직은 데이터 저장 분류, 메타데이터 업데이트 등을 통해 데이터가 최대한 많이 활용되게끔 하는 '접근 환경'을 유지시켜야 한다.

∴ **대용량 데이터 활용:** 대용량 데이터와 관련된 접근성, 관련 전문 인력 및 분석 툴 구비, 프로젝트 독려 등의 환경 조성은 개인의 노력으로 불가능하므로 조직이 담당해야 한다.

이러한 열거된 요건들을 갖춰나가야 '조직의 환경 제공'과 '개인의 적극적인 환경 활용'이라는 두 수레바퀴가 맞물려 돌아가는 것이 가능해진다. 구성원 개개인에게 훌륭한 교육 프로그램을 제시했다 해서 조직의 데이터 리터러시가 올라가는 것은 아니라는 뜻이다.

클릭이 2018년에 만든 보고서 '어떻게 회사의 데이터 리터러시를 향상시킬 것인가?(How to Drive Data Literacy in the Enterprise)'를 통해 조직과 개인이라는 두 바퀴가 얼마나 밀접한지 살펴보자. 2017년부터 2018년까지 유럽, 아시아, 미국에서 7,377명의 회사 내 의사결정자들을 대상으로 실시한 이 조사에 따르면 94%의 응답자가 '데이터 리터러시는 직무 신뢰도를 높이는 데 반드시 필요하다'라고 답했지만, 정작 '데이터를 읽고 쓰고 데이터를 통해 소통할 줄 안다'고 답한 응답자 비중은 C 레벨 임원 중 32%, 16~24의 직원들은 그보다 더 낮은 21%에 불과했다.

이 결과에는 여러 시사점이 있는데, 그중 눈여겨볼 것은 바로 데이터 리터러시 향상을 위한 기업의 역할이다. 기업은 '신입사원들이 학교에서 뭘 배우고 왔는지 모르겠다'고 늘 불평해왔지만, 데이터 리터러시의 경우에는 기업이 나서서 가르쳐야 한다는 사실이 이 조사에서 드러났기 때문이다. 기업 자체도 데이터 리터러시의 중요성에 대해 이제 깨닫기 시작한 마당에 학교의 태만을 불평할 순 없는 것이고, 무엇보다 학교에는 데이터 리터러시를 교육시킬 충분한 데이터가 없었다. 시기적으로 보자면 공은 기업으로 바로 넘어온 셈이다.

나아가 클릭은 조사 대상 기업들이 데이터를 얼마나 잘 활용하고 있는지도 조사했다. 그 결과에 따르면 '업무에 필요하다고 생각되면 나는 얼마든지 데이터에 접근할 수 있다'라고 답한 응답자 비율은 C 레벨 고위 의사결정자 레벨에선 80%, 중간 관리자는 67%인 데 반해 일반 직원의 경우에는 26%에 채 미치지 못했다. 이는 개인의 데이터 리터러시가 아무리 훌륭해도 데이터 접근권이라는 권한 설정 정책이 오히려 걸림돌이 될 수 있다는 중요 증거다. 굳이 덧붙이자면 앞서 정의한 '조직의 데이터 공유 역량'이 결여돼 있다고 하겠다. 개개인이 데이터를 자유자재로 쓰게 한 적이 없으니 데이터 윤리, 관리, 품질 검증 등의 역량의 계발도 자연스럽게 이뤄지지 않은 상태 말이다.

조직이 갖춰야 할 역량의 합은 '데이터 중심 문화'라는 말로 귀결된다. 문화라는 말도 모호한데 데이터까지 붙어서 더욱 모호해져버렸지만, 이 시안을 어떻게 풀어가야 할지 유나이티드 오버시스 뱅크(United Overseas Bank, 이하 UOB)의 사례에서 얻을 수 있다. 데이터는 공부와 훈련의 대상이 아니라 일을 쉽게 하고 고민을 덜어주는 도구라는 인식부터 먼저 만들어나간 예이기 때문이다.

UOB는 아시아, 유럽, 미주 지역 19개 국가에 500개 이상의 지점과 2만 5,000여 명의 직원을 보유한 글로벌 금융 기관이다. 데이터 기반의 고객 경험 혁신을 위해 UOB가 공들여 한 일은 데이터 전문가와 일반 직원들을 대상으로 2주에 한 번 공개강좌를 열어 정기적으로 만나게 하는 것이었다. 데이터 활용과 관련하여 궁금한 모든 점들을 직접 물어보고 그에 대한 답도 바로 얻을 수 있다는 점에서 이 강좌는 직원들로부터 상당한 인기를 모았다. 강좌가 계속될수록 직원들은 데이터에 대한 심리적 저항감이 줄어들었고, 점점 더 수준 높은 질문을 하는 자신을 발견하며 성장감 또한 갖게 되었다고 한다.

회사 입장에서도 어떤 부서와 직무에서 데이터 기반 혁신 에너지가 높을지 실증적으로 이해하는 것이 가능해졌다. UOB의 빅데이터 센터장 데이비드 탄(David Tan)은 "데이터 전문가들의 능력에는 데이터를 잘 분석하는 것뿐 아니라 일반 직원들로 하여금 데이터의 힘을 느끼게 하는 것도 중요 요소로 포함된다"고 말했다. 이처럼 개인의 리터러시가 증폭될 수 있도록 구체적인 역할을 해야 하는 것이 조직의 리터러시 역량이다.

어떤 형태의 데이터인가?

다음으로 살펴볼 것은 데이터의 형태에 따른 리터러시 역량이다. 결론부터 얘기하면 정형 데이터는 레고 블록처럼 잘 표준화되어 있기 때문에 비전문가도 다룰 수 있지만, 비정형 데이터는 모래알처럼 규칙성이 없고 변화무쌍하여 특별한 훈련을 받은 전문가들만 다룰 수 있다. 크고 견고한 성을 레고로 만드는 일은 어린아이도 할 수 있지만, 모래로 만드는 것은 쉬운 일이 아니다. 예를 들면 행과 열에 의미가 적절히 잘 부여되어 작성된 엑셀 자료는 정형 데이터, 페이스북 댓글들처럼 내용은 있으나 규칙성이 거의 없는 자료는 비정형 데이터에 해당한다고 볼 수 있다. 이렇듯 형태의 차이가 워낙 크기 때문에 그에 따른 취급 역량 역시 달라질 수밖에 없는 것이다.

그런데, IDC에 따르면 우리가 쌓고 있는 데이터의 약 80%가 비정형 데이터라고 한다. 바꿔 말하자면 기업의 데이터 잠재력은 비정형 데이터를 어떻게 다루느냐에 달려 있다는 뜻이다.

문제는 모든 개인이 비정형 데이터로 기술, 진단, 예측, 문제해결이 가능하길 바라는 것은 무리라는 데 있다. '데이터 리터러시는 모든 직무에 필요한 공통 역량'이란 말은 각 직무가 가진 고유의 역량이 더 나은 성과를 내는 데 있어 데이터 리터러시가 윤활유 역할을 한다는 뜻이지, 그것이 고유 직무 역량들보다 더 중요하다는 뜻은 아니다. 만약 어떤 개인이 직무 역량을 높이는 일보다 데이터 분석을 준비하는 일에 더 많은 시간을 쓰고 있다면 문제가 있다고 봐야 한다.

2016년 전 세계 데이터 사이언티스트를 대상으로 크라우드플라워 (Crowdflower)가 진행한 조사를 보면 데이터 분석 준비 작업이 얼마나 고되고 지루한 일인지를 짐작할 수 있다. 조사 결과에 따르면 데이터 전문가들조차도 자신에게 주어진 시간의 60% 정도를 분석 준비에 쓴다는데, 일반 직원들이 이런 작업을 하려면 얼마나 긴 시간이 소요되겠는가? 또 이는 조직에 어떤 악영향을 미치겠는가?

나아가 일반 개인의 입장에서는 정형 데이터를 고급 분석 스킬이 아닌 데이터 리터러시 정도로 다루는 것이 좋다. 난해한 비정형 데이터를 고급 분석 기술로 다룰 때보다 훨씬 큰 파급력을 만들어줄 것이기 때문이다. 앞서 언급한 대로 구텐베르크가 발명한 금속활자가 지식의 대중화를 낳고 그 힘이 다시 르네상스의 기초가 되었듯 말이다. 아무리 연산 능력이 좋아지고 툴이 다양해져도 현장의 문제를 해결하는 데는 현장 작업의 맥락을 이해하고 있는 일반 직원들의 몫이 더 크게 작용할 것이다. 지난 10년 데이터 축적의 시대가 낳은 전문가 중심의 데이터 활용 성공담은 점차 개개인 중심으로 자연스레 이동할 것이다.

이런 의미에서 앞장에서 얘기한 주체의 문제와 데이터 유형의 문제는 매우 밀접한 관련이 있는데, 이에 대해 그림을 보며 생각해보자.

활용 주체와 데이터 형태에 따른 역할 구분

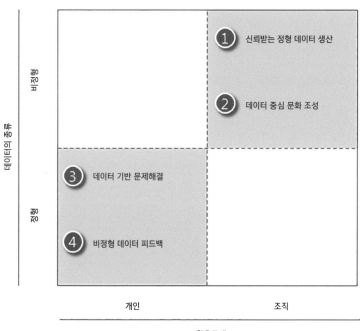

우선 조직은 비정형 데이터를 개개인이 분석할 수 있도록 최대한 정형화해서 잘 전달해야 할 모든 책임이 있고, 개인은 그렇게 제공된 정형 데이터로 활발히 문제해결 작업을 수행하면서 어떻게 비정형 데이터가 더욱 생산적으로 쌓이고 정형화되면 좋을지에 관한 피드백을 조직에 줘야 한다. 91쪽의 그림에서 ④에 해당하는 '비정형 데이터에 대한 개인의 피드백'까지를 개인의 리터러시 역량으로 못 박아야 비로소 선순환(①-②-③-④-①...)이 이뤄진다는 의미다.

그렇기에 개인은 본인이 다루는 정형 데이터와 비정형 데이터와의 관계를 이해하고, 비록 비정형 데이터를 직접 다루진 못해도 그것의 개선과 관련된 식견까지는 반드시 갖춰야 한다. 데이터가 이상해서 분석을 못하겠다는 건 디지털 대전환의 시대에 가장 하기 쉬운 변명임과 동시에 가장 지양해야 할 모습이다. '데이터는 쓰면 쓸수록 단단해진다'는 철칙은 바로 이런 피드백 과정의 중요성을 나타낸 표현이다.

그럼 비정형 데이터에 대한 이해와 피드백은 개인 수준에서 어떻게 이뤄져야 할까? 전반적으로 말하자면 데이터 분석의 목적이 무엇이고 어떤 데이터가 필요한지, 즉 '목적'과 '대상'에 집중해서 그 내용을 조직과 명쾌하게 공유하는 것만으로도 가능하다. 조직 입장에선 이런 피드백을 통해 부담을 상당히 줄일 수 있기 때문이다. 이러한 피드백 과정은 데이터 전문 조직과 일반 구성원 모두 상대의 입장으로 한 발짝씩 다가가 생각해야 함을 의미한다.

사실 데이터 사이언티스트들은 데이터 분석에 있어 정말 중요한 것이 분석 맥락에 대한 이해임을 이미 알고 있는데, 오히려 이 점 때문에 곤란을 겪기도 한다. 해당 맥락에 너무 몰입하면 자신이 문제해결 담당자가 된 듯한 부담이 느껴지고, 맥락과 너무 거리를 둔 채 기계적인 데이터 처리만 해주면 지나치게 방관자적인 자세인 듯해 직무적 양심에 걸리기 때문이다.

그러나 데이터에 기반한 문제해결 문화를 추구하는 조직일수록 이러한 데이터 전문가들이 담당할 업무량은 늘어날 수밖에 없는 것이 현실이다. 바로 이런 이유에서 현장 실무 담당자들은 당면 문제와 관

비정형 데이터의 효율적 생산을 위한 개인의 피드백

효율적 비정형 데이터 생산을 위한 개인의 피드백		설명	필요성	예시
	❶ 어떤 문제를 가지고 있는가?	· 현장에서 해결하고 싶은 문제와 그 맥락을 명확 전달	· 맥락 설명이 있어야 데이터 필요성과 기존 데이터와의 연계성을 종합 판단 가능	"요즘 재택근무가 늘어나며 비즈니스 소프트웨어 수요 변화가 예상되고 있습니다."
	❷ 어떤 가설을 가지고 있나?	· 문제와 맥락에 더해 가설적 해결 방안을 함께 공유	· 현장 조직의 문제해결방식에 익숙해지면 데이터 전문 조직의 장기전략 수립 수월	"장기화될 경우 재택근무자들의 '외로움'을 해소하고 '소속감'을 증대시켜 줄 소프트웨어가 필요할 것으로 보입니다."
	❸ 어떤 분석 어프로치를 가지고 있는가?	· 가설 검증을 위한 구체적인 분석 어프로치 공유	· 실무부서와 전문조직 간 분석 어프로치와 목적 데이터에 대한 검증 논의 가능	"재택 근무자들의 재택 근무 전후 SNS 사용 패턴 및 감정을 분석하려고 합니다."
	❹ 어떤 데이터가 필요한가?	· 분석 어프로치에 등장하는 여러 개념 간 명확한 구분	· 문제 해결에 필요한 데이터 간 구분 및 연관관계를 명확히 해야 관리가 용이	"근무시간 대 SNS 접속 및 글 등록과 감정 이모티콘 유형별 빈도가 필요합니다."
	❺ 어떤 형태의 데이터가 필요한가?	· 필요한 데이터의 최종 형태를 명확히 전달	· 개념이 명확해도 단위, 기간 등이 약간만 달라져도 수집 과정에 큰 변화를 초래함	· 재택 근무 전후 3개월 간 근무 시간대별 페이스북 평균 접속 빈도(회/명/요일) · 재택 근무 전후 3개월 간 등록 글 내 이모티콘 유형별 사용빈도(회/유형)

련된 맥락, 문제 자체, 가설, 분석 어프로치, 필요 데이터, 그리고 필요 데이터의 형태를 전문 집단에게 명확히 전달할 수 있는 자체 역량을 보유해야 한다. 데이터 전문가들 역시 실무 담당자들이 짚지 못하는 데이터 분석의 허점을 메워주고, 나아가 해당 문제해결 이후 남게 되는 '그럼 우리 조직은 어떤 데이터를 더 쌓고 관리해야할까?'라는 과제와 연결되는 결정도 부단히 해나가야한다.

데이터 마인드와 데이터 사고력

데이터를 숫자 덩어리 또는 업무 대상이 아닌 삶의 한 축으로 바라보려면 스킬 중심의 시각을 버리고 데이터 마인드, 데이터 사고력, 데이터 역량을 구분할 필요가 있다. 데이터를 잘 다룬다는 것은 단순히 분석 툴에 능하다는 것을 넘어 데이터로 문제를 해결하고 데이터가 갖는 증거의 힘을 믿는 자세까지 뜻하기에, 데이터 리터러시는 이 모두를 구분하면서도 포괄해야 한다. 이 책의 대부분은 데이터 역량 또는 스킬에 대해 다루고 있으니 여기에선 사고력과 마인드 중심으로 알아보자.

데이터 마인드

데이터 마인드를 위해 갖춰야 할 첫 번째 자세는 증거주의다. 증거주의의 사전적 의미는 '법률 등에서 증거를 중시하는 입장이나 견해'다. 데이터는 그 자체가 주장이 될 수 없고 증거를 구성하는 재료다. 따라서 데이터를 활용하고자 하는 모든 동기는 좋은 증거나 근거를 구비하려는 노력, 또 역으로 근거를 통해 주장을 받아들이는 습관과도 관련이 깊다. 주장을 펼칠 때나 받아들일 때 모두 그 내용보다 근거에 집착해야 하는 이유는 생각보다 가까이에 있다.

2018년 서울대학교 팩트체크센터는 그해 주요 사회 이슈를 다룬 기사들을 대상으로 팩트체크를 시도한 결과를 발표했다. 센터는 팩트체크한 내용들이 공개되는 플랫폼을 제공하고, 언론사들이 자발적으로 팩트체크한 내용을 공유한다. 기사들은 대개 정치인과 공직자의 발언이나 그들과 관련된 사실 등을 검증한 것이었는데 결과는 생각보다 참담하다. '대체로 사실 아님'이 가장 많았고(32%), '전혀 사실 아님'이 그 뒤를 이었다(28%). 이는 2017년의 추세('전혀 사실 아님' 34%, '대체로 사실 아님' 24%)와 비슷한 양상을 보이는 결과였다. 바꿔 말하면 사회 주요 현안에 대한 공론화된 주장 중 우리가 맘 편히 믿을 수 있는

데이터 마인드, 사고력 그리고 역량

	설명	예시
데이터 역량 Data Competency	·데이터 활용 실무 역량	·데이터 이해, 획득, 분석 소통
데이터 사고력 Data Thinking	·데이터를 끌어가는 생각	·비판, 한계, 시스템 ·비판적 사고력
데이터 마인드 Data Mindset	·데이터에 대한 자세	·증거주의, 지적 겸손함/의무적회의감 ·자기 객관화, 데이터의 한계

것은 고작 6%에 불과하다는 뜻이 된다. 물론 애초부터 팩트체크 해야 할 만큼 의심스러운 기사들 위주로 집계한 것이라 '사실이 아님'이 두드러지게 높게 나온 면이 있지만, 그만큼 중요한 사안에 대해 진행한 체크였을 테니 절대 가볍게 볼 문제는 절대 아니다. 과연 우리는 어떤 세상에 살고 있나 의심스러울 정도로 아찔하다. 때문에 누군가의 주장을 접할 때면 반드시 증거를 살펴보는 노력을 소홀히 하지 말고, 주장 자체가 아닌 증거에 반응하는 습관을 가져야 한다.

두 번째 자세는 의무적 회의감과 지적 겸손이다. 의무적 회의감은 누군가의 의견을 받아들일 때 반드시 그에 대한 회의적 시각을 가져보는 태도다. 이 역량은 데이터로 문제해결을 자주 하는 경영 컨설턴트들에게서 많이 볼 수 있는데, 이것을 갖추지 못한 컨설턴트는 동료애나 능력이 부족한 인물로 여겨지기도 한다. 서로의 결론에 대해 의무적으로라도 재고할 기회를 주는 것은 직급에 관계없이 작동된다.

이와 거울처럼 맞닿아 있는 태도가 바로 지적 겸손, 즉 '난 늘 틀릴 수 있다'라는 겸허한 자세. 내가 제시한 증거에 대해 누군가 제기하는 합리적 비판을 깔끔히 수긍하는 것은 모든 구성원들이 보다 적중률 높은 의사결정을 더 많이 내리는 데 도움이 된다. 그렇기에 내가 틀린 게 아니라 나의 증거가 틀렸거나 부족할 때 이런 융통성이 발현되어야 한다. 이와 관련한 또 다른 요소가 회복탄력성이다. 자신의 주장이 꺾일 경우 불필요한 감정에 동요되지 않고 다시 전투력을 유지하는 것도 증거주의 문화를 만들어가는 데 중요한 역량이기 때문이다.

세 번째 자세 역시 지적 겸손과 관련된다. 데이터로 증거를 만드는 과정은 자신의 주장을 강화하는 과정인 동시에 그것이 정말 합당한지 돌아보는 수양의 과정이다. 모든 데이터는 기본적으로 고유의 사실성을 가지고 있기에 넓고 깊은 증거를 만들수록 데이터를 통해 자신의 주장을 검토하는 기회를 갖게 되는데, 이 과정에서 언제든 자신의 주장보다 사실성에 손을 들어줄 수 있는 용기가 있어야 한다. 분석이 이미 너무 많이 진행됐다고, 혹은 주장하려는 내용이 절실히 필요하다고 해서 분석 과정에서 도출되는 반대되는 증거들을 무시해서는 안된다. 이 과정을 가볍게 여기면 데이터 분석 과정 자체가 고도의 거짓을 꾸미는 과정이 되어버린다는 사실을 깨달아야 한다.

네 번째 자세는 데이터의 힘과 한계를 동시에 이해하는 것이다. 데이터는 분명 우리의 인지력, 판단력, 설득력 나아가 동기부여에 도움을 주지만 한편으론 그만큼 조작될 가능성이 높고 제한된 결론만 줄 때도 많다. 데이터 자체가 진실을 밝혀내는 분야는 자연과학에 국한되어 있다. 심리학이나 사회과학에선 기껏해야 개연성의 높고 낮음에 대해 언급할 수 있을 뿐 절대적 진리를 이야기하진 못하는 것이다. 때문에 데이터가 가진 이런 양면성을 늘 마음 한켠에 간직하고, 데이터가 우리를 발전시킬지 후퇴시킬지에 대한 고민도 지속적으로 해나가야 한다.

다음은 나치의 선전부 장관이었던 파울 J. 괴벨스(Paul J. Goebbels)가 했던 섬뜩한 말들인데, 한편으론 데이터의 양면성이 어떻게 악용될 수 있는지를 보여주는 것들이기도 하다. 괴벨스의 선동이 없었다면 나치 독일이 전 세계를 위협에 빠뜨리는 일도 없었을 것이다.

"선동은 한 문장으로 가능하지만 그것을 반박하는 데는 수십 장의 문서와 증거가 필요하다. 그리고 그것들을 통해 반박하려 할 때 이미 사람들은 선동되어 있다."
"분노와 증오는 대중을 열광시키는 가장 강력한 힘이다. 선동의 가장 큰 적은 지식인주의다."
"거짓과 진실의 배합은 100%의 거짓보다 더 큰 효과를 낸다."
"대중은 거짓말을 처음에는 부정하고, 다음에는 의심하지만 결국은 믿게 된다."
"여론조사의 결과는 대상을 누구로 잡느냐에 따라 달라진다."

데이터 사고력

데이터 사고력이 중요한 이유는 데이터가 생각을 끌고 가는 것이 아니라 생각이 데이터를 끌어가야 하기 때문이다. 우리가 세운 생각의 성(城)을 누군가 데이터로 공략하려 한다면 비판적 사고력이, 반대로 자신이 데이터로 누군가의 성을 공략하려 한다면 문제해결 사고력이 데이터 스킬보다 먼저 갖춰져야 한다. 합리적 비판이 가능한 사람이어야 합리적 분석도 할 수 있다. 비판적 사고력과 문제해결 사고력이 밀접히 관련되어 있는 이유다.

일반적인 비판적 사고력은 상황, 목적, 의사결정 사이의 궁합이 합리적인지 간파하는 능력을 말한다. 그리고 이런 생각 습관을 가진 사람들은 ①생각과 생각 사이의 관계를 논리적으로 파악하고, ②주장을 명확히 이해하고 합리적으로 평가할 줄 알며, ③도출된 결론을 주체적으로 받아들인다.

A라는 사람이 "겨울이 되니 춥네"라 하자 그 옆에 있던 B가 "몸이 안 좋은 거 아냐?"라고 반문한 상황을 예로 생각해보자. B의 말은 어떻게 받아들이면 좋을까? 자칫 별것 아닌 대화에 시비를 거는 게 아닌가 싶겠지만, 이런 대화의 흐름은 비판적 사고에서 자주 언급되는 '제3의 요인에 대한 암시'를 통한 비판에 해당한다(비판은 트집이 아니라 기존 주장을 되돌아볼 수 있게 하는 발언이다). '겨울'이 원인이고 '춥다'가 결과('겨울'→'춥다')라는 생각을 가진 A에게 B의 말('몸이 좋지 않다'→'춥다')은 '지금 내가 추운 게 꼭 겨울이라서 그런 건 아닐 수도 있겠네?'라는 생각을 갖게 한다. 즉, B의 말은 A의 생각을 약화(weakening)하는 요인이 되는 것이다. 이것이 바로 비판적 사고를 바탕으로 생각과 생각 사이의 관계를 논리적으로 파악하는 힘이다.

이를 데이터에 대입해서 생각해볼 수 있다. C라는 사람이 다음과 같은 데이터를 제시하며 당신에게 '가난한 사람일수록 자녀를 낳지 않는다'라 주장한 상황을 가정해보자.

그런데 공교롭게도 당신은 이미 다음의 데이터를 가지고 있는 상황이다. 이런 상황에서 당신은 C에게 뭐라고 말할 수 있을까? 이 질문에 의외로 '두 가지는 서로 관련이 없으므로 아무런 반응을 하지 않는다' 라고 답변하는 사람이 많다.

하지만 정말 그럴까? 해를 거듭할수록 산모의 연령이 높아진다는 사실은 '가난한 사람일수록 자녀를 낳지 않는다'는 것이 사실이 아님을 직접적으로 밝히진 못해도 '고연령→경제적 여유가 생김→아이를 나을 여건이 조성됨'의 개연성은 암시해줄 수 있다. C가 제시한 데이터에 등장한 소득 하위 그룹은 소득이 낮기도 하지만 젊은 신혼부부가 많이 속해 있어서 아이를 낳지 않는 것일 가능성, 즉 '연령이 제3의 요인으로 작용했을 가능성'을 제기하는 것이다. 추론 영역에서 이를 (해당 주장을 정면으로 반박하진 못했어도) '약화시켰다'고 말하는 것도 이런 맥락에서다.

이와 같은 역량이 의외로 중요한 이유는 데이터가 날로 증가하기 때문이다. 각 데이터들이 말하는 생각이 나의 생각을 약화시키는지 강화시키는지조차 파악하지 못한다면 데이터로 의사결정을 하고 빅

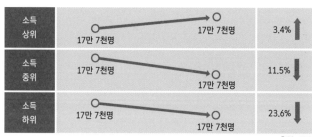

2011년 → 2015년 소득구간별 분만 인원 변화

출처: SBS

데이터로 세상을 변화시키겠다는 생각은 일찍이 접어야 한다. 사회에서 만나는 수많은 이들 중 누가 나에게 도움이 될지 해가 될지 판단하지 못하면 원만한 사회생활이 어려운 것처럼 말이다. 내가 주장을 펼치고 있는 상황에서는 어떤 약화 요인들이 존재할 수 있는지를 머릿속으로 상상해낼 수 있어야 하고, 상대의 주장을 받아들이는 상황이라면 역으로 상대 주장의 약화 요인을 충분히 지목할 줄 알아야 한다. 데이터의 양과 화려함에만 매몰되면 이런 사유 과정을 놓치기 십상이니 반드시 유념해야 할 사항이다(나는 이 역량을 데이터가 근거로서 갖춰야 할 '충분성'이라 부르는데, 이에 대해선 5장에서 좀 더 자세히 살펴보기로 한다).

데이터 사고력과 연관되는 또 다른 요소는 문제해결 역량, 즉 답이 없는 문제를 다룰 때 어떻게 판단하고 설득할 것인가에 대한 능력이

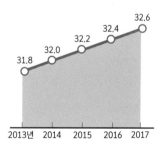

연도별 산모 평균 출산연령(세)

2013년 31.8
2014 32.0
2015 32.2
2016 32.4
2017 32.6

출처: 통계청

다. 데이터의 분석 및 가공 절차에 집중하기보다는 일반적인 문제해결 과정을 근간으로 삼고 그것을 바탕으로 데이터를 다뤄야 데이터 사고력도 증진시킬 수 있다.

일반적인 문제해결 과정은 크게 '①문제 정의→②가설 수립→③가설 검증→④소통'의 순서로 진행된다. 다만 데이터 기반의 문제해결 과정(DDPS: Data Driven Problem Solving)에선 직관이 아닌 데이터를 활용하는 만큼 이에 특화된 몇 가지 역량이 추가로 필요하다. 가설 검증을 위한 분석 어프로치 설계 역량, 어프로치 기반 데이터 획득 역량, 데이터 가공 및 가설 진화 역량 및 데이터 커뮤니케이션 역량이 그 것이다. 다음의 그림을 참고로 하여 데이터에 기반한 문제해결 과정을 살펴보자.

첫 번째 단계는 문제를 인지하는 단계인데, 여기에서도 데이터는 제 역할을 톡톡히 해낸다. 데이터에서 나타나는 특이한 패턴 혹은 이전과 다르게 튀는 값들은 대부분 특이사항을 암시하는데, 대개 이는 해결해야 할 문제와 관련이 깊다. 배우자를 고를 때 평소와 달리 화를 내는 모습까지 봐야 그 사람을 온전히 이해할 수 있는 것처럼, 데이터에서 나타나는 특이점은 문제를 한층 입체적이고 본질적으로 파악할 수 있게 해준다.

이렇게 문제 상황을 인지했다면 두 번째 단계, 즉 그 문제가 발생한 이유는 무엇이고 문제의 심각성이 어느 정도인지를 파악하는 단계에 접어든다. 이렇게 맥락을 파악해야만 해당 문제의 해결엔 어떤 데이터들이 필요한지, 또 그것들 중 어떤 것이 보다 우월한 설명력을 갖고 있는지를 결정할 수 있다. 데이터 분석 전문가들이 현장의 맥락을 이해하는 쪽보다는 현장 맥락을 잘 아는 직원들이 데이터 리터러시를 익히는 쪽이 장기적으로 봤을 때 더 중요한 이유가 이것이다(맥락에 대한 이해도는 6장에서 보다 자세히 살펴보자).

세 번째는 문제를 세분화 및 구조화하는 단계로, 해당 문제의 분석

데이터 기반의 문제해결 과정과 필요 역량

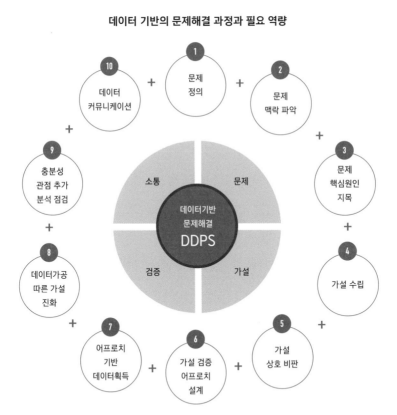

을 위해 어떤 데이터를 획득해야 할지 결정하는 과정이다. 여기서 중요한 것은 문제를 세분화하는 이유를 이해하는 것인데, 그 답은 분석이란 단어의 뜻에서 찾아볼 수 있다. '나눌 분(分)'과 '이해할 석(析)'이 합쳐진 이 단어는 '한 번에 답할 수 없는 것을 나누어 답함으로써 전체 답을 찾아가는 문제해결 방식'을 뜻한다. 가령 '배우자에 대한 당신의 이상형은 어떻습니까?'라는 질문을 던지면 응답자가 한 번에 답하기가 어려우니 성격, 학력, 경제력, 신앙 등 여러 항목별로 나눠 질문하는 것이 문제의 세분화다. 때문에 '문제를 어떻게 나눠서 이해할 것인가'는 자연스럽게 '문제를 어떤 세부 질문들로 나눌 것인가'에 이어 그렇게 '나눈 각각의 질문들에 답하려면 어떤 데이터들이 필요한가'와 밀접한 관련을 갖는다.

가설을 수립하는 네 번째 단계와 그것을 스스로 점검하는 다섯 번째 단계에선 데이터 자체보다 직관의 역할이 훨씬 크다. 직관은 데이터와 완전히 동떨어진 것이 아니라서, 유사한 주제와 관련하여 수많은 데이터를 다뤄본 사람의 직관은 그간 경험했던 모든 데이터들의 총합이라고 봐도 무방하다. 즉, 날카로운 직관은 단번에 생겨나는 것이 아니라 경험으로 응집된 '분석 없는 분석'인 것이다. 고(故) 정주영 현대그룹 회장은 매년 초 자동차 생산계획 회의에 참석해 임원들의 이런저런 분석과 판매 예측치를 듣고선 "임자, 그것보다 10%는 더 팔릴걸?"이라며 직관으로 더 정확히 예측했다는 일화가 정확히 이 경우의 예에 해당한다.

여섯 번째는 어프로치(approach), 즉 문제해결을 위한 방법에 접근하는 단계다. 일반적인 문제해결 과정이 아니라 데이터에 기반을 두는 과정인 만큼 여기에선 데이터 가공의 지도를 그리는 작업이 이루어진다. 사실상 이 단계는 데이터 기반 문제해결 과정의 하이라이트라 볼 수 있는데, 그 이유는 맥락적 사고력과 연산적 분석력이 만나는 지점이기 때문이다. 상황과 문제를 파악하고 가설을 정하는 것은 맥락적 사고의 결과물이고, 그 결과물을 어떤 가공으로 검증하고 형상화해낼지 생각하는 것은 연산적 분석 능력의 영역이다.

가령 여름 휴가지로 제주도를 택한 뒤, 동행하는 사람들의 처지와 비용이라는 맥락을 기반으로 어떤 교통편을 선택할지 결정하는 상황을 가정해보자. '여비는 충분하지만 일행 중 비행기 타는 것을 무서워하는 사람이 있으니 오래 걸리더라도 배를 이용하자'라고 결정했다면 이는 맥락에 따라 제주도 접근법을 결정한 것이다.

데이터 분석에서도 이는 마찬가지다. 자신의 데이터 준비도와 분석 목적 사이의 간극을 이해한 뒤 가장 효율적이고 오류 가능성이 적은 분석 방법을 여행 일정을 짜듯 명확히 계획해놔야 길을 잃지 않을 수 있다.

분석 목적과 더불어 어프로치까지 명확해졌으니 일곱 번째 단계에선 그에 맞는 데이터를 정해 획득하게 된다. 데이터 '수집'이 아닌 '획득'이라 하는 이유는 그저 수집만으로는 해당 문제해결에 적합한 데이터를 찾는 데 한계가 있기 때문이다. 즉, 간단한 가공을 통해 필요한 데이터를 직접 만들거나 때로는 설문조사 등 좀 더 적극적으로 대체 데이터를 생상하는 과정이 필요해질 수도 있는 것이다.

여덟 번째는 데이터 가공에 따른 가설 진화 단계다. 분석을 하다 보면 중간 분석 결과가 최초 가설과 배치되는 경우가 종종 있는데, 이때는 민첩하게 기존 가설을 수정하거나 분석 어프로치를 점검해야 한다. 사실 최초 가설이 한 번에 맞아떨어지는 경우는 그리 많지 않기 때문에 이 단계는 자칫 지루하고도 고된 과정이 될 수 있다.

그럼에도 이 과정이 길고 다양해질수록 얻을 수 있는 장점도 있으니, 아홉 번째 단계의 '충분성' 확보를 위한 방어 논리를 세우는 데 유익하다는 것이다. 가설 기반의 문제해결 방식은 대개 하나의 가설에 대해 검증을 시도하는데, 운 좋게도 처음 제시한 가설이 충분히 유의미하다고 판단되면 오히려 그것이 다른 사람에게 전달됐을 때 어떤 의구심을 불러일으킬 수 있는지 엿보기가 어려워진다. 그에 반해 이 여덟 번째 단계에서 몇 번의 시행착오를 통해 이런저런 가설들을 발전시키다 보면 자신의 분석 결과를 방어할 수 있는 능력도 강화되고, 이는 자연스럽게 아홉 번째 단계와도 이어진다.

마지막 열 번째는 데이터를 활용하여 상대를 본격적으로 상대방을 설득하는 단계다. 자신만을 위해 문제해결 과정은 이 이뤄지는 경우도 있겠으나 대개의 문제는 남과 함께 풀게 되고, 그렇기에 나의 결론이 다른 사람의 결론이 되게끔 만드는 설득 작업은 반드시 필요하다. 데이터는 고유의 사실성 때문에 상대가 내 의견에 대해 가질 심리적 저항감을 감소시켜준다는 특징이 있다. 내가 제시하는 근거가 튼튼하면 전하고자 하는 메시지도 잘 전달된다는 뜻이다.

그런가 하면 한편으로 데이터는 그 자체가 해독(解讀)의 대상이기 때문에 내 주장의 내용에 적합하게끔 제목과 시각화, 스토리를 구성하는 데도 신경 써야 한다. 이러한 화룡점정의 작업을 데이터로 해내지 못하면 다 된 밥에 재를 뿌리는 격이 될 수 있으니 주의해야 한다. 만약 데이터로 설득을 시도하는 과정에서 '너무 어렵다. 산만하다. 무슨 말을 하는 건지 모르겠다' 등의 평을 들었다면 자신의 주장을 전개하는 과정에서 데이터가 오히려 방해물이 되고 있다고 봐야 한다. 때문에 데이터에 특화된 설득 요령을 익혀야 하는데, 이에 대해서도 6장에서 차근차근 살펴보겠다.

자, 이제껏 데이터 리터러시와 관련된 사고력으로 비판적 사고와 문제해결 사고력이 어떻게 데이터 역량의 근간이 되는지 살펴봤다. 이런 사고 과정이 있어야 데이터를 찰흙처럼 뭉칠 수 있고, 그래야 여러분의 생각을 단단한 돌처럼 형상화하는 것도 가능해진다. 더불어 이런 단단한 돌멩이들을 개개인이 갖추고 있을 때 또 다른 괴벨스의 출현도 막을 수 있다.

개인의 데이터 리터러시는 일상의 문제해결에서부터

데이터의 활용 목적, 활용 주체, 종류, 관련 역량 등으로 구성된 데이터 리터러시 마스터 프레임워크는 어떻게 구성되었는지를 숙지하는 것보다 어떻게 이용할지가 더 중요하다. 이런 프레임워크는 영어 사전과 같은 개념의 도구다. 실려 있는 모든 단어를 외우고 공부하기보다는 모르는 단어를 찾아보는 용도로 사전을 활용하는 것처럼, 일상에서 내가 데이터로 해결해야 할 문제가 등장하면 이 프레임워크의 구성 요소 중 내게 필요한 것을 가져다 쓰는 식으로 활용해야 한다는 뜻이다.

그래서 '선 문제해결, 후 역량 동원 방식'은 데이터 리터러시 역량 교육에 있어 매우 중요한 방향성이 된다. 목적 지향적이기에 효율적이기도 하고 의외의 이점도 있다. '데이터로 문제를 해결한다 해서 명쾌한 답이 반드시 보장되는 것은 아님을 빨리 깨닫는 것이다. 데이터가 정량화, 구조화되어 있다해서 데이터 기반의 문제해결 방식이 유일한 절대 답안을 도출해주진 않는다. 숫자를 다룬다는 측면에서 보자면 수학과 비슷하지만 분명 다른 부분이다. 데이터 전성시대에도 만능주의는 없다. 교육장 내에서 역량별로 잘 고안된 예제의 정답을 맞히는 방식보다 자신의 문제를 자신의 데이터로 일상에서 좌충우돌하며 해결해보는 경험이 개인의 데이터 리터러시 향상에 훨씬 더 유익한 이유다.

예를 들어 당신이 최근에 이사를 해서 새로운 통근 버스를 정해야

각 버스별 도착 예정 안내 시각과 실제 도착 시각 데이터(단위: 분)

각 버스회사가 안내한 버스별 도착 예정 시각

	월	화	수	목	금
1000번 버스	8:00	8:04	8:06	8:10	8:02
2000번 버스	8:10	8:06	8:00	8:02	8:10

실제 조사한 각 버스별 도착 시각

	월	화	수	목	금
1000번 버스	8:03	8:06	8:05	8:10	8:03
2000번 버스	8:15	8:09	8:00	8:00	8:10

모두 오전 시간 의미

하는 상황이라고 가정해보자. 회사에서 집까지의 동일 노선에는 서로 다른 2종의 버스가 있다. 어떤 버스가 좋을지 판단하기 위해 당신은 1주일 동안 집 앞 정류장에 버스가 도착할 예정 시각에 대해 버스 회사가 제공한 정보와 실제 도착 시각을 조사해본 뒤 다음과 같은 데이터를 얻게 되었다.

자, 그럼 당신은 어떤 버스를 주로 이용하는 것이 가장 좋을까? 당연히 미리 안내된 시각에 잘 맞춰 오는 버스일 것이다. 그런데 '잘 맞춰 온다'는 것은 너무 일찍 와도 안 되고 너무 늦게 와도 안 된다는 것을 의미한다. 버스가 예정 시각보다 일찍 오든 늦게 오든 당신이 정류장에서 기다려야 하는 건 매한가지니 말이다. 또 실제 도착하는 시각이 안내 정보와 달리 너무 들쭉날쭉하면 그 버스를 이용해서 출근할 때

각 버스별 도착 시간의 차이(단위: 분)

	월	화	수	목	금	평균
1000번 버스	3	2	(1)	0	1	1
2000번 버스	5	3	0	(2)	0	1

	월	화	수	목	금	평균대기시간
1000번 버스	0	4	6	10	2	4
2000번 버스	10	6	0	2	10	6

마다 매번 마음을 졸여야 한다.

그래서 당신은 각 버스별 예정 시각과 실제 시각의 차를 구한 후 평균을 내보기로 했다. 실제 도착한 시각이 더 늦은 경우는 플러스 값으로, 반대의 경우는 마이너스 값으로 평균을 구했더니…… 이런! 두 버스의 평균이 공교롭게도 동일하게 1이다.

그럼 두 버스 중 어떤 것을 타든 상관없다고 할 수 있을까? 아니다. 중요한 것은 원래의 안내 시각에서 벗어난 정도의 평균값이 아니라 '얼마나 많이 벗어나는가'다. 벗어난 정도가 클수록 당신이 정류장에서 기다리는 시간은 길 것이고, 도착 예정 시각에 대한 믿음이 안 생기기 때문이다.

그래서 당신은 또 한 번 가벼운 가공을 해보기로 한다. 바로 각 버스의 도착 예정 시각에서 벗어난 정도, 즉 표준편차를 구하는 것이다.

비록 평균값은 같더라도 '평균에서 얼마나 벗어나는가'라는 새로운

각 버스별 요일별 편차의 제곱, 분산, 표준 편차

	월	화	수	목	금	분산	표준편차
1000번 버스	4	1	4	1	0	2.0	2.0
2000번 버스	16	4	1	9	4	6.8	2.0

기준을 대입하니 1000번 버스가 훨씬 낫다는 것을 금세 알아차릴 수 있다. 1000번 버스의 표준편차가 2000번 버스의 그것보다 작은데, 이는 예정 시각에서 벗어난 정도가 작음을 의미하기 때문이다.

이상은 아주 간단하지만 표준편차라는 개념을 적절히 활용하여 문제를 풀어본, 전형적인 예제 풀이식 데이터 기반 의사결정의 연습이었다.

그럼 이제 이 문제는 시원히 해결된 걸까? 어떤 사람은 이런 풀이 과정 어딘가에서 석연치 않은 느낌을 받았을 수도 있다. 이미 정답이라는 게 존재하니 그것에 끼워 맞춰져야 한다고 강요받은 듯한 느낌 말이다. 또는 평균치에서 벗어난 정도를 판단의 기준으로 삼아야 한다는 상황 자체가 와 닿지 않았을 수도 있다.

그렇다면 문제의 상황을 충분히 자기화하여 다른 방식으로 자기화한 답들이 나올 수 있을지 살펴보자. 문제 인식, 해결 기준 제시, 최선의 해결 방안 지목 등의 모든 과정은 자기 자신을 중심으로 이뤄질 수밖에 없다. 때문에 개인화된 문제해결 방안이 더 있지 않을지에 대해서도 의식적으로 살펴봐야 한다. 그래야만 유연성과 실천적인 답을 찾

1000번 버스				변동의 폭= 3-(-1)=4
8:00	8:04	8:06	8:10	8:02
8:03	8:06	8:05	8:10	8:03
3	2	-1	0	1

아낼 관찰력과 근성이 길러진다.

모범 답안에서 한 걸음 더 나아가 자기화한 경우를 생각해보자. 가령 '버스가 빨리 오는 상황과 늦게 오는 상황은 절대 같지 않다'고 얘기할 수 있다. 버스가 예정 시각보다 늦게 올 경우 고작 몇 분만 기다리면 되는 데 반해 빨리 올 경우엔 아예 버스를 놓치고 말기 때문이다. 주어진 데이터에는 나오지 않았으나 만약 그다음 버스와의 배차 간격이 길다면 충분히 설득력 있는 주장이다. 즉, 어떤 버스를 탈지 결정하는 기준에 대해 '늦게 오는 버스는 조금 기다렸다가 탈 수 있지만 일찍 오는 버스는 정말 문제다'라고 충분히 자기화한 뒤 '1000번 버스는 1분 차이로 일찍 왔으나 2000번 버스는 2분 일찍 왔으니 1000번 버스가 더 안정적'이라는 결론을 내릴 수 있다. 물론 '1000번 버스가 더 낫다'는 결론 자체는 동일하지만 이유가 바뀔 수 있는 것이다.

그런가 하면 '내가 왜 버스 도착 시각에 영향을 받아야 해? 난 내시간에 버스를 맞추겠어'라는 또 다른 자기화도 가능하다. 이런 경우 '난 항상 아침 8시에 정류장에 도착한다'는 사람이라면 '8시를 기준으로 평균 대기 시간이 짧은 1000번 버스를 택하겠다'는 결론도 충분히 설득력 있는 답이 될 수 있다.

각 버스회사가 안내한 버스별 도착 예정 시각

	월	화	수	목	금
1000번 버스	8:00	8:04	8:06	8:10	8:02
2000번 버스	8:10	8:06	8:00	8:02	8:10

실제 조사한 각 버스별 도착 시각

	월	화	수	목	금
1000번 버스	8:03	8:06	8:05	8:10	8:03
2000번 버스	8:15	8:09	8:00	8:00	8:10

그럼 마지막으로, 각각의 버스가 가장 일찍 오는 시각과 가장 늦게 오는 시각을 파악한 후 그 격차가 작은 버스를 택하는 방법은 어떨까? 1000번 버스는 월요일에 가장 늦게 오고(3분), 수요일에 가장 일찍(1분) 오므로 그 격차는 3-(-1)=4분이 된다. 같은 방식으로 계산하면 2000번 버스의 시간 격차는 7분이 되므로 역시 1000번이 낫다는 결론이다.

표준편차를 활용했던 앞서의 방법과 마찬가지로 이 접근법 역시 '예정된 시각에서 버스가 벗어나는 경향'을 보겠다는 점은 같다. 하지만 문제가 있다. 실제로는 예정 시각을 더 안 지키는 버스지만 우연히 최대-최소 값의 격차가 적어 더 좋은 버스로 여겨질 수도 있기 때문이다. 상황을 아무리 자기화해본다 한들 좋은 의사결정이 아닌 것이다.

우리의 데이터 리터러시 감각은 앞서 말한 세 개의 방식 모두를 인정하는 유연성, 그리고 마지막 방법에 대해서는 틀렸다고 말하는 엄격함 사이에 존재해야 한다. 옳고 그름은 명확히 구분하되 다양성을 인정하는 자세로 데이터를 마주해야 늘 더 좋은 방법을 발견할 수 있다는 점을 기억해야 한다는 뜻이다.

이와 관련하여 '정답에 대한 이런 유연성은 우리가 전문가가 아니라서 발생하는 문제일 수도 있어. 더 풍부한 데이터와 더 화려한 분석 도구가 있다면 뭔가 다르지 않을까?'라고 생각하는 독자도 있을 텐데, 이런 분들에게는 다음의 사례가 도움이 될 것 같다. 주어진 데이터는 동일하지만 어떤 어프로치를 택하느냐에 따라 전문가들도 각양각색의 결론을 내린다는 사실을 잘 설명해주는 예다.

전문지식을 공유하는 비영리 단체인 센터 포 오픈 사이언스(Center for Open Science)의 설립자 브라이언 노섹(Brian Nosek)은 2015년 '같은 데이터, 다른 결론(Same Data, Different Conclusions)' 현상에 대한 실험 결과를 발표했다. '축구 심판들이 흑인 선수에게 레드카드를 더 자주 준다는 말은 사실인가?'를 밝혀내려는 이 실험에는 총 29개 팀 61명의 데이터 분석가가 참여했고, 이들에겐 동일한 데이터가 제공되었다. 이들이 사용한 분석 기법들은 간단한 선형 분석에서 다중회귀 분석, 베이지안(Bayesian) 분석까지 다양했다.

결과는 흥미로웠다. 20개 팀이 '흑인 선수들은 레드카드를 더 받는다'는 결론을 내린 반면 9개 팀은 '피부색과 레드카드는 관련이 없다'고 결론 지은 것이다. 그저 접근법이 상이했던 것일 뿐인데 말이다. 각 팀이 사용한 분석 기법은 다른 팀의 검증 절차를 거쳤기에 분석 과정에서 오류가 있을 가능성은 없었다. 분석가들의 능력 부족이나 태만이 변수였을 가능성 역시 존재하지 않았다. 또 다른 프로젝트 리더이자 저명한 심리학자인 인시아드 비즈니스 스쿨(INSEAD Business School) 아시아 캠퍼스의 에릭 루이스 율만(Eric Luis Uhlmann)이 "모든 참가자는 최고 수준의 전문가였고, 답을 찾고자 하는 열정으로 가득차 있었습니다"라고 못박았으니 말이다. 덧붙여 그는 이렇게 갈무리했다. "하나의 분석으로 궁극의(definitive) 답을 찾는 건 쉽지 않은 일입니다. 모든 결론은 다른 결론이 그것을 뒤엎기 전까지 한시적(temporary)으로 '답'이라는 위치에 있을 뿐입니다." 결국, 아무리 같은 목적과 같은 데이터를 가진 전문가들이라도 서로 다른 접근법을 취하면 충분히 다른(subjective) 결론을 내릴 수 있다는 것이다.

'한시적인 답'이 곧 분석 무용론을 뜻하는 것은 아니다. '한시성'을 강조하는 이유는 분석 결과의 유연성을 인정해야 자신의 문제를 자신의 데이터로 자유자재로 해결할 용기가 생기기 때문이다. 정답과 오답이 정해져있는 것이 아니니 용기를 가지고 더 많은 설명력을 가진, 더 오래 정답의 지위를 고수할 답을 찾아가보자. '문제해결은 각 데이터 리터러시 역량별로 충분한 연습을 한 이후에나 시도하는 것'이라는 생각을 버려야 오히려 다양한 역량과 자연스럽게 친해질 수 있다.

유명 TV 토론 프로그램의 주제를 놓고 통계청과 OECD 통계 사이트를 드나들며 친구와 진영을 나눈 뒤 누구 말이 더 맞는지 데이터로 검증해나가는 학습 조직을 꾸려보는 것도 좋다. 데이터가 없어서 검증할 수 없는 사안은 의외로 많지 않다는 점을 알게 될 것이고, 무척 흥미로운 과정이 될 것이기 때문이다. '선 문제해결, 후 역량 동원 방식'을 취할 때에만 지치거나 지루해하지 않고 데이터를 삶의 한 축으로 만들 수 있음을 기억하자.

조직의 데이터 리터러시는 '데이터 놀이'로

데이터 리터러시에 대한 감이 좀 잡혔다면 이제 이것을 본격적으로 적용하고 싶은 마음이 생겼을 것 같다. 그래서 이번에는 어떻게 연습

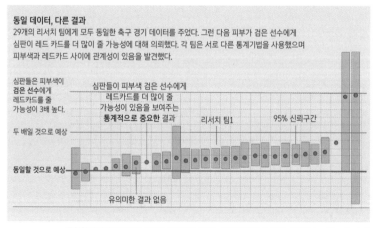

동일한 데이터로 동일한 문제에 접근해도 결과는 천양지차일 수 있다. 출처:Brian Nosek et al.

하면 좋을지에 대해 살펴보려 한다.

앞서 제시된 다양한 프레임워크에서 내가 한 가지 안타까웠던 점은 역량별 사례를 직관적으로 보여주는 곳이 없다는 것이었다. 일례로 '포맷 간 데이터 전환'이라는 말을 누가 바로 이해하겠는가? 데이터 분석과 데이터 기반 문제해결을 이미 많이 해본 사람들은 역량의 이름만 보고도 그것이 어떤 능력을 뜻하는지 이해할 수 있겠지만 사실 그렇지 못한 사람들이 더 많은 것이 현실이다. 데이터 리터러시라는 것도 실은 전문가들을 위한 개념이 아닌, 모두가 데이터로 말하는 습관을 기르고자 하는 캠페인에 가깝다.

이 현상이 가진 나름의 시사점은 개념 정리보다 데이터 세트와 사례 구성이 더 어렵다는 것이다. 그런데 '이 사례를 구하기 어려운 상황'이 생각보다 중요할 수 있다. 데이터 역량 제고에 반드시 필요한 세 가지 요건을 고르라면 첫 번째는 동기부여다. 특정 목적으로 동기가 부여된 상태여야 데이터 역량의 필요성을 절감하고 몰입하게 되기 때문이다. 두 번째는 그러한 목적의식을 잘 담아낸 데이터다. 가장 좋은 것은 자기가 스스로 조사하여 획득한 자체 데이터다. 세 번째는 데이터를 가공할 역량 및 툴이다.

그리고 이 세 가지 모두를 담은 교육 재료가 바로 사례(케이스)다. 역량 프레임워크에 입각하여 교육을 기획하는 것은 자칫 첫 번째와 두 번째 요건에 신경을 덜 쓰게 할 가능성이 있다. 매우 기초적이고 일반적인 내용은 세 번째 요건 중심으로 진행 가능하겠지만 이 경우 역량별 지식의 수준은 높아질지 몰라도 데이터 문화를 만들어내진 못한다. 데이터의 잠재력을 조직의 경쟁력으로 승화시키지 못하는 것이다.

앞서 제시된 프레임워크보다 더 좋은 프레임워크를 만들거나 보강하려는 노력은 이런 이유로 만류하고 싶다. 보다 효과적인 방법은 자신만의 목적의식과 데이터가 잘 반영된 케이스를 조직 내에 많이 축적하는 것이고, 이런 케이스를 많이 보유한 조직은 경쟁자보다 매우 빠르게 우위에 설 것이라고 나는 확신한다. 조직에 특화된 케이스는 곧 조직의 전략 자산이 된다. 또 좋은 케이스에는 다양한 리터러시 역량이 한 번에 적용되기 때문에 '질문하기→발견→획득→검증→조정→분석→시각화→소통→평가'의 데이터 기반 문제해결 과정을 유기적으로 이해하기에도 좋다. 그렇기에 역량 프레임워크별로 지엽적인 예제를 만들기보다는 케이스별로 개별 역량이 골고루 적용되어 있는지 살피는 편이 낫다. 물론 이런 접근 방법은 교육현장 시나리오에 기반을 둔 웨스테드의 실습과 가트너와 ODI의 자체 데이터 기반 실습 등 일부 개척자들의 방식에 잘 녹아 있지만, 여전히 앞서 말한 세 가지 요소를 골고루 만족시켜주진 못한다.

실제 현장에서 데이터를 기반으로 문제를 해결하고 가르친 경험에 비춰보자면 아무리 훌륭한 커리큘럼도 '데이터로 혁신할 수 있겠다'란 마음을 갖게 하기는 쉽지 않다. 그래서 굳이 세 요건 중 가장 중요한 하나를 꼽으라면 첫 번째 요건인 '동기부여'다. '바쁜 업무 시간을 쪼개서 데이터 역량 교육을 받아야 하는 이유'가 아니라, '데이터로 문제해결을 하면 좋은 이유' 및 '데이터가 수평적 조직 문화와 조직 경쟁력에 기여할 수 있는 이유'를 몸으로 체험하게 하는 것이다. 이 간극을 빠르게 메우는 노하우를 가진 조직은 구성원들을 빠르게 실무 역량화 시킬 수 있다. 그들 스스로가 자발적으로 방법을 찾기 시작할 것이기 때문이다.

노하우 마련에 도움이 될까 싶어 아이디어를 공유하자면 데이터 케이스 풀(pool), 데이터 100분 토론, 데이터 문제해결 공모전을 활용해볼 수 있다. 이 셋의 공통점은 동기부여, 데이터, 역량의 3요소를 조직 고유의 문제와 데이터로 만족시킴과 동시에 구성원들의 몰입감도 끌어낼 수 있다는 것이다. 그리고 이런 훈련, 콘텐츠가 지속적으로 축적되면 지속가능한 훈련 체계를 만들어내는 것 또한 가능해진다.

데이터 케이스 풀

데이터 케이스 풀은 각 직무별로 다루는 데이터를 바탕으로 각자가 케이스를 출제해보는 것이다. 업무 중 데이터를 많이 다루는 부서는 그 과정에서 분명 깨달음의 순간을 겪게 된다. '이렇게 하면 편하구나!' '이런 실수는 자주 저지르기 쉽겠네' '아! 이 방법은 회사 밖에서 교육 프로그램으로 팔아도 되겠는데?' 등 말이다. 이런 순간을 출제의도로 삼고 해당 데이터를 문제로 유형화하면 매우 좋은 콘텐츠가 될 수 있다. 웨스테가 선생님들이 주로 부딪히는 실례(實例)를 바탕으로 시나리오를 만든 것처럼 업무 중 접한 실례들로 직무별 콘텐츠를 구성해

보는 것이다. 물론 출제 과정은 나름 공력이 많이 들기 때문에 이를 전담으로 해주는 조력자가 있으면 더욱 좋다. 직무별 데이터가 케이스로 유형화, 유통되면 데이터 역량뿐 아니라 출제 의도에 담긴 부서별 애환과 문제해결 방식의 특징을 이해할 수 있다는 면에서도 좋다.

데이터 100분 토론

이 방법은 데이터를 기반으로 일종의 100분 토론을 진행해보는 것인데, 실제로 여러 차례 진행해본 결과 굉장히 효과적이다. 먼저 조직의 경영진이 평소 자신들이 딜레마로 여기고 있던 문제를 공표한다. "이 제품은 미국 시장과 일본 시장 중 어디에 먼저 진출하는 것이 좋을까요?"와 같이 회사 또는 본부 전체가 고민 중인 제법 큰 화두가 좋다. 그다음 이 문제를 해결할 구성원들을 공모해 모은 뒤 크게 세 팀으로 나눈다. 이때 각 팀의 팀원들은 경력, 직무 등을 골고루 섞어 구성되는 것이 중요하다. 이후 팀별로 데이터에 기초한 발표 자료를 작성하고 특정 날짜에 모여 토론 시간을 갖는다.

세 팀이 필요한 이유는 두 팀은 토론자, 한 팀은 방청객 역할을 하기 위함이다. 토론은 능숙한 사회자의 진행하에 반드시 데이터를 기반으로 하여 이뤄져야 한다. 방청객이 된 팀은 질문과 관찰을 통해 두 토론팀, 그리고 그중 어떤 팀원이 어떤 역량 때문에 더 강한 설득력을 가졌는지 등의 피드백을 작성한다. 몰입도가 높아 학습효과가 좋다는 것이외에도 이 방식의 장점은 제법 많다.

∴ 직급과 직책을 넘어선 데이터 기반 토론 문화를 빠르게 정착시킬 수 있다.

∴ 공격과 방어 과정에서 개개인의 역량별 장단점을 객관적이고 신속히 파악할 수 있다.

∴ 같은 주제에 대해 다양한 부서 데이터가 동원되는 과정에서 부서 간 이해도를 높인다.

∴ 경영진이 참관할 경우 자신의 고민을 돌아보고 구성원의 여론과 실마리를 구할 수 있다.

데이터 문제해결 공모전

이는 전사적으로 중요한 전략적 화두 등을 공개적으로 제시하고 이를 회사 내외에 존재하는 데이터로 풀어내는 방안을 제시하는 사람이나 팀에게 포상을 하는 것이다. 케이스 공유와 토론의 혼용이라 할 수 있는 이 방식은 단기간에 조직 전체의 지적 호기심을 끌어올리고 우수사례에 대한 이미지를 전파하는 데 효과적이다.

엄연한 정답이 존재하는 수능 시장에서는 유형별 연습이 최선일지 몰라도, 정답이 존재하지 않는 분야에서의 성인 교육은 문제가 방법을 끌어가는 방식으로 이뤄져야 한다. 하지만 교육 공급자 중심, 또는 너무 잘게 구조화된 역량 체계 중심의 교육은 자칫 지루해질 가능성이 있다. 데이터를 문제해결에 필요한 땔감 정도로 여긴다면 이 정도에 만족할 수 있고, 또 이 정도의 기대치라면 전문 문제해결사 그룹을 육성하는 편이 나을지도 모른다.

하지만 데이터의 힘은 분명 이를 넘어서 있다. 사실에 입각한 의사결정 문화는 조직 내외의 다양한 문제에 대해 구성원들의 호기심을 자극한다. 모두가 문제해결자가 될 수 있다는 희망을 주기 때문이다. 이에 따라 구성원들이 몰입하면 창의적인 해결책이 쏟아져 나온다. 그렇기에 역량 체계에 대한 숙지보다는 어떻게 하면 데이터 기반 문제해결에 대한 욕망을 자극할지를 고민하는 쪽이 낫다는 것이다. 앞에서 제시한 세 가지 방안들은 지엽적인 역량 실습보다는 구성원들의 의욕을 불러일으키고 데이터의 소용돌이로 모두를 단번에 밀어 넣는 데 특화되어 있다.

5장

데이터 리터러시의 전제조건: 데이터의 힘을 믿습니까?

데이터가 없다면 당신은 그저 주장 말고는 가진 게 없는 사람일 뿐이다.
– 에드워즈 데밍(Edwards Deming)

데이터와 인지력

데이터를 친구로 만들고 활용하여 문제해결을 하기 위한 동기부여의 첫 단추는 데이터가 가진 힘을 이해하는 것이다. 그래야 데이터를 우리 삶의 한 축으로 받아들여 유연하고 담대하게 바라볼 수 있기 때문이다. 6장에서는 데이터 리터러시 역량별 케이스를 본격적으로 살펴보겠지만 그에 앞서 이번 장에서 데이터의 특징과 힘을 먼저 이해하는 시간을 가져보기로 하겠다. 우선은 데이터가 우리의 인지력과 판단력, 설득력을 각각 어떻게 향상시키는지 알아보자.

데이터와 친해지면 무엇이 좋을까? 우선 남다른 인지력을 얻게 된다. 대상을 좀 더 다양한 관점으로 보다 정확히 파악하고, 남들은 보지 못하는 것을 잡아내며, 복잡한 것을 단순화해서 속도감 있게 알아차리는 능력 말이다. 이 책을 읽고 있는 이 순간에도 우리가 감당 못할 엄청난 양의 정보가 쏟아져 나오고 있는데, 똑같은 정보 환경에서 남들이 보지 못하는 내용을 더 빠르고 더 정확히 파악해내는 이라면 분명 데이터와 매우 친숙한 사람일 가능성이 높을 것이다. 데이터가 이러한 인지력을 높이는 이유를 하나씩 살펴보자.

관점으로 세상을 뚜렷하게 보게 해주는 '창'

세상을 지리적으로 인지하는 데 있어 지도만큼 훌륭한 데이터도 없다. 지도도 데이터냐고 반문할 수 있겠지만, 담고 있는 어마어마한 정보와 그 표준화된 작성 방식을 감안하면 지도야말로 우리에게 가장 친숙한 데이터다. 시각 정보 전달에 특화된 데이터로서 지도가 갖는 가장 큰 장점은 누가 뭐래도 정보 습득의 효율성이다. 세계지도에 담긴 정보를 일목요연하게 정리되지 않은 글의 형태로 전달한다고 생각해보자. 제주도가 섬인지, 또 중국이 얼마나 큰 나라인지 알아차리는 데 꽤나 오래 걸릴 것이다.

하지만 데이터를 단순히 정보의 집합체로만 여기면 데이터가 가진 가치를 크게 놓치고 만다. 엄밀히 말해 데이터는 '최초 작성자가 세상을 읽는 관점을 담은 그릇'이므로, 아무리 단순한 데이터라 해도 설명문이라기보다는 하나의 논설문에 가깝다고 봐야 한다. 주장은 사실을 해석하고 전달하는 과정에서 발생하는 게 아니라 사실을 모으는 과정에서 이미 시작되기 때문이다. 무미건조한 정보의 대표적 집합체로 여겨지

한국 교과서에 실린 세계지도

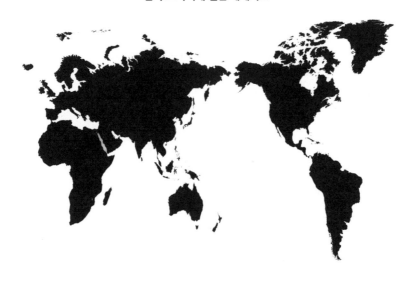

미국 교과서에 실린 세계지도

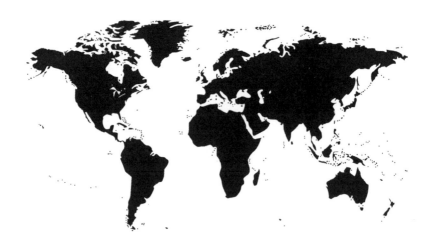

는 세계지도를 살펴보며 '관점'의 의미를 좀 더 정확히 이해해보자.

첫 번째 그림은 우리나라에서, 두 번째는 미국에서 사용하는 세계지도다. 두 지도는 모두 각국의 정규 교과서에 등장한다는 공통점이 있다. 그럼 차이점은 뭘까? 일부 표기 방식과 정보의 양 등 부수적 사항이 아닌 두 지도의 근본적인 차이는 '두 나라에서 자라나는 학생들이 세계의 중심을 어디로 인식하게끔 유도하는가'다. 우리가 한국을 세계의 중심으로 인식하는 게 당연하듯 미국인들 역시 마찬가지다. 한국 세계지도의 중심에는 태평양이, 미국의 경우엔 대서양이 있는 이유도 그것이다. 또 중국 및 일본과의 관계를 설명하는 데 있어 한국의 지도가 편하듯, 미국의 지도도 유럽과의 관계를 설명하기에 최적화되어 있다. 미국의 지도에서 한국은 변방으로 보이고, 한국의 지도에서 미국과 유럽은 여간해선 왕래가 없을 먼 이웃처럼 보인다. 두 나라의 관점 차이가 지구라는 동일한 대상을 지구를 2차원에서 상이하게 보이게 하는 결과를 가져온 셈이다.

그런가 하면 관점의 차이로 지도가 좀 더 극적으로 변한 경우도 있다. 다음의 남반구와 북반구가 바뀐 이 기발한 지도는 호주의 스튜어트 맥아더(Stewart McArthur)가 1979년에 만든 것이다. 그는 12살에 숙제로 이 지도를 그리고선 지리 선생님의 꾸중을 받았으나, 21살에는 이 지도를 더욱 정교하게 제작하여 35만 장을 판매하는 대기록을 세웠다. 과연 그는 이 지도를 통해 어떤 메시지를 전달하고 싶었던 걸까? 그 답은 지도에 달려 있는 주석을 보면 쉽게 알 수 있다.

호주의 스튜어트 맥아더가 만든 지도

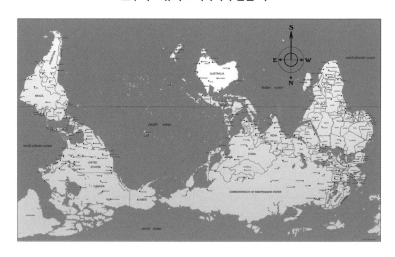

"이 지도의 목적은 세계 권력 투쟁의 암울한 심연으로부터 호주를 부상시키는 것이다. 남반구가 그 희생을 인정받지도 못한 채 북반구를 어깨에 짊어지고 비천한 구덩이에서 허우적거리는 일은 더 이상 없을 것이다. 이제 남반구가 부상한다. 호주 만세! 세계의 지배자여!"

이 지도 데이터가 주는 메시지는 '호주 만세!'다. 그 의도를 아는 상태에서 지도를 다시 보니 과연 북반구 대륙들이 호주를 에워싸고 위협하는 것 같기도 하고, 이를 뿌리치듯 호주가 높이 치솟고 있는 것처럼 보이기도 한다. 기존 지도들이 절대로 담아내지 못했던 새로운 인식이다. 지도로 이처럼 탁월한 논설문을 쓰기도 힘들 것이다.

어떤 지도는 우리의 상식과 정면으로 충돌하는 관점을 품기도 하는데, 다음에 제시된 국가별 남성 포경수술 비중 지도가 좋은 예다. 포경수술을 한 남성 비중이 높은 국가일수록 진한 색으로 표시되어 있다. 변방의 대한민국에선 도대체 무슨 일이 벌어지고 있는 걸까? 남성의 포경수술이 의학적 이유가 아닌 종교적 이유로 행해지는 중동의 국가들을 제외하면 한국은 아프리카 및 일부 동남아시아 국가와 함께 전세계 최고 수준의 포경수술 국가다. 포경수술을 문명의 상징으로 여겨왔던 우리는 너무나도 옅은 색깔이 칠해진 유럽 국가들을 보며 그야말로 아연실색한다. 포경수술이 정말 좋은 것인지는 여전히 의학적으로 모호하지만, 이 지도를 맞닥뜨렸을 때 솟구칠 한국 남성들의 혼란은 더할 나위 없이 명확하다. 상식은 사람들의 인식이 하나하나 같은

전 세계 국가별 남성 포경수술 비중 지도

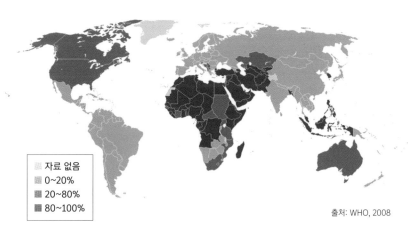

자료 없음
0~20%
20~80%
80~100%

출처: WHO, 2008

방향으로 모여 형성된 결과물이다. 그런 점에서 이 지도는 한국 남성들에게 자신의 상식을 의심하고 대한민국을 다시 바라볼 수 있는 소중한 전환점이 되어줄지도 모른다.

우리의 과거와 현재를 보여주는 지도들과 달리 미래 지향적 관점을 담고 있는 지도도 얼마든지 있다. 뭔가 어색해 보이는 지도는 2050년 국가별로 예상되는 인구 규모와 면적을 비례해서 그린 것이다. 미국, 유럽, 남미가 매우 빈약해진 반면 아시아 및 아프리카 지역은 뚱뚱해져 약간 우스꽝스럽기까지 하다. 굳이 공들여 읽지 않아도 보이는 대로 읽게 되는 이 지도의 메시지는 '2050년경 전 세계 인구의 대부분은 아프리카 및 아시아 지역에 거주하게 될 것'이다.

지도를 실제 면적에 바탕해서 그리지 않고 저자 고유의 관점으로

국가별 면적을 2050년 예상 인구 비중에 따라 제작한 세계지도

출처: SASI, 마크 뉴먼, 2008

제작한 또 다른 예가 '세계 기아 지도(Deaths from Starvation)'다. 이 지도에서 각 국가의 면적은 기아에 허덕이는 아이들의 규모를 나타낸다. 깡마른 북미 대륙과 앙상한 유럽 대륙은 그곳 사람들의 풍요로움을 역설적으로 표현하고 있는 데 반해 아프리카와 아시아 대륙에서는 배고픈 아이들의 신음소리가 터져 나올 것만 같다.

지금까지 몇 장의 지도로 우리가 경험해본 것을 떠올려보자. 세상의 중심이 어디인지 생각하게 되었고, 세계사를 남반구와 북반구의 대립 구도로 이해할 수도 있음을 깨달았으며, 한국 남성들이 포경수술로 고통 받아야 하는 이유가 궁금해졌고, 약 40년 후에는 아프리카와 아시아의 세상이 도래할지도 모른다는 사실에 잠시 들떴지만 정작 지금 이 지역의 아이들은 너무나도 굶주리고 있음을 알게 되었다. 이 모

국가별 면적을 굶주림에 고통받는 아동 비중에 따라 제작한 세계지도

ⓒ www.worldmapper.org

출처: SASI, 마크 뉴먼, 2008

데이터는 세상을 관점을 가지고 볼 수 있게 하는 창이다.

든 것이 결코 하찮은 소득은 아닐 것이다.

세상을 인식한다는 막연한 개념은 어떤 '관점'으로 인식할 것인가와 직결되어 있다. 그 누구도 세상을 총체적으로 단박에 이해할 수는 없기 때문이다. 결국 별도로 마련된 관점으로 쪼개서 차근차근 이해할 수밖에 없다면, 이때 데이터는 훌륭한 도구가 된다. 모든 데이터는 고유의 관점을 가지고 있기 때문이다. 몇 장의 지도로 기대 이상의 소득을 얻었다면 그것은 단순히 지도를 봤기 때문이 아니라 그 관점을 받아들였기 때문이다. 동의하든 동의하지 않든 그 관점은 우리가 세상을 바라보는 창문 역할을 하게 된다. 세모난 창은 세모난 세상을, 둥근 창은 둥근 세상을 보여줄 것이다. 먼지 낀 창은 말할 것도 없이 치명적이다. 데이터는 바로 창(window)이다.

미세한 차이를 알게 해주는 '자'

여자: 자기 나 사랑해?

남자: 그럼! 그걸 말이라고 해?

여자: 얼마나?

남자: 음…… 얼마나?

여자의 마지막 질문에 재빨리 답하지 못하는 남자는 '사실 사랑하지 않는데 입으로만 사랑한다고 말하는 남자' 혹은 '사랑한다 해도 그 정도가 미지근한 남자'로 전락하기 십상이다. '얼마나'란 질문에 익숙하지 않은 가여운 남자라고 위로받을 생각은 일찌감치 접자. 연인들이 으레 그렇듯 세상 역시 우리에게 '얼마나'를 요구할 때가 많다. 라면을 끓이는 사람은 얼마의 시간 동안 끓여야 가장 맛있는지를, 신규 시장에 진출하려는 기업은 그 시장이 얼마나 빠르게 성장할지를 알아야 한다. '적당히 끓이면 된다'나 '그 시장은 충분히 빠르게 성장 중이다'라는 정보만으로는 훌륭한 의사결정을 하기가 매우 어렵다.

'그저 알고 있는 것'과 '어느 정도인지까지도 알고 있는 것' 사이에 얼마나 큰 차이가 있는지를 아는 건 매우 중요한 일이다. 모든 첨예한 의사결정은 '나는 옳은 방향으로 생각하고 있는가'에 대한 '네/아니오'의 답변이 아니라 '나는 충분히 옳은가', 즉 정도의 차이에 대해서까지 답변되었을 때 가능해지기 마련이다. 그리고 데이터는 이러한 '정도의 차이'를 파악하는 데 상당히 특화되어 있다. 애초에 데이터란 것은 이 차이까지 파악한 상태여야 작성될 수 있기 때문이다.

데이터는 '인지력'에 얼마나 도움을 줄까? 얼마 전 오랜만에 산에 오른 적이 있는데 여기에서부터 이야기를 시작해보자. 예전의 등산로에는 '등산이 몸에 좋은 이유'가 표어 정도로 간단히 만들어 등산로 중간중간에 있는 게시판에나 붙어 있었다. 그런데 보증은 성인 남자 키를 훌쩍 넘을 정도로 큰 대형 안내판에 그 내용이 수많은 데이터와 함께 기술되어 있었다.

'얼마나'와 관련된 인지 측면에서 보면 이 안내판에 등장한 수많은 숫자들은 과거보다 설명 방식이 진화했음을 알려준다. 동일한 메시지라도 그 근거가 얼마나 구체적인가에 따라 보다 효과적으로 전달될 수 있다는 깨달음을 주는 것이다. 이 구체성의 뿌리가 되는 것이 바로 앞서 말한 '데이터의 정량화'다.

좀 더 색다른 예를 찾아보자. 육상 선수인 우사인 볼트(Usain Bolt)는 빠르다. 하지만 그가 '얼마나' 빠른지 알아야 왜 그의 별명이 '라이트닝 볼트(Lightning Bolt)'인지도 이해가 가능할 것이다. 또 역으로 '번개처럼 빨리 달리는 사람'이란 말을 들으려면 그 속도가 대략 어느 정도여야 하는가의 감도 잡을 수 있을 테고 말이다. 다음의 데이터는

등산로에서 만난 대형 안내문과 관련 데이터

숲길을 걸으면 건강해집니다.
우리, 숲에서 만나요!

<자료출처 : 국립산림과학원(2019년)>

1910년부터 2010년까지 100미터 남자 육상경기에서 세계 신기록이
총 열다섯 번 달성되었음을 알려준다.

그래프에 따르면 96년간 열 명의 선수가 열두 번의 기록 경신을 통
해 0.86초를 단축시켰다. 우측으로 갈수록 기록을 나타내는 점들의 간
격도 촘촘해지는데, 이는 인간의 달리기 속도가 점점 한계에 접근해
가고 있으며 그만큼 세계신기록 갱신도 점점 어려운 일이 돼가고 있
는 증거다. 그럼에도 우사인 볼트는 단 2년 동안 기록을 세 번 경신하
며 0.14초를 줄였으니, 그야말로 신인류가 등장했다고 할 만한 정도의
사건이다. 이를 보면 누구라도 볼트는 그냥 빠른 정도가 아니라 '어마
어마하게' 빠른 사람이고, 그가 왜 '번개'라는 별명을 갖게 되었는지에

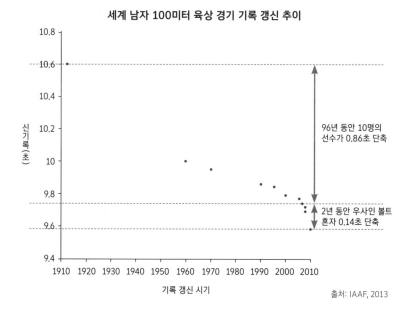

세계 남자 100미터 육상 경기 기록 갱신 추이

출처: IAAF, 2013

대해서도 이해하고 동의할 것이다.

9.58초라는 기록은 '번개 우사인 볼트'를 명확히 인식시킬 뿐만 아니라 좀 더 새로운 '인식'을 향한 통로 역할도 한다. 바로 명확한 비교를 통해서다. 아래의 그림이 주는 메시지는 '인간은 그렇게 빠른 동물이 아니다'다. 치타보다 느린 줄은 진작 알았지만 낙타나 코끼리만 못할 줄은 생각지도 못했다. 만약 우사인 볼트의 기록이 없었다면 비교 자체가 불가능했을 것이다. '우사인 볼트는 빠르다' '치타는 빠르다' '기린은 빠르다'라는 정보만으로는 그들 사이의 우열을 가려낼 수 없을 것이기 때문이다. 그러나 9.58초라는 수치는 우리의 번개가 코끼리나 하마보다 느리다는 사실을 명확히 알게 해준다.

인간과 주요 동물의 100미터 주파 시간

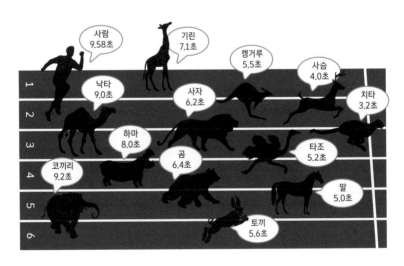

이와 같이 애매한 것들의 정도 차이를 명확
히 밝히면 '명확한 것들 사이에서의 명확한 비
교'라는 새로운 앎의 세계로 인식을 확장시키
는 것이 가능해진다. 정도의 차이를 알려주는
데이터는 단순히 지적 유희의 소재에 불과하다

데이터는 정도의 차이까지
명확하게 인지시킨다.

는 생각은 큰 오산이다. 데이터는 한 기업의 명운을 결정하거나 투자자
의 수천 억 원을 날려버릴 수도 있고, 이런 일은 실제로 우리 주변에서
매일같이 일어나고 있기 때문이다. 빠르고 정확한 판단에 필요한 '정
도의 차이'를 명확히 인지하게 해준다는 점에서 데이터는 우리에게 자
(ruler)의 역할을 해준다.

안 보이던 것을 보여주는 '서치라이트'

다양한 관점에서 볼 수 있게 한다는 것, 정도의 차이까지 명확히 알
게 해준다는 것은 데이터의 장점이다. 그런데 정말 강한 장점은 따로
있다. 알고 있던 것들 사이에서 몰랐던 것을 찾게 해준다는 것, 이것이
바로 데이터가 우리의 인지력 제고에 기여하는 세 번째 효과다. 기존
에 알고 있던 것들 사이에서 파생적인 정보를 생산해내기 때문에 가
능한 효과다. 파생적이란 단어는 '어떤 근원에서 갈라져 추가적으로
발생함'을 의미한다. 데이터가 이런 파생적 힘을 가지는 이유는 구조
화를 통한 가공이 가능하기 때문이다. 즉, 데이터는 정량화 및 구조화
를 통한 가공에서 파생된 새로운 사실을 우리에게 알려준다고 할 수

있다.

알고 싶은 대상에 대해 다양한 관점을 입체적으로 조명하는 것이 가능하다면 우린 얼마든지 새로운 사실에 접근할 수 있다. 설사 정량화되지 않은 데이터를 통해서라 해도 말이다.

앞서의 예들보다 조금은 친숙한 '주위 사람들'이란 대상에 도전해 보자. 다음 데이터 구조는 주위 사람들을 단박에 구분할 수 있는 일종의 틀이다. X축과 Y축 각각에는 가장 이성적인 질문과 감성적인 질

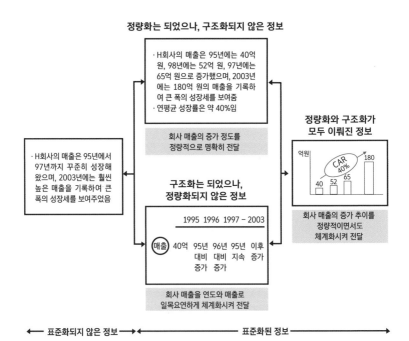

정량화, 구조화된 데이터가 갖는 파생력

문을 넣어봤다. 당신의 주변인들은 편안한가? 도움이 되는가? 어서 여러분의 주위 사람들을 네 개의 방에 부지런히 모셔본 뒤 답해보자. 4번 방에는 누가 있는가? 어쩌면 4번 방에 있는 사람들을 어떻게 대하느냐가 우리 인생을 결정할지도 모른다.

1번 방에 넣은 이들은 우리가 더할 나위 없이 더 보듬어야 하고, 2번 방의 사람들에겐 그냥 친절하게 대하면 그만이며, 3번 방의 이들은 소 닭 보듯 하면 된다. 그런데 혹시 4번 방에 당신의 아버지가 계시지 않은가? 식구 대부분이 2번 방에서 옹기종기 모여 있을 때 아버지는 혼자 4번 방에 계실 때가 많다. 같이 있으면 왠지 서먹하지만 우리 삶의 기둥인 아버지. 맞다면 1번 방으로 어서 모셔오자.

다음 데이터는 2013년 저스틴 월퍼(Justin Wolfer)라는 경제 전문가

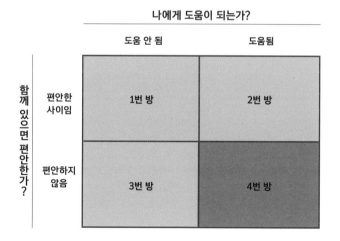

주위 사람들을 입체적으로 바라보게 해주는 데이터 구조

가 분석한 내용으로, 그 해석에 과학적 엄밀성이 얼마나 존재하는지를 떠나 데이터 구조화에 의한 새로운 발견이 얼마나 신선할 수 있는지를 보여준다. 그가 발견한 것이 바로 '사랑의 보편성'이기 때문이다. 이 데이터의 흥미로운 점은 바로 Y축이다. 세계적인 시장 및 여론조사 기관 갤럽(Gallop)의 선임분석관으로 일하던 저스틴은 2006년과 2007년 밸런타인데이 바로 다음 날에 136개국에서 대대적으로 실시된 여론조사 결과를 Y축으로 삼았다. 조사의 질문은 다음과 같았다.

"당신은 밸런타인데이에 사랑을 느꼈나요?"

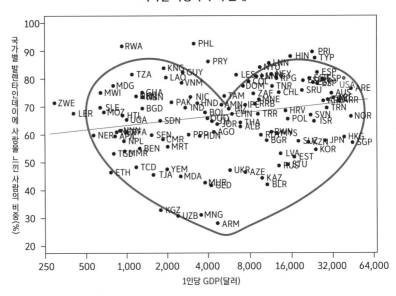

국가별 사랑과 부의 관계

출처: Economist Justin Wolfers, Bloomberg, 2013

국가별로 사랑을 느꼈다고 답변한 사람의 비중과 1인당 GDP를 교차시켜봤더니 그 국가 무리의 모습이 사랑을 상징하는 하트처럼 나타났다. 이게 정말 하트냐며 너무 날카로운 잣대를 들이댈 필요는 없을 것 같다. 그가 발견한 사랑은 좀 더 구체적인 내용 속에 담겨 있기 때문이다. '사랑을 느꼈다'고 답한 응답자 경향은 그 나라가 부자 국가인

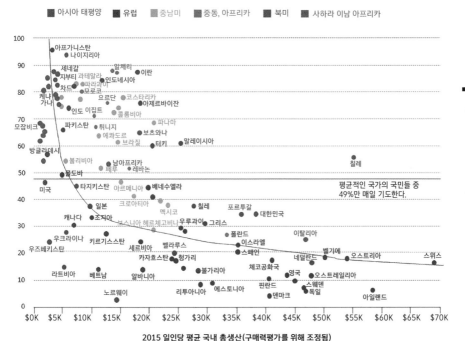

매일 기도한다고 응답한 사람의 비율

105개국 중 102개국과 지역을 대상으로 조사한 결과다. 국제통화기금(IMF)은 코소보, 팔레스타인, 푸에르토리코 지역의 총생산을 보고하지 않는다. 비 아브라함 종교 국가(예컨대 중국처럼 불교가 지배적인 국가)의 기도 비율은 아브라함 종교 국가보다는 반영이 덜 됐을 수도 있다. 출처: 퓨 리서치 센터

지 가난한 국가인지와 무관했다. 사랑의 보편성을 발견하는 대목이다. 만약 사랑과 돈이 강한 상관관계에 있는 것으로 나왔다면 얼마나 우울했을까?

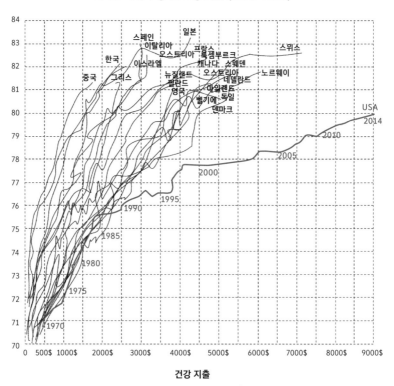

건강 지출 측정에 포함된 항목은 헬스케어 상품, 서비스, 개인 헬스케어(의약 치료, 재활 치료, 장기 치료, 보조 서비스, 의료 상품), 종합 서비스(예방 서비스, 공중보건서비스 , 보건행정)이며 투자 지출비는 제외했다. 아래 그래프는 총 건강 지출비를 보여준다. 출처: OECD 건강 지출 데이터, Our World in Data

데이터의 구조화로 신선한 사실을 발견하는 예는 이 외에도 많다. 일례로 다음은 미국의 여러 특이함이 구조화를 통해 나타난 예다. 첫 번째 데이터는 미국이 잘사는 나라치고는 특이할 정도로 국민들이 기도를 안 한다는 사실, 두 번째는 건강에 돈을 많이 쓰는 국가임에도

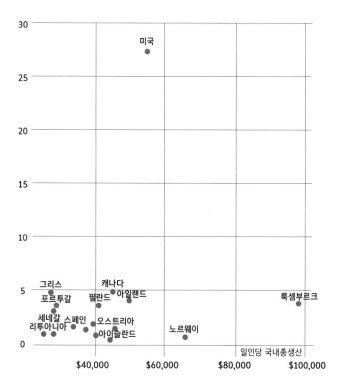

미국 인구 기준 국가 별 총기사고 사망자　출처: 뉴욕타임즈

국민들의 수명이 짧다는 사실, 세 번째는 비슷한 경제 수준의 여타 유럽 국가들에 비해 특이할 정도로 총기 살인사건이 많이 발생한다는 사실을 알려준다.

정말 데이터가 구조화를 통해 기특하게도 새로운 사실을 파생적으로 알려준다면 우리도 이런 작업을 직접 해볼 수 있지 않을까? 다음은 미국의 유명 영화배우 메릴 스트립(Meryl Streep)이 그간 보여준 수많은 주연급 영화 캐릭터를 따뜻한 정도(X축)와 진지한 정도(Y축)로 구분한 데이터다. 각 배역별로 따뜻함과 진지함이라는 작성자 고유의 두 가지 관점이 교차해서 새로운 데이터가 된 것이다. 그래프를 보면 그간의 배역이 모든 영역에 골고루 펼쳐져 있어 그녀가 왜 천의 얼굴을 가진 배우라 불리는지 알 수 있으며, 덧붙여 주로 따뜻하면서 진지한 연기를 해왔다는 사실도 쉽게 깨달을 수 있다. 따뜻하면서 진지한 영역에 가장 많은 수(전체 배역 29개 중 11개)가 몰려 있기 때문이다.

만약 이러한 구조화에 또 다른 관점을 추가할수록 우리가 얻을 수 있는 새로운 지식도 많아진다면 여기서 그치지 말고 한 발짝 더 나아가보자. 메릴 스트립이 따뜻하면서 진지한 역할을 '자주' 했다는 사실과 '잘'했다는 사실은 관련이 있을까? 이 질문에 답하려면 '잘'이라는 관점을 대변할 새로운 데이터가 필요하다. 그래서 영화 전문 DB사이트인 IMDB에서 제공하는 메릴 스트립 주연작들의 평점 데이터를 원의 형태로 추가해보았다(물론 여기엔 '주연배우의 연기는 영화 성적에 많은 영향을 준다'는 가정이 적용된 상태지만 그리 억지스럽다고 보이진 않는다). 각

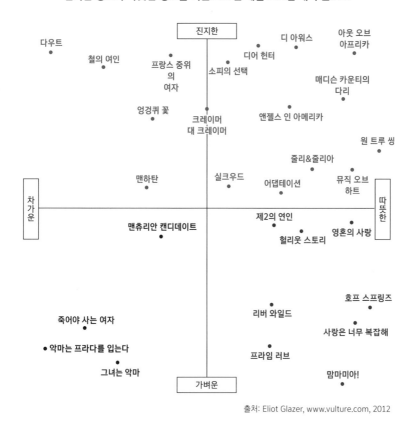

진지한 정도와 따뜻한 정도를 기준으로 한 메릴 스트립 배역 분포도

출처: Eliot Glazer, www.vulture.com, 2012

원은 앞서의 표에서 제시된 출연 영화, 원의 크기와 색깔은 해당 영화별 평점을 뜻한다.

IMDB에서 매긴 영화별 평점값을 원의 크기와 색깔로 표현한 이 그래프를 본 우리는 다음과 같은 메시지에 접근할 수 있다. "메릴 스트

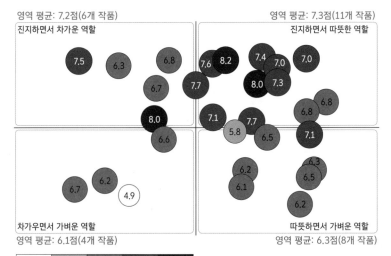

진지한 정도와 따뜻한 정도에 영화 평점까지 고려한 메릴 스트립 배역 분포도

영역 평균: 7.2점(6개 작품)

진지하면서 차가운 역할

영역 평균: 7.3점(11개 작품)

진지하면서 따뜻한 역할

차가우면서 가벼운 역할

영역 평균: 6.1점(4개 작품)

따뜻하면서 가벼운 역할

영역 평균: 6.3점(8개 작품)

5.0점 미만 5.0~5.9점 6.0~6.9점 7.0~7.9점 8.0점 이상

출처: Eliot Glazer, www.vulture.com, 2012, www.imdb.com

립은 진지하면서 따뜻한 역할을 '자주' 맡을 뿐 아니라 '잘' 연기하기도 한다. 따라서 그녀는 자신의 강점을 잘 파악한 연기 생활을 하고 있다고 말할 수 있다."

145쪽의 데이터에서는 아프가니스탄 내 군에 의한 사망자가 어느 지역과 어느 시기에 몰려 있는지 오른쪽 하단에서 확인할 수 있다. 북부 특정 지역의 경우 정부군에 의한 사망자는 5월, 반란군에 의한 사망자는 7월에 유독 많이 발생했음이 입체적으로 드러난다. 이 데이터가 지역, 원인, 시점이라는 세 가지 관점을 적용하여 작성된 덕분이다.

이러한 데이터의 구조화 특성을 활용, 알고 싶은 바를 관점으로 녹

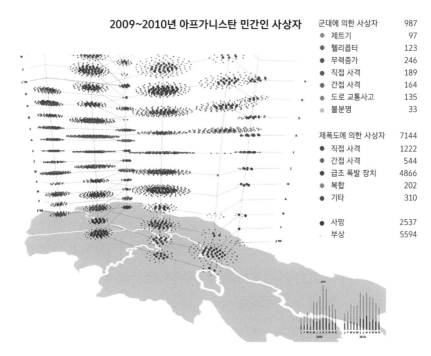

2009~2010년 아프가니스탄 민간인 사상자

군대에 의한 사상자	987
● 제트기	97
● 헬리콥터	123
● 무력증가	246
● 직접 사격	189
● 간접 사격	164
● 도로 교통사고	135
● 불분명	33
제폭도에 의한 사상자	7144
● 직접 사격	1222
● 간접 사격	544
● 급조 폭발 장치	4866
● 복합	202
● 기타	310
● 사망	2537
· 부상	5594

여 데이터를 만들면 세상 누구도 갖지 못했던 자신만의 새로운 사실을 하나하나 얻어갈 수 있다. 콜럼버스(Columbus)가 아메리카 대륙을 '발명'이 아닌 '발견'을 해서 유명해졌듯, 새로운 사실을 만드는 것 못지않게 그것을 발견하는 것도 위대한 일이다. 이미 충분히 안다고 생각하는 것들 사이에서 미처 보지 못하던 바를 조명해주는 서치라이트(search light)처럼 말이다.

데이터는 안보이던 것까지
보게 해주는 서치라이트다.

단박에 이해시키는 '픽토그램'

이 그림을 보고 당신은 어떻게 반응했는가? 아마도 불쾌함 아니면 웃음일 것이다. 정반대되는 두 반응이지만 공통점은 있다. 저 그림이 암시하는 상황에 대한 인식이다. 짙은 색 사람은 남자, 옅은 색 사람은 여자, 검은 막대는 화장실 문으로 여기는 것 말이다. 종합하면 한 남성이 화장실에서 여성을 훔쳐보는 민망한 이미지라는 결론이 도출된다. 그림은 이런 사실을 일일이 설명해준 적이 없지만 우리는 자연스레 인지한다.

이것이 바로 픽토그램(pictogram)의 힘이다. '그림(picture)'과 '전보(telegram)'의 합성어인 픽토그램은 사물과 시설 등을 사람들이 쉽게 이해할 수 있도록 만든 일종의 상징 문자로 직관적이며 응축적인 의미 전달이 장점이다. 우리가 도로에서 흔히 보는 표지판이 픽토그램의 대표적인 예다.

우리는 복잡한 내용을 응축해서 전달해주는 모든 것에 감사해야

한다. 그것들이 우리 삶에 주는 효율성이 이루 말할 수 없이 크기 때문이다. 만약 그림이 아닌 글로 도로표지판이 만들어져 있다면 빠르게 달리는 운전자들 사이에선 무슨 일이 일어날까? 상상만으로도 정신이 번쩍 든다.

전달하고자 하는 바를 픽토그램으로

나타내는 시도는 차트를 통해 현상을 자주 설명하는 경제학과 경영학에서 많이 찾아볼 수 있다. 그러면 이런 상징들의 몇몇 예들을 살펴보자.

예①: C 커브

다음 데이터는 기업 구조조정 성공 사례의 대명사인 IBM이 1985~1996년의 약 10년 동안 어떻게 험난한 구조조정 과정을 마쳤는지를 요약해서 보여준다. 왜 험난했는지를 독자 여러분이 온전히 이해하기 위해선 몇 가지 부연 설명이 필요할 것 같다.

IBM의 구조조정 사례

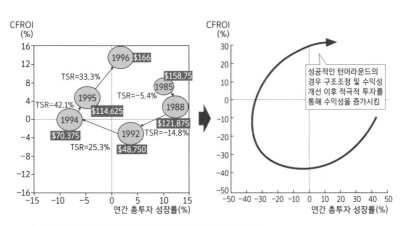

TSR(Total SThareholder STeturn) : 총 주가수익률
CFROI(Cash Flow Return on Investment) : 현금 흐름 투자수익률
달러($)는 주가를 의미하며, TSR은 연평균 환산수치임.

출처: IBM

먼저 X축은 연간 총투자성장률이다. 쉽게 말해 지난해보다 얼마나 많이 투자했는지를 나타내고, 그 값이 클수록 회사가 전년 대비 투자를 늘렸음을 의미한다. Y축은 현금흐름 투자수익률(CFROI)로 그해 기업에 들어오고 나간 현금이 얼마나 더 많은 돈을 벌게 해주었는지를 나타내며, 역시 그 값이 클수록 더 많은 돈을 벌었음을 뜻한다. 마지막으로 총주가수익률(TSR)은 주주들이 일정 기간 얻을 수 있는 총수익률로 배당소득과 주식평가이익을 더해 계산되며, 단순 주가변동을 비교하는 것보다 유용해 경영자를 평가하는 수단으로 쓰이는 지표다. 당연히 그 수치가 클수록 주주들에게 더 많은 돈을 안겨줬을 가능성이 높다는 의미다.

이 난해한 지표들로 이해할 수 있는 IBM의 험난한 구조조정 역사를 한마디로 요약하면 오른쪽 차트에 나와 있는 알파벳 'C'로 압축된다. 총투자성장률과 현금흐름 투자수익률의 궤적을 본뜬 C 커브(C curve)의 의미는 'IBM의 성공적인 구조조정의 역사는 군더더기 사업을 정리(1985~1982년)해 기업 전체의 수익률이 견고해지도록 완성한 이후(1992~1994년) 과감한 투자를 통해 다시 규모를 늘리는(1994~1996년) 방안으로 주주들에게 큰 이익을 안겨주었음'이다. "회원님 몸에는 지방이 많으니 일단 그것부터 줄인 후 근육을 붙이세요"라는 헬스트레이너의 조언과 같은 이치다. 이 말도 길다고 생각하는가? 그래서 C 커브라는 상징화가 필요한 것이다.

이 C 커브가 상징으로서의 힘을 갖게 되면 그다음부터는 매우 효과적인 상황 인식과 의사소통이 가능해진다. 경영 컨설턴트들이 성공적인 IBM 구조조정 사례를 기반으로 타 기업의 구조조정 현황을 압축적으로 설명한 예를 살펴보자.

다음의 데이터는 IBM과 같은 방식으로 국내 A 식품사의 TSR 궤적을 분석한 자료다. 자사의 구조조정 경로가 성공적인 IBM의 C 커브와 눈에 띄는 차이를 보인다는 사실을 접한 A사는 매우 난감했을 것이다.

하지만 이런 결과를 확인하고 "귀사에는 IBM 구조조정 과정에서 나타난 C 커브 형식의 회생 전략이 필요한 시점입니다"라는 말을 컨

한 국내 식품기업의 구조조정 사례

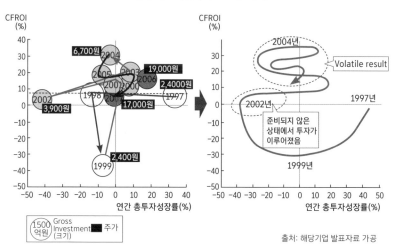

출처: 해당기업 발표자료 가공

설턴트로부터 들은 뒤 C 커브와의 비교를 통해 자사의 경로를 어떻게 재설정하면 좋을지 큰 그림을 그렸다면 그것만으로도 큰 소득이다.

만약 경영 컨설턴트가 이런 상징화 단계 없이 매번 저 험난한 지표들을 구구절절 설명해야 한다면 어떤 상황이 벌어질까? 장황한 내용에 지친 고객사로부터 "그래서 당신이 하고 싶은 말은 뭔가요?"라는 질문을 듣기 십상일 것이다. 이렇듯 상징화는 의사전달의 효율성 및 효과를 상당히 높여주는 도구다.

예 ②: J 커브

J 커브(J curve)는 곡선이 시작 부분에서 떨어졌다가 이후 급격히 상승하며 J자 모양을 보이는 모든 차트를 상징적으로 표현하는 말이다.

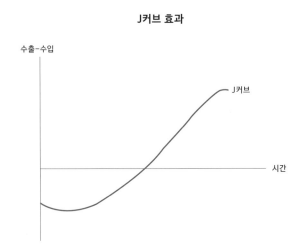

J커브 효과

대표적으로 환율 변화, 특히 평가절하 이후 무역수지가 당초 예상과는 반대 방향으로 움직이다가 시간의 경과에 따라 점차 기대했던 방향으로 움직이는 현상을 설명할 때 활용된다. 그리고 여기에서 한 발 더 나아가, 단기적으로는 효과가 나타나지 않다가 장기적으로 효과를 보이는 모든 현상을 표현할 때에도 이 상징이 사용된다. "그 투자가 J커브를 나타낼까?"라고 말할 때처럼 말이다.

S 커브

S 커브(S curve)는 글로벌 성공 기업들의 공통요인을 뽑아 만든 개념으로, 성공 기업의 실적 곡선이 ①성장세→②가파른 성장세→③성장 정체의 세 단계로 나뉘어 S자 모양을 그린다는 데서 유래했다. 이것이

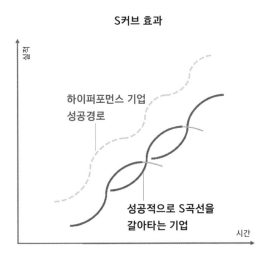

S커브 효과

하이퍼포먼스 기업 성공경로

성공적으로 S곡선을 갈아타는 기업

실적

시간

데이터는 복잡한 것도 단박에
이해할 수 있게 하는 픽토그램이다

확장되 '더딘 출발 후 급격한 성장을 맛보다 결국은 사그라지는' 모든 것을 표현할 때 S 커브라는 말이 사용된다. "그 기술도 결국 S 커브를 보이지 않을까?"라 이야기하는 것이 그 예다.

이 외에도 복잡다단한 개념을 상징화하여 정보를 효율적으로 전달하는 데이터는 우리 주위에서 많이 사용되고 있다. 엄청난 효율성 때문에 원래의 의미를 벗어나 오용되는 경우가 가끔 발생하기는 하나, 그 또한 데이터의 상징적 이해가 상황 인지 및 의사소통에 있어 매우 효과적인 수단임을 보여주는 반증일 것이다. 데이터가 이런 효과를 발휘할 수 있는 것은 정량화와 구조화가 연속적으로 진행됐을 때 보이는 패턴이 있기 때문이고, 하나의 상징으로 작용하는 그 패턴이 곧 멋진 픽토그램이 되는 것이다.

이상의 내용을 종합해보면 데이터는 다음과 같이 나타낼 수 있을 것이다. 정량화, 구조화된 자료이기 때문에 복잡해 보일 수 있다. 하지만 오히려 데이터의 이러한 특성 때문에 우리는 이전에 보지 못했던 내용을 단박에 알아차릴 수 있고, 더 정확히 파악함으로써 인지력을 향상시킬 수 있음을 기억하자.

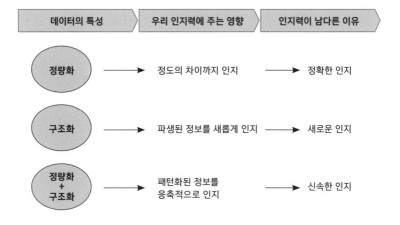

데이터의 특성과 인지력

데이터의 특성	우리 인지력에 주는 영향	인지력이 남다른 이유
정량화	정도의 차이까지 인지	정확한 인지
구조화	파생된 정보를 새롭게 인지	새로운 인지
정량화 + 구조화	패턴화된 정보를 응축적으로 인지	신속한 인지

데이터와 판단력

앞에서 살펴본 인지력은 지금부터 이야기할 '판단력'의 기초가 된다. 냉철한 판단을 위해선 먼저 냉철한 상황 인지가 있어야 하지만 좋은 인지가 언제나 좋은 판단을 담보하는 것은 아니다. 판단은 단순히 어떤 상황에 대해 아는 것을 넘어 '결정'이라는 결과물을 내놓는, 전혀 성격이 다른 과정이기 때문이다. 그러므로 '데이터와 친해지면 과연 판단력에까지 도움이 될까?'에 답하려면 다음처럼 판단력에 특화된 별도의 질문이 필요할 것 같다.

①불확실성하에서도 데이터에 힘입어 좋은 판단을 할 수 있는가?

②남들은 하지 못하는 판단을 데이터는 할 수 있게 하는가?

③성급한 판단을 데이터가 막아줄 수 있는가?

우선 불확실성하에서의 판단에 도움이 된다(①)는 것은 데이터가 미래를 예측하는 데 있어 매우 좋은 도구임을 뜻한다. 이는 과거를 미래로 연장시킬 수 있는 고유의 특성이 데이터에 있기에 가능한 일이다. 남들이 하지 못하는 판단(②)과 신중한 판단(③)은 데이터 자체가 가진 힘이라기보다는 이것을 이용하는 사용자의 능력, 즉 데이터 활용 감각에 달린 것이 사실이다. 하지만 그런 능력이 더욱 증폭되어 발휘되는 토대가 데이터라는 것만은 틀림없다. 이렇듯 남다르게, 미래를, 신중하게 판단하는 데 도움을 준다면 데이터와 친해질 이유는 충분하지 않을까?

과거의 사실성을 미래로 연장하는 '예언가'

만일 딱 한 가지 초능력만 가질 수 있다면 나는 미래를 미리 보는 능력을 선택할 것이다. 우리의 삶은 무수한 불확실성의 연속으로 이뤄져 있기에 내가 언제 사고를 당할지, 또 언제 복권에 당첨될지 알 방법이 없으니 그 능력만큼 매력적인 것은 없다고 여기기 때문이다. 우리가 수많은 선택과 판단을 내리며 살아가야 하는 근본적인 이유 역시 어찌 보면 불확실성일 것이다. 그럼 데이터는 이런 환경에서의 판단력

제고에 어떤 도움을 주는 걸까?

'예측'은 불확실성을 조금이나마 확실하게 만들려는 비(非)초능력자들의 판단에 해당한다. 그러므로 예측의 본질은 '불확실성을 최소화하기 위한 불확실한 작업'쯤이 되겠다. 그런데 과연 그 작업은 어떻게 가능한 걸까? 의외로 간단할 것도 같다. 확실한 것을 기반으로 불확실한 것을 유추해보면 될 테니까. 그러면 세상에 확실한 것이 있긴 하다는 말인가? 있다. 바로 과거다. 이미 일어난 일들은 물리적 실체가 있기 때문에 확실성이 아주 높고, 따라서 과거를 기반으로 미래를 예측하는 것은 우리가 불확실성 감소를 위해 취할 수 있는 가장 좋은 방법에 해당한다.

그렇다면 이를 위한 첫걸음은 무엇일까? 그것 또한 간단하다. 일단 과거의 확실성을 가장 확실한 수준으로 올려놓는 것이다. 잘 알다시피 우리의 인식은 워낙 자유분방해서 동일한 과거에 대해서도 서로 달리 해석하는 경우가 많다. 이런 인식의 훼방을 최소화하려면 표준화된 정보 집합체가 필요한데 그것이 바로 데이터다. 여기저기 산개한 정보들을 표준화된 방법으로 집계하면 인식에 의한 불확실성이 줄어들어 객관성을 확보할 수 있다. 이렇게 확보된 객관성이 데이터가 미래 예측에 도움을 주는 첫 번째 고유의 특성이다.

객관성 이외에도 미래를 예측하는 데 있어 데이터가 가진 큰 장점은 가공성이다. 즉, 객관성을 유지한 채 쌓고, 쪼개고, 합치는 등의 변형이 가능하다는 것이다. 그리고 이 변형 과정의 결과물로 도출된 데

일반적인 회사의 수익 구조

출처: Crafting Cases

이터를 엿가락처럼 늘리면 과거의 확실성을 미래로 연장하는 능력을 얻게 된다. 객관적 집계, 구조화된 가공 그리고 추정, 이것이 데이터가 미래를 탐지하는 가장 기초적인 과정이다.

예를 들어 '우리 회사는 돈을 버나요?'라는 질문에 도전해보자. '돈을 번다'의 의미를 수익(profit)이란 단어로 좁게 정의하면 수익과 관련한 다른 데이터들과 쌓고, 쪼개고, 합치는 것이 가능해진다. 수익은 매출과 비용의 차이고, 매출은 평균가격과 판매량의 곱이다. 비용은 고정비와 변동비로 나뉘고, 변동비는 변동비 발생 유닛(unit)개수와 유닛별 비용의 곱이다. 이런 사항을 파악한 뒤에는 나무에 달린 나뭇가지들처럼 데이터들을 엮어 다음 그림과 같은 큰 구조물을 만들 수 있다.

회사간 수익구조 비교

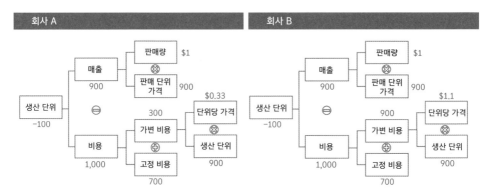

출처: Crafting Cases

이런 구조물의 장점은 각 데이터들의 변화로 최종 값, 즉 수익의 변화를 알 수 있다는 점이다. 가령 제품 판매 가격을 3%씩 올리면 수익이 어떻게 변할지, 또 더 나아가 같은 구조를 가졌지만 각기 다른 값을 가진 회사는 당연히 다른 수익 값을 갖게 된다는 사실도 금세 파악할 수 있다.

그런데 '각 세부 데이터 값에 따른 최종 값의 변화를 안다'는 것은 곧 '각 세부 데이터 값이 어떻게 변할지에 따라 최종 값이 어떻게 변할지 예측할 수 있다'는 것과 같은 뜻이다. 이것이 과거를 기반으로 미래를 연장하는 작업이다. 만약 우리 회사의 수익구조는 일반적인 회사의 그것보다 좀 더 정교하다고 가정하면 다음과 같이 동일한 골격 위에 더 많은 데이터 나뭇가지를 붙이면 된다.

거의 모든 데이터 기반 예측 분석은 제아무리 복잡해 보여도 이상의 방식을 따른다. 이런 방식이 충분히 거창하고, 엄중하고, 전문적으로 발전하면 '중국의 군사력은 언제쯤 미국의 군사력을 추월할 것인가' 같은 주제에 대한 예측까지 내놓을 수 있는 것이다.

다음의 데이터는 2013년 〈이코노미스트(The Economist)〉에 소개된 중국과 미국의 군사비 추이를 분석한 것이다. 초강대국이라는 지위는 경제력, 군사력, 정치력, 문화적 영향력에 따라 결정되니 중국의 군사

다양한 가정의 조합에 따른 향후 중국 국방비의 미국 국방비 초과 시점 분석

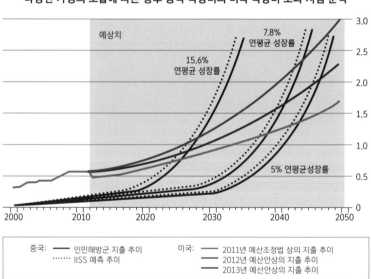

* 2013년 현재 물가 및 환율 적용, 회계 연도 기준, 2031년까지 15.6%의 상승세 유지 가정
* 2011년 예산조정법(the Budget Control Act 2011) : 미국 연방정부의 예산을 통제해 2013년부터 10년간 총 1조 2000억 달러의 적자를 줄이기로 한 합의
* 출처: International Institute for Strategic Studies

비가 미국의 군사비를 추월하는 시기에 대한 예측은 여간 중요한 것이 아니다. 데이터에 나타난 미국과 중국의 군사비는 각각 세 개의 추이로 예측되어 있다. 말하자면 시나리오가 도입된 셈인데, 특정 데이터들의 값에 시나리오를 도입했으니 최종 값 역시 시

데이터는 불확실한 상황에서도
의사결정을 가능케 해주는 예언가다.

나리오를 갖는 것이다. 그렇게 각국의 추세선이 교체되는 시점은 총 아홉 개로 나타난다. 이 점들은 짧게는 10여 년, 길게는 30여 년의 범위 안에 포함된다. 적어도 30년 안에 중국은 미국을 제치고 군사적 초강대국이 될 거라고 미래를 점친 것이다. 뿐만 아니라 각국의 군사비 규모가 매년 수정될 때마다 우리는 그 30년이 얼마나 앞당겨질 것인지도 세밀하게 예측하는 것이 가능해진다. 새로운 정보가 들어오면 어떤 데이터 블록을 업데이트해야 할지 곧바로 안다는 것이다.

미래를 예측한 데이터는 과거와 미래에 대한 판단을 동시에 담고 있다는 점에서 수많은 데이터 중 가장 값진 데이터라 할 수 있다. 그 판단들 모두를 담을 수 있었던 것은 데이터가 객관성과 가공성이란 특징을 가지기 때문이다. 미래 예측에 대한 신뢰성은 과거 데이터가 가진 객관성에 그 뿌리를 두고, 과거 추이가 가진 운동 에너지를 미래로 연장시킬 수 있는 것은 데이터의 조립이 가능한 덕분이다. 그런 의미에서 본다면 '어떤 데이터를 손에 쥐느냐가 어떤 미래를 볼 수 있느냐를 결정하는 시대'가 온 것이니, 데이터 그 자체는 예언가라 할 만하다.

통찰로 안내하는 '지름길'이자 '비밀요원'

남들은 하지 못하는 독보적인 판단을 우리가 할 수 있다면 그 이유엔 크게 두 가지가 있을 것이다. 남들에겐 전혀 없는 정보를 가지고 있거나, 남들과 동일한 정보를 보더라도 그것을 바탕으로 더 좋은 판단을 내리는 특별한 능력이 있어서 말이다. 더 많은 정보를 확보하는 것은 노력과 운이 따라줘야 하는 영역이니 그에 대한 우리의 궁금증도 그리 크진 않을 것으로 보인다. 때문에 여기에선 두 번째 이유에 나오는 '특별한 능력'이 과연 무엇이고 그 능력은 데이터와 어떤 관련이 있는지를 주목해보자.

동일한 정보를 보고도 더 좋은 판단을 이끌어내는 능력은 여러 데이터 감각 중 '통찰'에 해당한다. 데이터 감각이란 '데이터를 활용하여 남다른 인지, 판단, 설득을 하는 데 반드시 필요한 사고력'이라 이야기한 바 있다. 하지만 이런 딱딱한 정의는 설명하는 사람과 듣는 사람 모두에게 그리 쉽사리 와 닿진 않는다. 그렇기에 데이터와 관련한 감각적 통찰이라는 능력을 여러분이 이해할 수 있는 방법은 오직 하나, 바로 사례를 통해 공감하는 것뿐이다.

이 그래프는 미국 어느 은행의 고객센터에 걸려온 민원 전화의 응답 시간별 빈도를 기록한 실제 데이터다. 가령 어떤 막대그래프의 X축 값이 200초, Y축 값이 500회라면 이는 고객센터에 걸려온 전화 중 응대 시간이 200초인 건이 500개 있었다는 의미다. 이 데이터를 기반으로 우리는 고객센터의 전화응대와 관련된 어떤 메시지를 이끌어낼 수

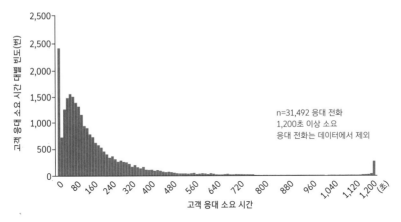

한 미국 은행 콜센터의 고객 응대 소요 시간대별 빈도

n=31,492 응대 전화
1,200초 이상 소요
응대 전화는 데이터에서 제외

고객 응대 소요 시간

출처: Based on Shen(2003), as referenced in Moore and McCabe(2006, pp 10~11)

있을까?(단, 12,00초 구간의 빈도수가 높은 것은 12,00초 이상의 통화 빈도를 지면 관계상 모아 놓은 것이라 특별한 의미는 없다.)

수없이 많은 발견과 그것에 기초한 좋은 메시지들이 나올 것이다. 가령 '응대 시간이 짧았던 통화 그룹과 긴 통화 그룹은 약 320초를 기준으로 확연히 구분되므로, 상담원이 통화 전 이 둘을 분류해낼 수 있는 체계를 구축해 상담의 질을 높일 수 있다'처럼 말이다. 하지만 그 모든 결론이 나오기 전에 이 데이터에 대해 여러분이 느꼈어야만 하는 점은 따로 있다. 바로 '앗! 뭔가 튄다!'다. 뭐가 튄다는 걸까? 막대그래프가 다른 것들에 비해 유달리 불쑥 튀어 나와 있는, 가로축의 오른쪽 끝인 0초 지점 부분이 바로 '튀는' 영역이다. 이 막대그래프는 '거의

0초에 가깝게 응대하고 종료된 통화의 빈도가 이례적으로 높음'을 뜻한다.

우리의 경험에 비춰 한번 생각해보자. 고객응대 전화가 저 정도로 빨리 끝나는 게 가능할까? 본인확인 절차를 진행하는 데만도 30초는 걸린다. 그러니 고객응대 통화 중 실제로 0초 남짓만 걸리는 건은 없다고 봐야 옳을 것이다. 그럼 도대체 이 은행의 고객센터에선 무슨 일이 있던 것일까?

알고 보니 이 고객 센터에는 평균 응대 시간이 너무 긴 직원들을 징계하는 내부 정책이 있었다. 이런 근시안적 정책에 적응하기 위해 직원들은 일부 고객들의 전화를 받자마자 끊어버리는 못된 자구책을 마련했다. 그렇게 하면 긴 응대 건으로 부득불 늘어난 평균 응대 시간을 낮출 수 있으니 말이다. 그런 뒤 다시 전화가 걸려오면 "고객님, 제가 버튼을 잘못 눌러서 통화가 원활하지 못했습니다. 진심으로 사과드립니다. 무엇을 도와드릴까요?" 하며 부드럽게 통화를 이어나갔다. 결국 이 데이터 때문에 해당 은행은 징계 제도를 바로 수정했다고 한다.

이 데이터를 통해 우리가 챙겨야 할 교훈은 은행의 비현실적인 제도에 따른 부작용을 이해하는 것이 아니다. 조직의 인사 정책이 생산성을 저해할 가능성을 이 데이터에서 감지할 수 있는가의 여부는 '튀는 걸 튄다고 볼 줄 아는 당연한 반응의 유무'가 좌우했다. 실제로 그런 일이 발생한 이유를 밝혀내는 것은 그런 동물적 의심을 작동시킨 다음의 문제이기 때문이다. 바로 이 동물적 의심이 데이터의 한계를 뛰어

넘고 더 넓은 사실의 세상에 접근하게 하는 통로, 그리고 데이터 감각을 발동하는 가장 중요한 촉매제가 된다.

'차트에서 통찰 끄집어내기' 집중 연습

차트형 데이터는 사람들이 가장 자주 접하는 데이터 유형이라 여기에서 통찰을 끄집어내는 훈련이 특히 중요하다. 사례 하나를 더 살펴보며 정보에서 통찰을 끄집어내는 방법에 대해 차근차근 알아보자.

당신은 이마트 같은 국내 대형 유통업체의 직원이고, 당신의 상사는 다음의 미국 리테일 산업 자료를 보고 벤치마킹 보고서를 만들어보라고 요청했다. 어떤 통찰을 뽑아낼지는 오롯이 당신에게 달렸다. 우선은 미국 리테일 산업 전체적으로 어떤 시사점이 있는지 살펴보고 그 다음엔 회사별로는 어떤 점이 배울 만한지, 마지막으로 우리 회사는 어떤 행동을 취해야 할지 정리해보자.

뭔가 굉장히 복잡해 보이는 차트지만 일단 숨을 고르고 다음의 순서대로 천천히 파악해보면 된다. 어떤 차트를 접하든 다음의 질문들을 쫓아가다 보면 기본은 놓치지 않으니 말이다.

첫째, 무엇을 측정한 차트인가?: 분석 대상의 파악은 데이터를 이해하는 첫 단추다(예: '사람을 대상으로 한 차트다' 또는 '회사를 대상으로 한 차트다' 등).

둘째, 어떤 관점들이 사용되었나?: X축, Y축의 의미와 사용단위

(unit)를 파악해야 등장인물에 의미를 부여할 수 있다(예: '사람을 연봉과 연령으로 파악하고 있다' 등).

셋째, 어떤 범례 또는 카테고리가 사용되었나?: 범례는 작성자가 자신의 의도에 따라 의미를 부여한 것이므로 작성 의도에 대한 힌트를 담고 있다(예: '직장인을 연봉을 기준으로 다섯 그룹으로 나눈 것은 연봉과 관련된 메시지 전달을 시도하기 위해서다' 등).

넷째, 어떤 시기를 다루고 있나?: 시점과 기간에 대한 정보가 가미되어야 메시지를 입체적으로 이해할 수 있다(예: '이 차트는 10년 전 데이터다' '이 차트의 결론은 과거를 통해 현재를 재조명하기 좋다' 등).

다섯째, 노트(note) 또는 각주는 무엇인가?: 노트 또는 각주를 빼놓지 말아야 섬세한 결론을 내릴 수 있다(예: '등장한 인물 모두가 국내의 30대 여성이다' 등 일반화하지 않도록 조심해야 한다.)

앞서 본 차트가 한 편의 연극이라면 등장인물은 미국의 유명 리테일 업체들이다. 각각의 업체는 두 가지 관점의 기준에 따라 고유의 위치 점으로 표시되어 있다. Y축은 각 업체별 가격인지도로 '이 업체는 물건 가격이 훌륭하다'라고 답한 사람의 비중이다. 당연히 차트 위쪽에 위치할수록 해당 업체의 가격에 대한 고객만족도가 높다고 볼 수 있다. X축은 실제 가격상대지수다. 이는 조사 대상 업체의 제품 중 가장 저렴한 가격을 100이라 했을 때 각 업체들이 갖는 상대적 평균 가격으로, 오른쪽에 위치하는 업체일수록 상품 가격대가 비싸다는 의미다. 또한 범례에 따르면 연보라색 점의 업체는 온라인과 오프라인 매장 둘 다 가진 업체, 보라색이면 온라인 전문 업체임을 뜻한다. 조사 시점과 노트에 별다른 내용이 없는 걸 보니 여기에서 나올 수 있는 시사점은 없을 것이다. 이렇게 기본적인 내용을 파악했으니 이제 차트와 본격적으로 대화해보자.

일단 차트 종류에 집중할 필요가 있다. 이 차트는 X축 값과 Y축 값을 바탕으로 여러 값들을 모래알처럼 흩뿌린 일명 스캐터 차트(scatter

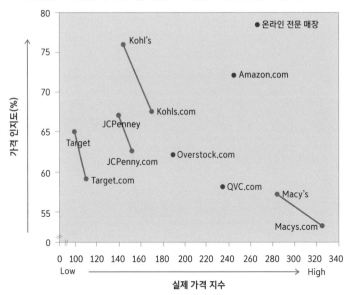

가격인지도와 실제 가격지수를 기준으로 하는 미국의 리테일 산업 자료

*가격인지도(%): 각 업체별 '이 업체는 물건 가격이 훌륭해요'라고 답한 사람의 비중
*실제 가격 상대 지수: 조사 대상 업체 중 가장 저렴한 가격을 100으로 봤을 때, 각 업체별 상대적 평균 가격

출처: 엠컨설팅프렙

chart)로 X축과 Y축 값의 '관계(correlation)'를 알고 싶을 때 가장 많이 사용하는 차트다. 모든 차트에는 나름의 키워드가 있는데 선형 차트는 '흐름'에, 막대 차트는 '크고 작음의 비교'에, 파이 차트는 '비중'에 집중한다. 그러니 이 차트에 나타난 X축 값과 Y축 값의 관계를 가장 먼저 파악하는 게 스캐터 차트 작성자에 대한 예의다.

이 차트의 좌측 상단에서 우측 하단까지는 오프라인 또는 온라인 구성 여부와 관계없이 모든 회사들이 뿌려져 있다. 이건 뭘 의미할까? 낮은 실제 가격을 제시하면 소비자는 우호적인 인식을, 높은 가격을 제시하면 '거긴 물건 값이 비싸'라는 인식을 가지게 된다는 뜻이다. 보

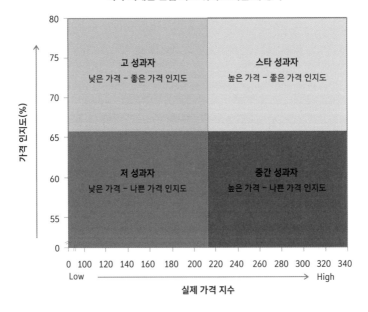

미국 리테일 산업 자료 위에 그려진 네 영역

는 눈이 다 같다는 의미이기도 하고 말이다. 이런 인식은 각 회사별 온라인 매장과 오프라인 매장의 관계에서도 그대로 찾아볼 수 있다. 온·오프라인 매장 모두를 가진 회사들의 경우 온라인 매장이 오프라인 매장 대비 우측 하단에 위치한다는 전체 흐름, 즉 '온라인 매장은 실제 비싼 만큼 덜 우호적인 가격인지도를 가진다'는 사실과 일치한다. 그러나 이렇게 너무 당연한 발견에는 시사점이 없다. '미국 소비자는 (비)싸면 (비)싸다고 느낀다'는 것에선 더 이상 기대할 게 없기 때문이다.

전체 흐름을 봤으니 이제 영역별 특징을 살펴보자. X축과 Y축 각각의 중간 값을 기준으로 선을 그으면 자연스럽게 네 가지 영역이 생긴다.

각 영역은 두 가지 축에 따라 고유의 의미를 갖게 된다. 우선 좌측 상단의 영역은 실제 낮은 가격으로 좋은 가격인지도를 보이고 있는 '고성과 회사들'이라 할 수 있고, 콜스(Kohl's)가 대표 주자다. '이 영역을 굳이 고성과라 부를 필요까지 있나? 낮은 가격으로 좋은 가격인지도를 가지는 건 회사로서 당연한 거 아닌가?' 하는 의문이 든다면 그 밑에 있는 좌측 하단 영역의 회사들을 보자. 가격대는 좌측 상단 영역의 회사만큼이나 낮게 유지하고 있지만 정작 소비자들은 가격인지 면에서 낮은 점수를 주고 있으니 말이다. 이 영역에 속한 업체들은 당연히 '저성과 회사'다. 타깃닷컴(Target.com)이 눈에 가장 띈다.

고성과와 저성과가 있으면 자연스럽게 중간성과의 회사들도 존재하기 마련이다. 바로 우측 하단 영역의 회사들이 이에 해당한다. 가격이 비싸다 보니 그만큼 가격인지도도 그리 좋지 않은데 대표적인 하이엔

드 백화점인 메이시스(Macy's)가 그 예다.

그렇다면 우측 상단 영역은 어떤 의미일까? 실제로는 고가격 정책을 시행함에도 사람들로부터 '그곳은 가격이 훌륭하다'는 평을 듣는, 그야말로 스타급 업체들의 공간이다. 아마존닷컴(amazon.com)이 여기에 위치하는 것만 봐도 알 수 있지 않은가.

차트를 보고 이 정도까지 끌어낼 수 있으면 훌륭하다 할 수 있다. 온라인 오프라인 채널과 상관없이 미국 소비자가 가진 가격인지도를 파악함과 더불어 아마존닷컴의 위대함, 타깃닷컴의 안타까움을 끄집어냈고 그에 따라 벤치마킹 포인트 또한 분명해졌으니까. 하지만 이것만이 전부일까? 우리도 '정보에서 통찰 끄집어내기(from information to insight)' 분야에서 고성과를 넘어 스타급 인재가 되어보자.

새로운 주제는 '디지털 대전환'이다. 모바일로 대표되는 온라인 채널의 중요성이 대두됨에 따라 기존의 오프라인 매장들 대부분이 이 채널을 강화시키고 있다. 차트에 나타난 바와 같이 아예 온라인에서 시작했던 아마존닷컴, QVC닷컴(QVC.com), 오버스톡닷컴(Overstock.com)을 제외한 모든 회사들이 온라인 채널을 새롭게 확장했으니 말이다. 이런 맥락에서 애초 보고서를 부탁했던 상사가 다음과 같은 추가 질문을 해왔다고 가정해보자.

"아마존이 기업 규모가 큼에도 불구하고 빠르게 성장 중이란 건 알았지만 이 정도일 줄은 몰랐네? 그런데 자네가 알다시피 우리 회사도 요즘 온라인 채널 확장을 새롭게 시도하고 있잖아? 그럼 아마존을 집중적으로 연구하면 되는 걸까?"

이 질문에 어떻게 답하는가가 고성과자와 스타 성과자를 나누게 된다. 만약 '그렇다'고 답한다면 고성과자 정도다. 그럼 스타 성과자의 답변은 어때야 할까?

앞서 설명했듯 아마존은 태생부터가 온라인 업체기 때문에 오프라인에서 온라인으로 채널을 '확장'하려는 회

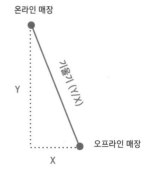

두 점을 연결한 선분들에 의미를
부여할 수 있어야 한다.

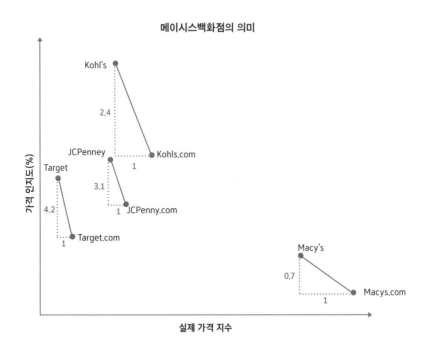

메이시스백화점의 의미

사와 같은 입장이 아니다. 때문에 아마 아마존을 깊이 분석하면 할수록 오히려 이질감을 느끼거나 "대단위 IT 투자를 처음부터 기획했었어야 합니다" 같은 공허한 시사점만 나열하게 될 것이다. 그러니 우리 회사와 같은 '처지'에 있는, 즉, 오프라인에서 시작했으나 온라인 채널로 훌륭히 확장시킨 회사가 어느 곳인지를 살펴봐야 한다.

그렇다면 앞의 차트에선 어떻게 '온라인 채널로 훌륭히 확장시킨'이란 개념을 뽑아낼 수 있을까? 주어진 정보만을 본다면 '오프라인 매장 대비 온라인 매장의 X축 값이 커짐에도 Y축 값이 덜 줄어드는 회사'가 좋은 디지털 성과를 가졌다고 볼 수 있다. 그만큼 고가격 전략을 펼쳤음에도 가격인지도 면에서의 손실은 덜했다는 뜻이기 때문이다. 그러므로 우리가 이 차트에서 살펴봐야 할 것은 온라인 매장과 오프라인 매장의 점을 연결한 선분의 기울기(Y÷X)다. 이 기울기가 가장 완만한, 즉 Y÷X의 값이 가장 작은 것은 메이시스 백화점이니 이 업체가 우리 회사의 롤모델이 됨을 알 수 있다.

데이터는 통찰로 안내하는 지름길이자, 남다른 판단을 하게 하는 비밀요원이다.

이런 시사점을 끄집어낸 스타성과자는 다음과 같이 상사에게 이야기할 것이다.

"아닙니다. 아마존은 훌륭한 회사지만 우리와 성장 배경이 다르기에 생각보다 시사점이 많지 않습니다. 오프라인에서 온라인으로의 확장에 성공한 회사는 메이시스입니다. 온라인 매장에서의 상품 가격은 약 1.4달러 정도 올렸지만 소비자들이 느끼는 가격인지도는 약 1%포인트 정도의 하락에 불과했으니까요. 이는 메이시스와 유사한 온-오프라인 업체들과 비교해봤을 때 가장 높은 수치입니다. 따라서 메이시스는 오프라인에서 온라인으로 확장한 전략의 관점에서, 아마존은 온라인 마케팅 전략의 관점에서 살펴보는 것이 좋을 것 같습니다."

침묵형 거짓말 탐지기

정보가 많다 해서 효과적인 설득에 필요한 좋은 근거가 마련되는 것은 아니다. 그렇다면 메시지를 훌륭히 지지하기 위한 올바른 근거의 필수 조건으로는 어떤 것들이 있을까?

첫 번째는 사실을 사실대로 전달하는, 즉 '사실성(factfulness)'이 있는 정보, 두 번째는 그 사실이 내가 정말 원하는 메시지와 '연관성(relevancy)'을 갖는 정보다.

그럼 주어진 정보가 모두 사실에 입각하고 내가 원했던 내용과도 관련된다 해서 올바른 정보라 할 수 있을까? 아니다. 중요한 덕목 하나가 더 필요한데 그것이 바로 '충분성(sufficientness)'이다. 메시지 전달을 위해 제시된 근거 이외에 동일한 전제에 기반을 두면서도 반대되는 근거들이 아예 없거나, 있다손 치더라도 적절히 설명될 수 있어야 한다는 의미다. 한마디로 생각지도 못했던 제3의 근거로 뒤통수 맞을 경우가 없어야 한다는 것이다.

여러분이 한 가지 주장을 하고 이를 지지하기 위해 어떤 근거를 제

올바른 근거의 3대 필수 조건

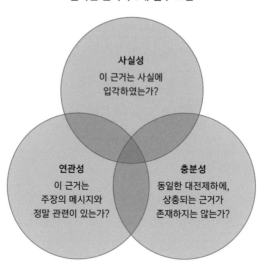

시했다고 가정해보자. 만약 상대가 그 근거에 대해 "그게 이것과 무슨 상관입니까?"라 했다면 근거의 연관성을 의심하는 것이고, "그건 당신이 잘못 알고 계신 겁니다"라 했다면 사실성을, 마지막으로 "그 근거는 어차피 일부에 지나지 않습니다. 그와 반대되는 근거들이 얼마나 많은 줄 아십니까?"라 했다면 충분성을 공격하는 것이다.

이 세 요건을 모두 만족하는 메시지여야 비로소 훌륭한 근거가 된다. 역으로 말하면, 이 세 요건 가운데 하나라도 결여된 메시지는 합리적 판단을 지지하지 못한다는 점에서 거짓과 다름없다.

아마 독자 여러분은 사실성과 연관성의 경우 쉽게 이해할 수 있지만 충분성이란 개념에 대해선 여전히 모호함을 느낄 것이다. 그렇다면

근거의 매트릭스

사실에 입각하고 연관성이 있는가?

	아니다	그렇다
그렇다	II 영역	I 영역
아니다	III 영역	IV 영역

충분한 정보인가?

자신의 메시지를 남에게 전달하거나, 다른 사람의 메시지를 합리적으로 비판할 때 충분성이 얼마나 중요한 역할을 하는지 간단한 매트릭스를 통해 알아보자.

우리는 사실에 입각하지 않거나 사실이라 하더라도 연관성이 없는 근거에 기반을 둔 II 영역 및 III 영역의 메시지들을 잘못된 주장 또는 거짓말이라 일컫는 데 익숙하다. 그렇다면 IV 영역의 메시지도 거짓말인 걸까? 사실에 입각하고 연관성도 있지만 충분하진 않은 메시지 말이다.

거짓말의 정의를 새롭게 내리고픈 마음은 없으나, 우리 주변에서 흔히 보이는 교묘한 거짓이 대부분 IV 영역에 속한다는 사실만큼은 꼭 말하고 싶다. 이는 부동산 계약 시 적용되는 중개인의 고지 의무와 유사한 것으로, 계약 당사자들이 부동산 거래를 결심하는 데 충분한 영향을 미친다고 판단되는 정보를 사전에 중개인으로부터 고지받지 못했다면 해당 중개인의 침묵 자체에 법적 책임이 부여되는 원리와 같다. 중요 정보에 대한 의도적 침묵은 법적으로도 거짓말로 다뤄질 만큼, 어떤 메시지를 전달 혹은 평가할 때 충분한 근거를 제시하는 것은 매우 중요한 일이다.

흔히들 진실은 입체적이라고 하는데, '단 한 가지 사실'은 그 입체를 완성하기에 턱없이 부족하다. 단 한 가지 사실만을 근거로 들어 자신의 말하는 바가 진실이라고 주장하는 사람, 즉 IV 영역에 있는 사람은 우리 주변에 매우 많다. 그들은 우리를 설득할 때 "이건 명백한 사실입니다"라는 말을 의도적으로 반복한다는 전형적 특징을 띤다. 충분성을 뒤로한 채 지엽적 사실의 사실성만을 강조하는 것이다. 그들은 이름만 들어도 믿음이 가는 유명 연구소나 과학자의 권위를 빌어 '단 한 가지 사실을' 의도적으로 좁혀 전달하며 그것이 갖는 사실성을 최대한 부각시킨다. 그러는 사이 우리는 '저 주장이 다양한 관점에서 봤을 때에도 충분히 사실인가'라는 의심을 잃어버리게 된다. IV 영역의 거짓이 고도의 거짓말이라고 불리는 이유다.

한때 국내 모 식용유 제조사에서 '콩기름 100%로 만들어 콜레스테롤이 0%인 식용유'라는 카피의 TV 광고를 크게 히트시킨 적이 있다. '100%'라는 표현이 사실성을 극대화하여 소비자들에게 어필했던 것이다. 그런데 알고 보니 타사 식용유들의 콩기름 포함 비중도 99~100%였고, 콩기름이 100%라 해서 반드시 콜레스테롤이 0%인 것도 아니었다고 한다. 식용유는 원래 그렇게 만들어지는 건데, 소비자가 몰랐던 사실을 '100%' '0%'라는 사실성으로 극대화하여 구매를 유도한 것이다. 물론 해당 업체는 "그래서 저희가 거짓말이라도 했다는 겁니까?"라 할 것이고 결과적으론 합리적 판단을 하지 못한 소비자 탓으로 돌려질 것이다. 거짓말을 한 사람은 없지만 속은 사람은 존재하는 것, 이것이 IV 영역에 해당하는 침묵형 거짓말의 특징이다.

내게는 두 명의 대학 후배가 있다. A는 졸업 후 네트워크 판매(다단계) 사업을 전업으로 해보고 싶어 했고, B는 검사가 되고 싶다고 했다. 목표에 대한 각자의 확신은 더없이 강했고 두 명 모두 어떻게 자신의 목표를 빨리 달성할 수 있을지 고민하며 열정이 넘치는 단계에 있었다. A 후배는 스스로의 확신을 이렇게 설명했다.

"형, 직장생활만 해서 부자 되는 게 왜 힘든 줄 알아? 경험과 노력이 자본화가 안 되기 때문이야. 쌓이질 않는다고. 회사를 그만두면 수입도 그냥 끊겨버리잖아? 그런데 다단계 사업은 좀 다른 거 같아. 내 노력이 판매자 네트워크 형태로 차곡차곡 쌓이고, 그걸 잘 유지하기만 하면 평생 든든한 버팀목이 돼주잖아. 그러니 한 살이라도 젊었을 때 뛰어드는 게 답인 거 같아."

한때 유명 다단계 회사의 프로젝트를 수행하면서 다단계 사업의 혁신성과 효율성을 매우 잘 알게 되었던 터라 나도 A의 확신에 크게 동조하기는 했다. 그러면서도 꼭 보여주고 싶은 데이터가 있었다.

다음의 데이터는 공정거래위원회에 등록된 전체 다단계 업체들 중 2011년 상위 10대(매출 기준) 업체에서 후원수당을 지급받은 회원 그룹별로 수당 합계 비중을 나타낸 것이다. 상위 10대 업체는 다단계 산업 전체 매출에서 약 82%의 비중을 차지해 높은 집중도를 보이고 있었다. 더욱 놀라운 것은 이들 업체의 후원수당 상위 6%의 회원들이 전체 후원수당의 90%를 받고 있다는 점, 그리고 회원 그룹별 평균 소득을 알아보면 하위 60%의 회원들은 연간 고작 2만 원 수준의 소득을 올리고 있다는 점이었다. 다단계 사업이 사업모델로 보유한 놀라운 혁신성은 차치하고, 이미 10대 업체에 의해 업계 재편이 완료된 상황에서 신규 회원이 고액 배당 회원으로 성장하기란 생각만큼 쉽지 않다는 메시지를 담은 데이터였다.

이 데이터는 공정거래위원회 홈페이지에서 누구나 쉽게 얻을 수 있는 데이터를 가공한 것이지만, 정작 다단계 회원 가운데 이 사실을 아는 이는 많지 않다는 게 그 후배가 알려준 또 다른 진실의 입체성이었다. 결국 그 후배는 전업이 아닌 부업 수준에서 다단계 사업을 하기로 했다. 참고로 공정거래위원회가 2019년 발표한 '2018년도 다단계판매업체 주요 정보'에서도 여전히 상위 1% 다단계 판매원의 후원수당은 평균 6,288만 원인 데 반해 나머지 99%가 받는 돈은 평균 52만 원인 것으로 나타났다. 7년 전과 비교해도 상황이 크게 나아지지 않은 것이다.

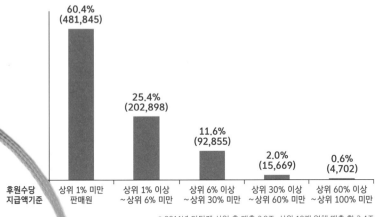

2011년도 다단계 산업 상위 10개 업체 각 그룹별 후원수당 지급액 및 그 비중

후원수당
지급액기준

상위 1% 미만 판매원	상위 1% 이상 ~상위 6% 미만	상위 6% 이상 ~상위 30% 미만	상위 30% 이상 ~상위 60% 미만	상위 60% 이상 ~상위 100% 미만
60.4% (481,845)	25.4% (202,898)	11.6% (92,855)	2.0% (15,669)	0.6% (4,702)

* 2011년 다단계 산업 총 매출 2.9조, 상위 10개 업체 매출 합 2.4조

한편 검사가 되고 싶다는 후배 B는 이렇게 말했다.

"우리 사회에는 부조리가 너무 많아. 아마 정의감으로 똘똘 뭉치지 않으면 물들어버리기 십상일 거야. 난 그 정의감의 핵심이 되고 싶어 검사가 되기로 결심했어, ᄒᄒ"

개인의 영달을 위해 사법고시를 준비하는 여느 다른 후배들에 비하면 매우 훌륭한 출사표였다. 정의감이라는 높은 기상에 훼방을 놓고 싶은 생각은 없었으나, 사실은 다양한 관점 점검받아야 좋은 판단의 기준이 된다라는 정의감도 못지않게 중요하다 생각했다. 그래서 옆의 데이터를 보여줬다.

이 데이터는 B와의 대화가 이뤄졌던 2012년 당시 국민권익위원회가 조사 발표한 공공기관 청렴도 결과로, 대표적인 법집행 기관인 검

중앙행정기관을 대상으로 실시한 청렴도 조사 결과

구분	수사·단속·규제기관(14개) 평균 7.62 / 표준편차 0.52	일반 행정기관(25개) 평균 8.00 / 표준편차 0.30
1 등급	**(8.40 이상)**	법제처(8.61, −0.22) 여성가족부(8.57, −0.07) **(8.45점 이상)**
2 등급	병무청(8.36, −) 금융위원회(8.02, −) 환경부(8.02, −0.54) 공정거래위원회(7.91, −0.70) 국토해양부(7.91, −0.62) 농림수산식품부(7.90, −0.13) **(7.88~8.39점)**	소방방재청(8.42, −) 행정중심복합도시건설청 통일부(8.24, −0.52) 통계청(8.19, −0.64) 문화체육관광부(8.15, −0.08) **(8.15~8.44점)**
3 등급	방송통신위원회(7.83, −0.64) 관세청(7.77, −0.83) 식품의약품안전청(7.75, −0.81) 해양경찰청(7.56, −0.67) 고용노동부(7.49, −0.98) **(7.36~7.87점)**	농촌진흥청(8.1, −0.25) 조달청(8.07, −0.45) 기상청(8.06, −0.68) 보건복지부(8.04, −0.17) 방위사업청(7.94, −0.33) 지식경제부(7.94, −0.67) 기획재정부(7.92, −0.62) 행정안전부(7.91, −0.62) 교육과학기술부(7.89, −0.45) 국가보훈처(7.87, −0.54) 국무총리실(7.87, −0.50) **(7.85~8.14점)**
4 등급	국세청(7.02, −1.44) **(6.84~7.35점)**	특허청(7.83, −0.15) 국방부(7.83, −0.69) 중소기업청(7.80, −0.41) 외교통상부(7.78, −0.7) 문화재청(7.74, −0.36) 산림청(7.69, −0.84) **(7.55~7.84점)**
5 등급	검찰청(6.81, −0.72) 경찰청(6.36, −1.72) **(6.84점 미만)**	법무부(7.13, −1.25) **(7.55점 미만)**

* 중앙행정기관, 공직 유관단체는 기관별 업무 성격, 측정 대상 업무가 상이하여 서열화하여 순위를 비교할 수 없음.
* 종합청렴도 점수는 외부 청렴도, 내부 청렴도, 정책고객평가 점수를 가중 평균한 후, 부패사건 발생 현황 감점 및 신뢰도 저해 행위 감점을 반영한 점수임.
* 기관별 외부 청렴도는 부패 발생 가능성이 높은 주요 업무 민원인을 대상으로 측정한 조사 결과이며, 측정 대상 기관의 모든 업무를 대상으로 한 것은 아님.
* 조사 대상 기관: 총 627개 기관, 총 2,495개 업무, 총 24만 2,897명(민원인/공직자, 측정 대상 기관 소속직원, 학자, 출입기자, 국회보좌관, 시민단체, 산하기관, 직능단체 관계자 등)

찰청, 경찰청, 법무부가 오히려 최하 등급을 받아 '중이 제 머리 못 깎는다'는 안타까운 메시지를 담고 있었다. 다행히 이 데이터를 접한 B의 기상은 더 높아졌다. 때론 꿈을 좇을 때 '그러므로' 유형의 이유보다 '그럼에도' 유형의 이유가 더 강력한 동기를 부여해주기 때문이었을 듯한데, 이 데이터를 보고 '그럼에도' 유형의 이유까지 가졌다는 것은 큰 행운일 것이다. 참고로 국민권익위원회가 2018년 11월부터 2017년 10월까지 270개 공공기관을 대상으로 실시한 '2019년도 부패방지 시책평가' 결과 발표에서도 검찰청은 2012년 당시보다 조금은 개선됐지만 그럼에도 여전히 '미흡'에 해당하는 4등급을 받았다. 그리고 B는 잘나가는 변호사가 되었다.

정보의 양이 증가할수록 더 경계해야 할 유형의 거짓말은 사실성에 오류가 있는 '명백한 거짓말'보다는 충분성이 부족한 '침묵형 거짓말'이다. 침묵형 거짓말이 더욱 일상적이고 그럴싸하기 때문이기도 하지만, 정보가 늘어갈수록 더 골고루 파악해야 하는 수고가 늘어 충분성을 간과하기 쉽기 때문이다. 이를 극복하려면 침묵의 가능성에 대해 의구심을 품는 습관을 들이고, 그 내용을 명명백백 밝히는 다양한 관점으로 스스로를 무장하는 수밖에 없다. 그런 무장에 힘을 더해주는 것이 데이터의 역할인 것이다.

지금은 수많은 데이터가 매일같이 생산되는 세상이다. 그렇기에 누군가 사실성에 근거를

데이터는 침묵형 거짓말을 검증하는 거짓말 탐지기다.

둔 특정 데이터를 지나치게 강조한다면, 그와 반대되는 주장도 지지할 수 있는 다른 데이터가 있을 가능성이 높다. 데이터를 이용한 기만은 데이터를 통해서만 효과적으로 무력화할 수 있다. 만약 여러분이 무언가를 결정해야 한다면 그 결정 내용을 상반된 방향으로 지지하는 데이터를 찾아보는 습관을 갖자. 두 데이터 중 하나는 반드시 거짓말 탐지기의 역할을 해줄 것이다.

데이터와 설득력, 그리고 동기부여

누군가를 설득한다는 것은 나의 인식과 판단을 상대에게 이식하는 과정이라는 점에서 매력적인 일이다. 그런 만큼 인식과 판단은 설득과 떼려야 뗄 수 없는 관계에 있다.

설득이라는 난이도 높은 행위가 효과적으로 이뤄지는 데는 크게 두 가지 요건이 필요하다. 하나는 '명확한 조준', 즉 설득 지점을 잡아내는 과정이다. 상대 주장에 있는 논리적 허점을 찾아내거나 상대가 나의 주장을 받아들이는 데 가장 거부감을 보이는 지점을 잡아내는 것을 핵심으로 한다. 이어 설득은 상대의 심리적 저항감을 최소화할 수 있는 객관적 근거를 그 명확한 조준 지점에 퍼부음으로써 마무리되는데, 이것이 '충분한 화력'이라 불리는 두 번째 요건이다. 이때 명확한 조준에는 상대 주장의 논리적 허점을 찾아내는 동물적 감각이, 충분한 화력에는 데이터가 환상의 콤비를 이루며 큰 역할을 해낸다. 이들 콤비 앞에서 상대는 다음처럼 생각하게 된다.

'나는 너에게 설득되는 게 아니라, 네가 전달한 사실을 받아들이는 거야.'

이렇게 이내 뜻을 같이하는 반응을 이끌어내는 것이 데이터를 통한, 상처주지 않는 설득의 핵심이다.

설득을 넘어 동기부여를 시키는 것은 더더욱 매력적인, 그리고 데이터로 할 수 있는 가장 고귀한 일이라는 게 내 생각이다. 설득은 특정 사안에 대한 상대의 판단을 바꾸는 것이지만 동기부여는 삶에 대한 자세를 바꾸는 일이기 때문이다. 최근에는 데이터의 투명성을 통해 조직의 자발성을 촉발, 유지, 발전시키는 경영 기법들이 상당히 많이 소개되고 있다. 자발성은 업무 몰입의 원천이기 때문에 기업경쟁력과 직결되고, 특히나 최근처럼 지식노동자의 역할이 점차 중요해지는 디지털 대전환의 시대에는 더욱 그렇다. 여기에서는 데이터 투명성이 동기부여에 기여하는 방법과 과정에 대해 알아보자.

조준점을 명확히

동물적 감각은 경험, 믿음 등이 응집되어 나타난 사고력의 총체다. 경험과 믿음이 바탕에 있기 때문에 상당히 주관적이지만, 통찰을 기반으로 하니 매우 빠르고 응축적이라는 특징이 있다. 이런 직관은 상대에게 메시지를 효과w적으로 전달할 때, 또는 상대의 메시지를 비판적으로 받아들일 때 그것의 강점과 약점을 감지해내는 레이더 역할을 한다. 저격수의 감각과도 같은 것이다.

철학자 볼테르(Voltaire)는 "신(神)은 많은 병력의 편이 아닌, 정확한 사수의 편에 선다"라 했다. 전쟁과도 같은 비즈니스 현장에서는 '내가 맞으면 당신이 틀리고, 당신이 맞으면 내가 틀리는' 이분법적 상황이 어쩔 수 없이 많이 발생한다. 이럴 때 정확한 저격수가 갖는 힘은 설득을 통한 비즈니스의 전쟁터에서도 똑같이 중요하다. 이런 저격수식 설득이 가능한 이유는 바로 상대가 전개한 논리 구조의 맥을 정확히 공략할 수 있기 때문이다.

그럼 그 맥은 어떻게 형성되는 걸까? 세상의 모든 주장들은 그 근거를 동반해야 한다. 근거가 필요 없는 주장은 단 두 종류, 믿음에 근거를 둔 종교적 교리거나 억지 주장이다. 그 외의 모든 주장 및 그것을 지지하는 근거의 아래에는 보이지 않는 전제, 즉 가정(assumption)이 존재한다. 이런 방식으로 설득은 가정, 근거, 주장의 내용(메시지)을 기본 요소로 하고, 훌륭한 설득일수록 이 세 요소가 서로 견고히 지지한다는 특징을 띤다. 또 논리의 맥이라는 것은 곧 이 세 요소들의 관계를 지칭하고, 이 맥이 저격수에게는 조준점이 된다.

그럼 이와 같은 메시지 피라미드상에는 어떤 조준점이 있을 수 있는지 살펴보자. 이 조준점을 잘 알아야 효율적이고 효과적인 설득도 가능해진다. 비즈니스 현장에는 간혹 조준점에 대한 이해 없이 무작정 토론을 진행해 대화에 참여한 모두를 지치게 만드는 사람들이 있는

데, 비유하자면 이들은 무기도 작전도 없이 무턱대고 적진에 뛰어드는 병사와도 같다.

일반적인 메시지 피라미드에는 직관이 조준할 수 있는 지점이 총 네 개 정도 있다. 각 위치는 서로 다르지만, 이 조준점들은 궁극적으로 메시지를 강화 혹은 무력화하기 위해 존재한다는 공통점을 갖는다.

첫 번째 조준점 A는 가정과 근거의 맥을 차단하는 지점으로, 주장하는 메시지와 근거의 관계(C)가 견고하다고 자부할수록 놓치기 쉽다. 조준점 B에서 중요하게 살펴봐야 할 것은 근거의 사실성과 연관성이다. 앞서 이야기했다시피 메시지는 근거라는 기반 위에 존재하기 때문

일반적인 메시지 피라미드

주장
(Message)

근거
(Supportive Information)

가정
(Assumption)

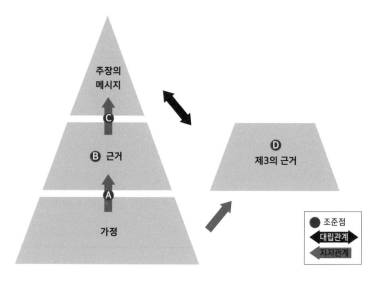

메시지 피라미드상에서 메시지, 근거, 가정이 갖는 상호 관계는 설득과 비판을 위해 중요한 직관의 조준점이 된다.

에 근거의 무력화는 곧 메시지의 무력화를 의미하고, 이는 해당 근거 가 온전한 근거로서 갖춰야 할 덕목과 깊은 연관이 있다. 마지막 조준 점 D는 충분성과 관련된 지점인데, 메시지 피라미드에서는 충분성이 란 요소가 겉으로 드러나지 않기 때문에 이 지점을 포착하기가 쉽지 않다. 설득하려는 사람 입장에선 자기도 모르게 무리한 가정을 근거 로 삼고 있는 건 아닌지, 또는 자신의 주장과 동일한 가정에 기반하고 있으나 혹 자신이 제시한 근거와 충돌하는 근거가 존재하진 않는지를 항상 챙겨야 한다. 상대의 근거와 제3의 근거 간에 옳고 그름이 무 자 르듯 명확히 갈리지 않아 더욱 난해한 경우도 있다. 이 사실성, 연관성,

충분성에 대해 잘 설명해줄 사례를 보자.

2011년 여름, 하늘에 구멍이 뚫린 듯 비가 쏟아졌다. 계속된 강우로 결국 서울 우면산에서는 산사태가 일어나 열여섯 명이 목숨을 잃고 말았다. 좀체 볼 수 없었던 서울 도심 지역 산사태의 책임 소재를 두고 즉각 논쟁이 일었다. 공방의 핵심은 '우면산 산사태는 천재(天災)인가, 인재(人災)인가'였다. 서울시는 조사단을 꾸려 2011년 9월에 조사 결과를 발표했지만 이에 대해 시민사회는 부실 조사라며 거세게 비판했다. 비판을 무시할 수 없었던 서울시는 제2차 조사단을 꾸려 1년여가 흐른 2012년 11월에 재조사 결과를 발표했다. 2차 조사단은 당시 기상청 남현관측소에서 120년 만에 시간당 강우량 114밀리미터의 폭우가 기록되었으며, 이는 산사태가 천재임을 밝혀주는 대표적 근거라고 주장했다.

이를 메시지 피라미드로는 다음과 같이 나타낼 수 있다. 근거에 등장한 '120년 만'이라는 표현이 더할 나위 없이 설득력 있어서인지 이 피라미드는 매우 견고해 보인다. 하지만 이런 메시지 구조에 대해 당시 서울시의회 도시안전위원회 소속 김연선 의원은 세 가지 점을 반박하고 나섰다.

첫째, 사고 당시 하루 강우량은 230밀리미터로 2006년과 2010년에 최대치로 기록된 하루 강우량보다 적었지만 조사단은 이를 묵살하고 의도적으로 '시간당 강우량 114밀리미터'만을 부각시켰다. 기상청 자료에 따르면 지난 40년간 서울에서 하루 강우량이 150밀리미터를 넘

우면산 사태에 대한 서울시 조사단의 메시지 피라미드

우면산
사태는
천재(天災)다.

산사태 당일
120년 만에 시간당
강우량 114mm의
폭우가 기록되었다.

폭우가 내리면
산사태의 위험은 높아진다.

은 경우는 모두 열 번이다. 산사태주의보 발령과 관련해 하루 강우량도 중요한 지표인데 이를 간과했다는 게 김 의원의 주장이었다.

둘째, 조사단이 발표한 기록적인 '시간당 폭우 114밀리미터'는 사고 당일 오전 7시 40분부터 8시 40분까지 기록된 강우량이다. 하지만 시간당 강우량은 1시간 단위로 조사되기 때문에 이 시간대의 임의지정 기록은 신뢰할 수 없으며 이 과정에서 강우량이 과다 계산됐을 것이라는 중요 지점을 김 의원은 조준했다. 또한 기상청 강우량 기록에 따르면 오전 8시부터 9시까지 남현관측소에는 80.5밀리미터의 비가 내렸다고 한다. 이어 김 의원은 남현관측소가 2010년에 생겼으니 '120년 만의 폭우'라는 결론을 내릴 수 없다는 점을 마지막으로 지적하며, 이상의 세 가지 점에서 왜곡된 강우량을 기반으로 하여 우면산 산사태가 천재라는 잘못된 결론에 도달하게 됐다고 주장했다. 조사단의 근

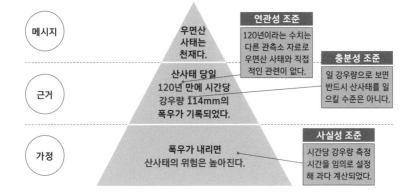

서울시의 메시지에 대한 세가지 조준점

메시지 — 우면산 사태는 천재다.

연관성 조준
120년이라는 수치는 다른 관측소 자료로 우면산 사태와 직접적인 관련이 없다.

근거 — 산사태 당일 120년 만에 시간당 강우량 114mm의 폭우가 기록되었다.

충분성 조준
일 강우량으로 보면 반드시 산사태를 일으킬 수준은 아니다.

가정 — 폭우가 내리면 산사태의 위험은 높아진다.

사실성 조준
시간당 강우량 측정 시간을 임의로 설정해 과다 계산되었다.

거를 공격함으로써 메시지 약화를 시도한 것이다.

이런 세 가지 반박은 우리가 논의하던 근거의 사실성, 연관성, 충분성을 잘 보여준다. 첫째는 산사태를 일으키는 폭우의 기준을 공략한 예로, 하루 강우량의 관점에서 보면 사고 당일에 내린 비는 산사태를 일으킬 만한 폭우가 아닐 수 있다는 게 핵심이었다. 동일한 가정하에서 제시될 수 있는 제3의 반대 근거를 내놓은 이 반박은 서울시의 메시지를 측면에서 흔들었다. 즉, 서울시가 내놓은 근거가 충분하지 못함을 지적한 것이다. 또한 둘째 반박은 과다 계산에 의한 근거의 사실성 부족, 셋째 반박은 120년이라는 수치는 다른 관측소의 자료이며 우면산 사태와 직접적인 관련이 없음을 조준했다. 이런 합리적이고 적절한 조준들 때문인지, 우면산 사태 관련 진상조사를 펼치던 서울시 산하 서울연구원은 2013년 3월 최종 보고서에서 '이번 사태는 온전히 천재만은 아니'라는 취지의 결론을 발표했다. 저격이 성공한 것이다.

조준점을 포착하는 것은 분명 사고력의 영역이다. 하지만 설득과 비판에 사용되는 감각은 절대 막연한 개념이 아니다. 적어도 나와 상대의 메시지를 이런 피라미드처럼 적절히 재구성할 수 있다면 연관성, 충분성, 사실성에 따라 자유롭게 조준해볼 수 있기 때문이다.

화력은 충분히

자, 다시 데이터 이야기로 돌아오자. 저격수가 갖고 있는 총의 화력이 충분하지 않다면 어떻게 될까? 아무리 훌륭한 조준 실력을 자랑한대도 저격수라 불리긴 힘들 것이다. 그럼 메시지 전달 과정에서 '충분한 화력'이란 무엇을 의미하는 것일까? 그것은 바로 설득하는 힘이다. 설득의 방향을 결정하는 것이 조준이었다면, 실제 설득을 이뤄내는가의 여부는 근거 데이터의 힘에 좌우된다. 그만큼 설득이 성공할 가능성은 얼마나 설득력 있는 증거를 가지고 있느냐는 문제와 직결되어 있다.

메시지를 지지하기 위한 근거의 종류는 감성적인 호소부터 표준화된 데이터에 이르기까지 매우 다양한데 일반적으로 후자에 가까울수록 더 높은 설득력을 갖는다. 표준화될수록 구체적, 체계적, 객관적 정보라는 인상을 주고, 정성적(定性的)인 정보가 정량화되려면 실제로 구체성, 체계성, 객관성이 일정 수준 이상 확보되어야만 하기 때문이다.

그렇다면 그런 인상은 어떤 때에 쓸모 있을까? 결론부터 말하자면 '생각의 관성을 바꿀 때'다. 생각의 관성이란 믿고 있던 것은 계속 믿으려 하고 한 번 믿지 않던 것은 계속 믿지 않으려는 성질을 말한다. 정도의 차이만 있을 뿐 우리 모두는 생각의 관성을 가지고 있다. 결국 설득력의 실체는 그 관성의 방향을 바꿔놓는 것을 말하며, 화력이 강할수록 새로운 관성 방향은 원래의 것과 멀리 떨어지게 된다.

좌측 이미지는 먼지벌레붙이 유충(밀웜, mealworm)을 확대해서 찍은 사진이다. 특별히 곤충을 사랑하는 사람이 아니라면 대개의 사람들은 역겹다는 느낌을 받을 것이다. 그리고 우측 이미지는 한 네덜란드 여성이 그 유충을 시식, 그것도 정성스레 쿠키로 만들어 먹는 장면을 포착한 사진이다. 이 두 사진에서 드러나는, 벌레에 대한 생각의 차이는 대체 얼마나 멀리 떨어져 있을까? 곤충에 대한 우리의 관성을 쿠키로 옮기는 데는 도대체 얼마나 강한 화력이 필요할까?

만약 저 쿠키가 최근 유엔이 권장하는 단백질 섭취 방식이라면 이는 생각의 전환에 충분한 사실이 될까? 2013년 유엔식량농업기구

먼지벌레붙이의 유충인 밀웜(좌)과 밀웜 쿠키(우)를 시식하는 장면

인간이 먹을 수 있는 1kg을 생산하기 위해 필요한 사료의 무게(kg)

동물의 몸 중 인간이 먹을 비중(%)

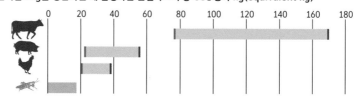

단백질 1kg을 생산하는 데 발생하는 온실가스의 양 CO_2 등가 kg(equivalent kg)

(FAO)에서 발표한 공식 보고서는 인류의 식량 확보 전략에서 먼지벌레붙이 유충을 비롯한 여타 곤충이 갖는 중요성을 무척 높이 평가할 뿐 아니라 심지어 그 곤충들을 대체식품으로 섭취하는 것을 적극 권장하기까지 한다. 도대체 왜일까? 그 보고서에 제시된 이유를 요약하면, 곤충은 인간의 몸에서 식용으로 활용될 수 있는 비중이 소 또는 닭의 경우보다 압도적으로 높아 동일한 양의 단백질을 생산하는 데 훨씬 효율적이다. 또한 사육 과정에서 발생하는 이산화탄소도 적기 때문에 곤충은 단순한 식량 자원을 넘어 '지속 가능한 식량 자원'으로까지 칭송받고 있다. 실제로 전 세계 인구의 무려 30%가 이미 오래전부

터 곤충을 섭취해왔다고 한다. 그러고 보니 우리가 어렸을 때부터 간식으로 즐겼던 번데기도 곤충이지 않은가. 이렇게도 장점이 많다 하니, 게다가 유엔에서 발표한 데이터니 아무리 곤충의 모양새가 역겹다 한들 살짝 마음이 흔들리는 게 사실이다.

2020년 현재 우리나라에서도 큰 변화가 일고 있다. 식품의약품안 전처와 농촌진흥청은 2020년 1월 탈지분말 형태의 아메리카왕거저리 (슈퍼밀웜, super mealworm) 유충을 식품원료로 공식 인정한다고 밝혔다. 식약처는 이미 백강잠·식용누에(번데기)·메뚜기에 이어 2014년 갈색거저리 유충·흰점박이꽃무지 유충, 2015년 장수풍뎅이 유충, 쌍별귀뚜라미를 식용 곤충으로 인정한 바 있으니 아메리카왕거저리 유충은 식품원료로 인정받은 여덟 번째 곤충이 된 셈이다. 이와 관련해 농업진흥청은 "아메리카왕거저리 유충이 식품원료로 추가돼 곤충사육농가의 소득 증대와 곤충식품산업 활성화에 도움이 되길 바란다"며 "새로운 소재에 대한 연구를 지속적으로 수행해 국내 곤충자원 활용과 식품산업 활성화에 기여할 것"이라는 기대도 나타냈다.

이렇게 데이터는 이렇게 생각의 관성에 변화를 주는 데 아주 특별한 능력을 발휘한다. 혹시 앞서 나온 벌레 이미지가 여전히 떠올라 이결론에 동의할 수 없다면, 좀 더 전문적인 방법으로 데이터 활용을 시도한 사례를 살펴보자.

2011년 다트머스대의 브렌던 나이한(Brendan Nyhan)과 조지아주립대의 제이슨 리플러(Jason Reifler)는 매우 재미있는 실험 결과를 발표했다. 보고서 제목은 '정치적 견해 바꿔보기'로, 실험 대상자들이 특정 정치 이슈에 대한 견해를 바꿀 때 설득 방식이 어떤 영향을 미치는지를 알아본 것이다. 설득 방식은 피험자들에게 특정 주제에 대해 생각을 바꿀 수 있는 새로운 근거를 제시했는가의 여부로 구분되었다. 피험자들은 '이라크 지역에 대한 병력 증파가 과연 올바른 판단이었는가'라는, 실험 기획 당시 미국 사회에서 정치적으로 가장 첨예했던 질문을 받았다.

"병력 증파가 이라크 내 반미 세력의 미군 공격을 저지하는 데 효과적이었다는 사실을 믿습니까?"

피험자들에게는 이라크 반군의 주간 공격 횟수 그래프가 근거 데이터로 제시되었다. 병력 증파 이후 미군에 대한 공격이 현격히 줄었음을 명확하게 확인할 수 있는 데이터였다.

결과는 생각보다 흥미로웠다. 이라크에서의 미군 철수에 이전부터 반대해왔던 실험 대상자들은 기존 입장에 큰 변화가 없었다. 본래 자신의 정치적 신념과 일치하는 자료였기 때문이다. 그와 달리 중립적 입장 혹은 철수에 찬성하는 입장이었던 대상자들은 데이터를 본 후 대부분 기존 입장에서 변화를 보였다. 생각이 움직인 것이다.

누구나 적절한 근거를 접하면 생각을 바꿀 여지가 있다. 하지만 내가 원하는 수준만큼 상대를 바꿔놓으려면 보다 객관적이고 보다 구체적이며 보다 체계적으로 보이는 도구가 필요하고, 그것이 바로 데이터다. '한 장의 데이터는 천 마디 말보다 강하다'도 이를 배경으로 등장

이라크 반군의 주간 공격 횟수

파병 규모 확대 시점

공격 회수

0
500
1000
1500

2004 2005 2006 2007 2008

날짜

출처: 이라크 내 다국적군 발표 자료

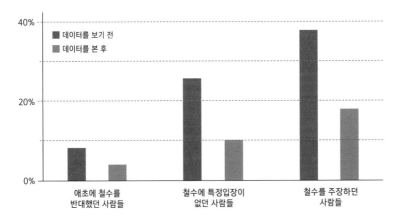

병력 증파와 미군에 대한 공격이 관련이 없다고 믿는 사람의 비중

■ 데이터를 보기 전
■ 데이터를 본 후

0%
20%
40%

애초에 철수를
반대했던 사람들

철수에 특정입장이
없던 사람들

철수를 주장하던
사람들

데이터는 편견과 고정관념을
깨부수는 대포다.

한 표현이다. 계산 없이 발사된 1만 발의 화살보다는 적당히 조준된 1,000발의 화살이 효과적이지만, 비즈니스 전쟁터에서는 이것도 너무 많다. 그 전쟁터에서 진정으로 필요한 것은 정밀하게 조준되고 위력까지 갖춘 단 한 발이니 말이다. 데이터는 근거의 사실성을 극대화하고, 이것이 바로 데이터가 갖는 화력의 핵심이다. 직관에 따른 조준, 데이터가 뒷받침해주는 화력과 함께한다면 늘 이길 수 있다.

동기를 부여하는 만보기

구글, 교세라(Kyocera), 넷플릭스(Netflix), 자포스(Zappos), 모닝스타(Morning Star) 등 자발성을 경영 체계의 강점으로 만든 기업들의 공통점은 무엇일까? 이 질문에 대한 답은 데이터가 가진 마지막 힘과 관련이 깊다. 정답은 경영 데이터의 투명성(transparency)이다. 이런 회사들은 사업목표 및 실적, 인사, 시장 및 경쟁사 등과 관련한 다양한 정보가 데이터로 구축되어 있고, 보안 문제에 저촉되지 않는 범위에서 구성원들에게 최대한 세심히 공유한다. 그런데 만약 이런 정보들이 지나치게 많이 노출된다면 어떤 상황이 벌어질까? 바로 자발성이 생겨난다.

1장에서 잠깐 언급했듯 '데이터 투명성을 통해 자발성과 몰입 수준을 관리한다'는 기본 원리는 2020년 현재 홀라크라시[Holacracy, 관리자 직급을 없애 상하 위계질서에 의한 의사 전달이 아닌 구성원 모두가 동등한 위치에서 업무를 수행하는 제도(참고: 네이버 시사상식사전)]형 경영체계를 가진 모든 기업의 핵심 공통 사항이다. 그중 가장 검증된 모델로 평가받는 것은 일본 교세라 그룹의 아메바 경영 기법이다. 이나모리 가즈오(稻盛和夫) 교세라 회장과 함께 이 기법을 실무적으로 완성시킨 KCCS 매니지먼트 컨설팅(KCCS Management Consulting)의 모리타 나오유키(森田直行) 회장은 이 독특한 원리에 대해 다음과 같이 말했다.

"아메바(소단위 관리조직)를 구성하는 리더와 멤버들은 자신들의 수치를 보면서 계획 → 실행 → 점검 → 조치의 사이클을 반복해나가며, 목표를 달성하기 위해 여러 창의적인 생각을 스스로 해냅니다. 그리고 그렇게 노력한 결과는 즉각 자신들의 수치로 나타나죠. 이것이 바로 아메바 경영 기업의 키포인트입니다. 아마도 자신에 관한 수치를 보면 무의식적으로 조금이라도 좋게 만들기 위해 개선 방법을 생각하기 시작하는 습성이 인간에겐 있는 것 같습니다."

이 말은 데이터 투명성이 어떻게 인간의 본성을 자극하고 현장의 생산성을 끌어올리는지를 적나라하게 설명해준다. 그런데 데이터는 어떻게 한 기업의 혁신문화에 기여하고 시장을 연쇄적으로 압도하게 만드는 걸까?

4차 산업혁명으로 대두되는 경영환경의 핵심은 바로 '빠른 변화'다(이 개념을 체감하지 못하면 사실 지금부터의 설명이 잘 와 닿지 않을 수 있다).

이제 기업은 그 어떤 때보다도 빠른 경영 및 사업환경의 변화를 느끼고, 그래서 고객의 마음을 압도하는 사업전략을 구상하는 것이 점점 더 어려워지고 있다. 이런 상황에서 사업전략의 목적이 '고객의 마음을 뺏는 것'이라면 경영전략의 목적은 '임직원의 마음을 뺏는 것', 당한다. 즉 임직원들에게 동기를 부여하는 것이다. 동기부여는 몰입을 낳고, 몰입은 다시 혁신 제품을 낳기 때문에 기업들은 최근 다양한 수단을 동원해 임직원을 위한 동기부여 방안을 구상 중이다. 그리고 그 안에는 '데이터를 통한 관리'라는 키워드가 담겨 있다. 이 키워드를 구성하는 핵심 개념들을 다음의 그림과 글에서 좀 더 자세히 살펴보자.

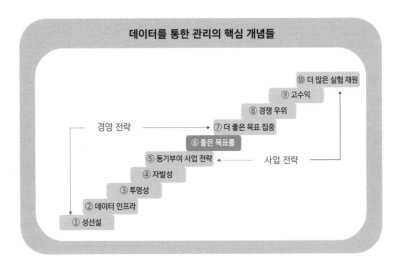

데이터를 통한 관리의 핵심 개념들

⑩더 많은 실험 재원 및 ⑨고수익

변화무쌍한 환경에 더욱 적합한 상품과 서비스를 선보일 수 있는 유일한 방법은 시장이 변하는 것보다 더 많은 변화를 내부적으로 시뮬레이션 해보는 것, 즉 수많은 실험을 거듭하는 것이다. 하지만 실험에는 분명 비용이 수반되기에, 시장보다 더 많은 실험을 하는 데 중요한 요소는 더 많은 실험 재원(또는 재투자 재원)의 확보다. 최근 IT 업계의 공룡기업들이 지속적인 혁신 에너지를 만들어내는 것 역시 이 원칙 때문이다. 한 번 성공한 서비스는 시간이 갈수록 고수익을 담보해주고, 그 수익은 고스란히 더 많은 실험 재원을 보장해준다는 것을 그들은 알고 있는 것이다. 역으로 말하자면 이 고리(loop)를 한 번 놓친 기업은 그러한 기업들의 아성을 깨기가 점점 더 어려워진다는 뜻도 되겠다.

⑧경쟁 우위 및 ⑦더 좋은 목표 집중

비슷한 제품을 판매해도 보다 큰 수익을 내려면 시장을 압도하는 제품이나 서비스를 제공해야 한다. 간단한 얘기지만 사실 기업 입장에서 가장 어려운 부분이 이것이다. 어떻게 하면 시장을 압도할 수 있을까? 구글이나 아마존 같은 유수의 해외 기업들은 어떻게 늘 시장을 압도하는 성과를 내놓는 걸까? 정답은 간단하다. 회사의 경영진은 직원들이 상향식(bottom-up)으로 올린 수많은 목표 중 더 좋은 것을 선별하는 데 집중하기만 하면 된다. 위에서 목표를 세운 뒤 밑으로 전달하는 하향식(top-down) 목표 설정에 익숙한 우리에게는 생소할 수 있지만, 소수의 번뜩이는 아이디어보다 다수의 검증된 아이디어가 시장 변화에 확률적으로 더욱 가까울 수밖에 없음을 인정한다면 상향식 목표 설정은 매우 당연한 일이 된다. 즉, 회사는 좋은 선구안만 가지면 되는 것이다.

⑥좋은 목표 및 ⑤동기부여

상향식 목표 설정이라는 방식에 익숙한 회사는 아직 많지 않겠지만 이 부분은 반드시 이뤄져야 한다. 미래의 좋은 회사가 될 첫 번째 조건은 바로 '좋은 목표가 많이 유통되는 회사'일 것이기 때문이다. 좋은 목표는 누군가의 강한 몰입과 동기부여에 의해 담금질된 것이니, 좋은 목표가 많다는 것은 그 회사의 임직원들이 신나게 일하고 있다는 증거다. 구성원들이 신나게 일하는 회사는 순간적으로 자금이 부족한 시기가 도래해도 반드시 역전의 기회를 갖게 된다. 그리고 그런 종류의 역전은 큰 성공과 함께 오는 경우를 우린 이미 많이 봐왔다.

④자발성 및 ③투명성

자발적으로 수립한 목표는 좋은 목표다. 순도가 높고 진정성이 담겨 있어 내용적으로도 우수하고 실행 가능성도 높기 때문이다. 물론 파격적인 보상이나 승진 약속 등을 통해 임직원의 자발성을 간혹 인위적으로 만들어낼 수는 있다. 하지만 경영은 늘 연속성 있는 체계여야 함을 고려해보면 이런 방식은 그리 오래가지 않을 가능성이 매우 높다.

A와 B라는 두 사람이 모두 자발적으로 세운 목표를 보유 중인 상황을 가정해보자. 회사는 자원의 한계 때문에 둘 중 한 명의 목표에만 지원이 가능한데, 그렇다면 어떻게 해야 선택되지 않은 한 명의 자발성을 훼손하지 않으면서도 선택과 집중을 할 수 있을까? 대한민국은 이 질문에 답하는 데 그리 익숙하지 않다. 자발성이라는 표현에도 익숙하지 않지만 누군가를 낙담시키지 않으면서도 다른 누군가를 치켜세우는 운영 원리를 경험해본 적이 없기 때문이다.

이 질문에 대한 답을 얻는 데 데이터는 비상한 역할을 담당한다. 데이터를 통한 관리의 정수는 '투명성으로 자발성을 관리하는 것'이기 때문이다.

②데이터 인프라 및 ①성선설

목표를 가진 사람들은 대부분 자존감이 높고 눈치가 빠르며 자신의 명예를 상당히 중시하는 경향이 있다. 그렇기 때문에 자신이 가진 목표들, 그리고 그것들이 달성되어가는 상황만 모두에게 잘 보여줘도 상당한 긴장감을 유지할 수 있다. 이런 상황에서 회사가 특정 목표의 흠결을 지적하기보단 원활히 진행 중인 목표를 지속적으로 칭찬해주면 언급되지 못한 사람들은 묘한 분함을 느끼게 된다. 다만 이때의 분함은 누군가를 탓하는 것이 아니라 자신도 더 잘해내고 말겠다는 분발 형태의 긍정적 에너지로 증폭된다. 목표 지향적인 이들에게 가장 두려운 것은 자신이 잊히는 상황이기 때문이다.

이렇게 투명성을 통한 자발성을 적절히 관리하려면 데이터를 잘 쌓고 보여주는 데이터 인프라가 잘 갖춰져야 한다. 바로 이 지점에서 비로소 정보 관리가 필요해진다. 다른 방식으로 말하자면, 데이터 관리는 구성원들을 어떤 방향으로 동기부여시킬지가 정해진 이후에나 온전한 필요성을 갖게 되는 것이다.

물론 아무리 좋은 데이터 인프라가 갖춰진 상태라 해도 투명성을 통해 구성원들에게 자발성과 몰입을 갖게끔 하는 데는 경영진의 인내가 필요하다. 하지만 결국 이 문제는 '사람은 기회와 자원을 주면 좋은 목표를 세우고, 그렇게 스스로 세운 목표는 비록 시간이 걸린다 해도 성과를 거둔다'는 선한 믿음에 기초하고 있다. 그리고 이 놀라운 믿음의 시작과 유지는 물론 증폭까지도 적절한 데이터 투명성으로 이뤄질 수 있는 것이다. 마치 하루에 1만 보를 걷겠다는 어려운 목표를 꾸준히 유지시켜주는 만보기처럼 말이다.

본능적으로 가져야 할 11가지 질문

자신의 메시지를 전달하고 상대의 메시지를 비판적으로 받아들이는 감각을 꼼꼼히 발휘하고 싶다면 다음 표에 정리된 질문들을 참고해보자.

이런 구조적이고 꼼꼼한 짚어보기의 중요성은 1,000번을 강조해도 부족하다. 그러나 혹시나 하는 마음에 작은 에피소드로 한 번 더 강조해보고자 한다.

2000년 대 초 국내 모 지자체는 고민에 휩싸였다. 해당 지자체 안에는 우리나라에서 내로라하는 대형 놀이시설이 수십 년간 자리하고 있었다. 엄청난 규모의 지역 일자리, 세수, 그리고 유입 인구 등의 면에서 이 놀이시설이 가지는 의미는 대단했다. 문제는 이 시설 부지의 주인이 해당 놀이시설이 아닌 지자체라는 데 있었다. 다시 말해 지자체의 땅을 그간 놀이시설이 빌려서 사용해왔던 것이다.

그러던 중 부지 대여 갱신 기간이 도래했다. 지자체는 놀이시설에 한 번 더 땅을 빌려줄지, 아니면 놀이시설을 내보내고 그곳을 전혀 다른 장소로 꾸밀지를 결정해야 하는 상황에 맞닥뜨린 것이다. 참고로 해당 부지의 규모와 부동산적 가치는 충분히 컸고, 공공 영역과 관련된 의사결정이 으레 그렇듯 이 사안 역시 논리적 접근뿐 아니라 지자체 주민들의 의견도 충분히 반영되어야 했다. 그리고 설문조사는 그런 반영을 위한 중요 도구이기 때문에 지자체는 지역민들을 대상으로 하는 조사를 실시하기로 했다.

혹시 이 맥락에서 지자체장의 고민이 짐작되는지 모르겠다. 경제적 측면만 보자면 놀이시설에 다시 땅을 임대해주는 것이 당연하지만, 설문조사에서 덜컥 다른 대안이 1등을 차지한다면 매우 난감한 상황이 될 것이기 때문이었다. 한 번 진행된 설문 결과는 외부자문단도 같이 지켜보기 때문에 결과를 조작한다는 건 꿈에도 생각할 수 없었다.

그러던 중 우려했던 것이 데이터로 드러나버렸다. 대규모 설문조사

전에는 으레 사전조사라는 것을 실시한다. 설문 문항의 과학적 완결성을 점검하고 설문 결과를 예측하기 위한 목적에서다. 그런데 지자체가 진행한 사전조사의 결론은 '놀이시설보다는 녹지 공원의 조성을 원한다'였다. 주민들 입장에서 보면 당연해 보일 수 있는 결론이었다. 하지만 지자체의 입장에서의 녹지는 세수의 원천도 아니고 일자리를 창출해주지도 못한다. 그럼에도 '조사결과 1위는 녹지 조성이었지만 이는 주민들의 제한된 결론일 뿐이니 현재의 놀이시설을 앞으로도 유지한다'고 결정할 수는 없는 노릇이었다.

물론 녹지가 1위에 올랐다 해서 곧장 놀이시설을 철거하고 해당 부지를 녹지로 바꾼다는 것도 현실적인 이야기는 아니다. 않다. 한 번의 설문으로 대규모 투자 계획이 뒤집히는 것 자체가 지나치게 현실성이 없고, 만약 지역민들에게 '1차 설문조사대로 해당 놀이시설을 철거하고 녹지 공간으로 바꾸는 것에 동의하십니까?'라고 단도직입적으로 설문한다면 '아뇨. 녹지 조성을 그렇게까지 원하는 건 아닙니다.'라는 결과가 나올 수 있기 때문이었다.

이 상황의 본질은 개인 관점의 편익을 추구하는 주민들과 지자체의 성장을 고민해야 하는 지자체의 입장이 다른 경우 어떻게 형식적 조화로움을 만들어내는가다. 놀이시설 때문에 교통체증과 소음이 발생하는 것은 사실이지만, 그곳에서 나오는 세금이 지자체 발전을 위해 곳곳에서 여러 방식으로 쓰인다는 것 역시 사실이다. 다만 불편함은 모두 개인화되지만 그 세금으로 혜택을 보는 사람들은 일부분이고, 그

일부 사람들도 자신들이 받는 혜택의 원천이 놀이시설 세금이라는 것은 알 도리가 없다는 면이 있었다. 그렇다 해서 '여러분이 지금 받고 있는 혜택은 ○○ 놀이시설 덕분이랍니다'라는 어색한 홍보를 할 수도 없고 말이다.

자, 이런 상황에서 여러분이라면 어떻게 이 문제를 해결하겠는가? 이를 해결하기 위해 고용된 설문 전문가들은 다음과 같은 작업을 했다.

첫째, 설문 대상에서 지역 주민들의 비중을 줄이고, 인근 지자체 또는 광역 지자체 주민들의 비중을 늘렸다. 해당 부지를 어떻게 개발하느냐는 현재의 부지 소유자인 광역 지자체 관점의 편익 및 경제적 이득에도 영향을 주기 때문에 설문 대상 범위를 넓히는 게 보다 합리적이라는 논리에서였다. 그런데 여기엔 한 가지 노림수가 있었으니, 광역 지자체 주민의 경우 놀이시설의 경제적 이득과는 무관하지만 교통 체증과 소음 문제를 직접 경험할 일이 없으니 '놀이시설이 옆 동네에 있는 게 좋지.'라는 의식이 작용할 것이라는 점이었다.

둘째, 질문을 다음과 같이 섬세하게 쪼갰다.

- 사전조사 설문 문항
  1) ○○ 지역을 다시 개발하게 된다면 귀하는 다음 중 어떤 방안을 가장 선호하십니까?
- 수정된 설문 문항
  1) ○○ 지역을 다시 개발하게 된다면 귀하는 **개인적 여가 관점**에

구분	상세 질문	사실성	연관성	충분성	메세지 파라미드 조준점
1 수집방법 (collection method)	데이터 질문 방법이 결과에 영향을 미치진 않았을까?	O			B
2 출처 신뢰성 (credibility)	데이터의 출처는 신뢰할 수 있을까?	O			B
3 편향 여부(bias)	작성자의 선입견이 이미 데이터에 반영되진 않았을까?			O	A
4 조작 가능성(truthful)	의도적으로(혹은 의도치 않게) 조작된 것은아닐까?	O			B
5 기초 가정 (assumptions)	이 데이터의 기본적인 가정 중 우리 눈에 안 보이는 것은 무엇일까?	ALL			A
6 추가 정황의 필요성 (context)	이 데이터를 온전히 이해하는 데 꼭 필요한 배경으로는 무엇이 있을까?	ALL			A
7 비교를 위한 추가 데이터 필요성 (comparisons)	이 데이터를 온전히 이해하는 데 꼭 필요한 배경으로는 무엇이 있을까?			O	D
8 제8의 요인 가능성 (causation)	이 주장의 결론에 영향을 줄 만한 제3의 요인에는 어떤 것이 있을까?			O	D
9 유의미성(significance)	이 주장의 결론이 과연 귀 담아 들을만한 가치가 있을까?	ALL			C
10 아웃라이어의 의미 (outliers)	아웃라이어에는 어떤 의미가 담겨 있을까?	O			B
11 연관성(Relevancy)	데이터와 주장의 내용이 정말 관련이 있는 건가?		O		C

서 다음 중 어떤 방안을 가장 선호하십니까?

2) ○○ 지역을 다시 개발하게 된다면 귀하는 **지자체 경제 관점**에서 다음 중 어떤 방안을 가장 선호하십니까?

어떤 노림수인지 짐작이 가는가? 이는 하나의 관점을 둘로 쪼개 두 의견이 팽팽하게 보이게끔 만들려는 의도였다. 즉, '녹지 조성을 원한다'는 의견이 압도적 1위에 오르지 않게 하려는 의도였던 것이다. 두 가지 의견이 팽팽히 대립하면 이후 전문가들의 다양한 경제성 분석이 그 사이에서 캐스팅 보팅 역할을 하며 논란을 종결시킬 것이기 때문이었다.

수정 문항들을 좀 더 자세히 살펴보면, 질문의 순서도 중요함을 알 수 있다. 개인적 여가 관점을 묻는 1번 문항에서 녹지 공간을 선택한 사람은 2번 문항, 즉 지자체 경제 관점에서도 녹지를 선택할 가능성이 거의 없다. 때문에 두 번째 질문에서는 자연스럽게 놀이시설이 압도적으로 높은 비중이 나올 수 있게 한 것이다. 그렇게 이 두 방안은 팽팽해지며 결론을 못 내고 끝난다. 원하는 대로.

이 사례는 앞서 설명한 '꼼꼼히 살펴봐야 하는 11가지 질문' 중 4번, 즉 조작 가능성 면에서 전혀 물의를 일으키지 않았다는 점에 주목해 봐야 한다. 설문조사의 맥락에 대한 설명을 구구절절 듣지 않은 상태에서 설문기획자의 섬세한 의도를 파악해내는 피설문자는 거의 없다. 심지어 겉으로는 더 자세하고 종합적인 설문으로 보이기까지 하니 말이다.

11가지 질문 중 1번(수집 방법), 3번(편향 여부), 6번(추가 정황 필요성) 등이 중요한 이유가 바로 이것이다. 왜 설문 대상에 다른 지자체 주민들이 포함되었는지, 왜 질문의 관점을 구분해서 설문했는지, 설문 전 있었던 사전조사에선 어떤 결과가 나왔는지, 또 사전조사와 비교했을

데이터는 동기부여 상태를
유지시켜 주는 만보기다.

때 질문 내용은 어떻게 바뀌었는지는 정황을 몰라도 눈으로 충분히 확인 가능하기 때문이다.

그렇다 해서 이 에피소드의 결론을 '설문에는 설문기획자의 검은 의도가 작용한다'로 삼고 싶진 않다. 앞서 설명한 대로 설문이라는 행위는 의사결정에 영향을 미치는 많은 요소 중 하나일 뿐이고, 다른 지자체들은 놀이시설과 기업 유치를 위해 기를 쓰고 노력하는 와중에 설문조사가 다른 모든 고려 요소를 무력화시키는 무소불위의 힘을 가졌다고 몰아가는 건 지나치게 순진한 생각이기 때문이다.

다만 진짜 검은 의도를 가지고 데이터를 쥐락펴락하는 사람을 만날 경우는 대비해야 한다. 누군가 재설계된 설문 문항 2번의 결과 데이터만을 근거로 삼아 당신에게 "여론은 놀이시설을 확충해야 한다는 쪽인데 이를 무시하시는 겁니까?"라고 고집스레 주장할 때 그것에 휘말리지 않고, "설문 대상자 범위와 설문 문항 전체를 확인할 수 있을까요?"라고 의연하게 대응할 수는 있어야 하니 말이다.

* * *

꽤 길었던 여정을 일단락해야 할 시점이다. 지금까지 우리는 데이터와 친해지면 왜 좋은지, 그리고 왜 우리가 진지하게 데이터 리터러시를 바라봐야 하는가를 살펴봤다. 독자들도 기억하겠지만 이는 데이터 리터러시에 대해 본격적으로 알아보기 전, 데이터가 가진 힘에 대해 먼저 공감해보기 위함이었다.

데이터의 힘은 다음의 그림과 같이 총 아홉 가지 상징으로 압축된다. 데이터가 분명 기존 활자 체계보다 우리의 인지력, 판단력, 설득력, 동기부여 효과를 극적으로 향상시켜주고 있음을 느낄 수 있을 것이다. 준비운동을 탄탄히 마쳤으니 이제 데이터 리터러시의 세계로 깊이 들어가보자.

데이터는 우리의 인지, 판단, 설득, 동기부여역량을 강화함

	인지력				판단력			설득력	동기부여
	관점이 있는 이해	정도의 차이까지 아는 이해	구조적 이해	상징적 이해	독특적인 판단	불확실성에서의 판단	균형잡힌 판단	강력한 설득	동기부여 관리
상징	창문	자	서치라이트	픽토그램	비밀요원	애견가	거짓말 탐지기	대표	만보기
중요성 배경	세상이 점점 복잡해지자 한번에 이해하기 어려워지고 있음	정도의 차이까지 알아야 가능한 의사결정이 증가하고 있음	다양한 관점을 담은 데이터가 점차 급증하고 있음	모든 정보를 애초 존재하던 형태로 전달하기에는 너무 복잡하고 비효율적임	얼마나 많은 정보를 가졌느냐보다 목적에 맞게 얼마나 효과적으로 활용할 수 있는 가가 더 중요해짐	좋은 판단을 하기 위해 불확실성을 얼마나 잘 통제하느냐가 중요해지고 있음	사실성과 연관성만을 극대화한 채, 충분성과 교묘히 은근히 분석자의 정점 중 가리고 있음	최소한의 노력을 들여 상대방을 설득하는 것이 매우 중요해지고 있음	기업경영환경이 점점 복잡해지고 빨리 변호하고 있어 구성원의 동기부여 관리가 어려워지고 있음
데이터의 본질적 성격	아무리 간단한 데이터로 작성한 당시 작성자의 주관이 반영될 수 있음	정량 데이터는 표준화의 대표적인 경우임	데이터는 복수의 관점을 교차시켜 구조화가 가능함	정량화된 구조화된 데이터는 패턴들을 가질 수 있음	데이터는 읽는 사람의 능력에 따라 숨는 가능한 정보의 양이 다름	데이터는 자료고, 숫자고, 높이고, 줄이는 가공이 가능	세상에는 동일한 사항에 대해서 반대의 결론을 가진 데이터들이 많이 공존함	데이터는 전달하는 내용의 사실성을 부가시킴	데이터는 의미를 담을 수 있는 그릇으로 핵심가치를 측정하고 관리할 수 있음
데이터의 역할	데이터에 담긴 관점을 이용해 세상을 포괄시켜 이해할 수 있음	정량화된 데이터는 정도의 차이까지 이해하는 데 도움이 됨	구조화된 데이터들 사이에서 직접 눈에 보이지 않던 정보를 발굴해 낼 수 있음	복잡한 상황을 단순화하고 상징적으로 쉽게 이해할 수 있음	하나의 데이터만으로도 매우 많은 질적인 내용에 접근할 수 있음	불확실성이 적은 곳과 거 데이터를 가공하여 사실성을 연장하여 미래를 예측할 수 있음	360도 사고를 통해 잘못 주장에 현혹되지 않을 수 있음	직관의 조종과 데이터의 화력으로 정황하고 강력한 메시지 전달이 가능해짐	경영데이터가 투명해지면 관리할 구성원들의 자발성이 생성, 유지, 중복됨

6장

데이터 리터러시를 구성하는
16가지 실전 역량

삶은 문제 그 자체고, 사는 것은 문제 풀이의 연속이다.
– 레이먼드 페이스트 (Raymond E. Feist)

데이터 부서에서 자주 들리는 말들

데이터 리터러시 구성 역량들의 정리 과정에서 내가 가장 주안점을 둔 기준은 '실전에 필요한 역량인가?'였다. 이를 위해 가장 처음 한 일은 데이터로 문제해결을 자주 하는 부서에서 주로 오가는 대화들을 들어보는 것이었다. 그 부서에서 무엇이 칭찬이 되는지, 또 어떤 점이 비판의 대상이 되는지를 파악하고 나면 가장 실전적인 데이터 리터러시 역량을 추려낼 수 있을 것 같아서였다.

가령 화려하게 시각화된 데이터인데 정작 내용이 두서없이 나열된 경우 "당신은 화가인가요, 아니면 데이터 분석가인가요?"라는 비판이 제기된다. 이는 이치를 따지지 않고 형식미에 치우치는 분석가들이 듣는 표현이기에 청자의 마음에 상처가 되기도 한다(데이터 리터러시의

16개 역량별 '꾸지람 표현'은 앞으로 차근차근 살펴보겠다). 그런가 하면 원천 데이터가 가진 고유의 맥락을 무시한 채 기계적 분석만을 하는 이에 겐 "데이터를 절대로 좀 썰어봐"라 이야기하기도 한다. 모든 원천 데이 터에는 기록 주체가 가진 고유의 특징과 습관이 담겨 있다. 다만 무수히 많은 숫자 탓에 그 패턴이나 결이 눈에 잘 띄지 않을 뿐이다.

실전적 데이터 리터러시의 정리를 위해 두 번째로 한 일은 우리가 데이터를 사용하는 주 목적을 파악하는 것이었다. 글로벌 컨설팅사 액센츄어의 2018년 조사에 따르면 사람들은 상황 인지, 판단, 내·외부와의 의사소통 등에 데이터를 골고루 사용한다는 걸 알 수 있다. 데이터를 어떻게 쓰고 있냐는 질문에 응답자들이 '읽는다(75%)' '적극적으로 해석한다(65%)' '내부에서의 소통 시 사용한다(63%)' '의사결정을 할 때 사용한다(63%)' '외부와의 소통 시 사용한다(46%)'라 답했기 때문이다.

이상의 내용을 바탕으로 하고 '데이터는 문제해결의 도구'라는 대전제를 세운 뒤 나는 다음의 표와 같이 데이터 리터러시 역량을 구성, 정리했다. 데이터 분석의 완성도를 높이는 역량보다는 문제해결을 위해 갖춰야 하는 데이터 관련 역량을 기준으로 정리했다는 뜻이다. 때문에 자연히 특정 소프트웨어나 툴의 사용법보다는 문제해결 프로세스 안에서 '생각하는 방법'을 전달하는 데 역점을 두었다. 학문적으로 보면 역량들 간의 레벨이 맞지 않거나 엉성하다 느껴질 수도 있겠지만 그간의 경험과 연구를 응집한 결과이니 이제부터 하나씩 살펴보자.

데이터 리터러시를 구성하는 16가지 역량

대분류 역량 (4개)	중분류 역량(16개)	역량 목표	역량 목표
I. 데이터 이해 Comprehension	데이터 공감역량	데이터를 접한 후 비즈니스적/개인적 동기부여와 목적의식을 가질 수 있을 정도로 공감능력을 가질 수 있다.	㉠희로애락(Personal) + ㉡SWOT(Business-wise)
	데이터 직관력	데이터의 특이점에 착안하여 문제해결의 실마리를 획득할 수 있다.	㉠특이점 착안 + ㉡착안점의 통찰화
	데이터 사실파악역량	데이터의 정보를 곡해없이 이해하고, 나아가 Math를 통한 확장적 이해까지 가능하다.	㉠단편적이해 + ㉡산술적확장이해
	데이터 패턴파악역량	원천 데이터내 변수간 패턴을 발견하고 문제해결에 활용할 수 있다.	㉠원천데이터 내 패턴발견 + ㉡패턴을 활용한 문제해결
	데이터 해석비판역량	메시지와 근거 데이터를 보고, 사실성, 연관성, 충분성 관점에서 엄밀한 비판을 할 수 있다.	㉠사실성 + ㉡연관성 + ㉢충분성비판
II. 데이터 확보 Acquisition	데이터 지목역량	주어진 목적과 현재의 데이터사이의 간극을 구조적으로 파악하고 특정 데이터를 지목할 수 있다.	㉠필요데이터지목 + ㉡불필요데이터지목 + ㉢핵심지표 설계역량
	데이터 수집역량	필요한 데이터를 신속하게 검색하여 사실성을 확보할 수 있다.	㉠프라이머리 리서치 + ㉡세컨더리 리서치
	대체데이터확보역량	수집이 여의치 않은 경우, 기존 데이터 또는 직관을 동원해 대체 데이터를 확보할 수 있다.	㉠기존 데이터 기반 대체 데이터 확보 + ㉡직관 기반 대체 데이터 확보
III. 데이터 의사결정 Data Driven decision-making	맥락 분석역량	의사결정 상황에서 데이터활용을 위한 맥락을 파악하고 솔루션 유형을 예측해볼 수 있다.	㉠분석목적명확화 + ㉡분석유효성판단 + ㉢(불)필요데이터구분
	어프로치설계역량	본격적 분석을 위한 최적 어프로치를 시뮬레이션 해 볼 수 있어, 데이터의 '맥락적 분석'이 가능하다.	㉠핵심질문정리 + ㉡분석어프로치설계
	데이터 가공역량	가공 별 소결에 따라 기존 어프로치를 업데이트 해가며 효율적 분석 기조를 유지할 수 있다.	㉠가공 & 결과검증에 따른 분석어프로치업데이트
	의사결정원리 활용역량	경제학적 또는 통계학적 의사결정원리를 활용해 실질적인 문제해결 능력을 가질 수 있다.	㉠경제학적의사결정원리 + ㉡통계학적 의사결정원리
IV. 데이터 커뮤니케이션 데이터 Data Driven Communication	데이터 표현역량	메시지 논리와 데이터의 기본궁합을 이해하고, 나아가 읽지않아도 읽히게까지 표현해낼 수 있다.	㉠메시지기반제목 + ㉡논리구조기반시각화(정성,정량) + ㉢메시지극대화시각화
	데이터 스토리텔링역량	복수 데이터로 청자의 관심도를 자유자재로 조절할 수 있고, 메시지를 극적으로 전달할 수 있다.	㉠메시지기반스토리텔링 + ㉡메시지도출스토리텔링
	데이터 리포팅역량	PPT,Word, Excel 등을 활용한 Business Documentation에 데이터를 효과적으로 활용할 수 있다.	㉠PPT보고서작성 + ㉡Excel보고서작성 + ㉢Word보고서작성
	데이터 토론역량	메시지 피라미드(대전제 - 데이터근거 - 메시지)와 사실성/연관성/충분성 원리를 이용해 데이터기반 건설적인 토론을 할 수 있다.	㉠데이터기반공격 + ㉡데이터기반방어

다만 반드시 필요하다고 여겨지는 역량도 별도로 하나 추가했으니 바로 '데이터 획득 역량'이다. 물론 데이터 획득은 데이터를 기반으로 하는 의사결정 프로세스에 자연히 포함된다. 하지만 데이터 전문가가 아닌 일반인들은 주변에 데이터가 항상 구비되어 있는 환경에 있지 않을 가능성이 높다. 데이터로 말하는 문화가 아무리 잘 조성되어 있다 해도 실제 문제에 봉착하면 그에 맞는 데이터를 획득하는 별도 과정을 꼭 거쳐야 하기에, 비전문가를 위한 주요 데이터 리터러시 역량에는 '데이터 획득 역량'도 꼭 포함되어야 한다는 것이 내 생각이다.

I. 데이터의 이해와 관련된 역량들

1) 공감 역량: 뭐 좀 느껴지는 거 없나요?

업무 중 혹시 "이 자료 보고 뭐 느껴지는 거 없어?"라는 말을 들어본 적 있는가? 대개의 경우 이는 '업무 자료를 너무 기계적으로만 접하는 것 아니냐'고 꼬집는 표현이다. 새로운 데이터를 접하면 단순히 업무 자료라는 시각에서만 바라보지 말고, 생각을 그 데이터에 맞춰 능동적으로 바꿔보는 성의를 보이라는 뜻이겠다. 이것이 바로 모든 데이터 리터러시 역량 중 첫 번째에 해당하는 데이터 공감 역량이다.

좋은 묘사가 담긴 책을 읽다가 어떤 장면을 머릿속으로 그려내보는 능력, 잘 만들어진 영화를 보며 희노애락의 감정을 느끼는 능력은 이제 데이터를 볼 때에도 발휘되어야 한다. 순간적으로 스쳐가는 데이터에도 개인적인 또는 업무와 관련된 큰 시사점이 숨어 있을 수 있기 때문이다. 이런 것들을 발견하려면 데이터란 우리에게 어떤 메시지를 건네고 싶어 하는 존재라 여기며 그 메시지를 자기화해보려는 노력이 필요하다. 이것이 습관화되면 데이터는 자기 이야기를 재잘재잘 털어놓기 시작할 테고 그 속에서 우리는 무궁무진한 희로애락과 위기, 기회를 포착할 수 있을 것이다.

이러한 '데이터 메시지의 습관적 자기화'를 다음의 간단한 파트들을 보며 한번 시도해보자.

너무 간단해 시시해 보이기까지 하지만 이 차트들 안에는 우리 삶에 중요한 교훈이 숨어 있다.

우선 상충관계를 보이는 차트에서 나는 '욕심을 버릴 줄 알아야 한

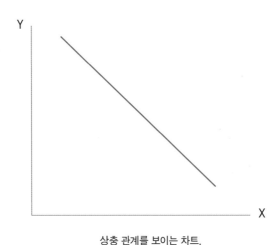

상충 관계를 보이는 차트.

다'라는 교훈을 얻는다. 이 차트 모양을 보면 X값이 커지려면 반드시 Y값이 작아지고, Y값이 커지려면 X값은 작아질 수밖에 없음을 알 수 있다. 이를 조금 어려운 말로 상충관계(trade-off)라 한다.

그런데 잘 생각해보면 우리 인생에는 이렇게 X축과 Y축상에서 상충하는 관계를 가진 변수들이 너무나도 많다. 한 가정의 아버지인 경우에는 '아이와 놀아줄 시간'과 '친구들과 취미를 즐길 시간'이 이런 관계를 보이는 전형적인 예에 해당한다. 아빠들이 자주 찾는 인터넷 취미 커뮤니티에서 '취미의 적(敵)은 가족'이란 우스갯소리가 나올 정도니 말이다(당연히 가족이 싫다는 의미에서 만들어진 표현은 아니다). 이처럼 우리의 인생을 지탱하는 중요한 활동들임에도 그중 하나를 늘리려면 반드시 다른 하나를 줄여야 하는 것이 삶의 이치다. 그래서 우리는 선택이라는 것을 해야 하고, 그 선택들은 '욕심을 버리는 곳에서 균형

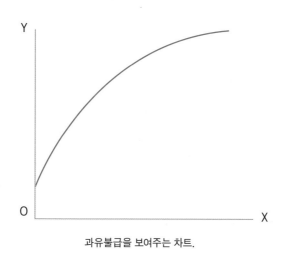

과유불급을 보여주는 차트.

이 보인다'라는 교훈으로 우릴 안내한다.

그렇다면 이 차트에선 어떤 느낌이 드는가? 우선 특징을 살펴보자면, X축 값이 늘어날수록 Y축 값이 같은 수준으로 늘어나는 구간이 계속되다가 곧 이 정비례 상태가 무너지는 구간이 시작된다. X 값이 늘어나는 속도만큼 Y 값이 빠르게 늘진 않는 구간 말이다.

X축 입장에서는 억울하겠지만 이 또한 우리 삶의 중요한 이치일지 모른다. 맘에 드는 음식, 음악, 인간관계, 집, 자동차 등도 지나치게 많아지고 흔해지면 처음 접했을 때 느꼈던 설렘을 주지 못한다. 엄청나게 많은 연봉을 받으며 회사에 다니더라도 개인적 삶이 망가지면 행복감 대신 공허함이 늘어나고, 너무나 휴식을 취하고 싶어서 쉬고 또 쉬다 보면 어느새 '이제 일 좀 해볼까?' 하는 생각이 드는 것이 그 예다. 이 차트는 경제학에서 사용하는 '한계효용 체감의 원리' 또는 과유불급이라 표현되는 이치를 우리에게 알려준다. '엄청나게 좋거나 근사한 것에도 결국은 싫증이 나게 돼있다'는 이치 말이다.

다음으로 인내심에 관한 차트에 말을 걸어볼 차례다. 이 계단식 차트에서 Y축 값은 X축 값이 일정 정도 증가할 때까진 아무 반응도 보이지 않다가 일정 시점에 이르면 껑충 상승하고, 이런 현상은 X축이 증가하는 과정에서 반복해서 나타난다. 이런 경우에 해당하는 일상적 예로는 어떤 것을 들 수 있을까?

영어 공부를 떠올려보자. 매일매일 시간과 노력을 투자한 만큼 자신

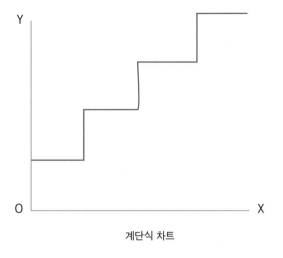

계단식 차트

의 영어 실력이 따박따박 향상하는 게 보인다면 영어 공부가 어렵다며 포기하는 이는 없을 것이다. 바꿔 말하자면 영어 공부를 포기하게 만드는 가장 큰 이유는 학습 내용이 어려워서가 아니라 반드시 일정 기간이 지나야만 '어, 어느새 내 실력이 늘었네?' 하는 성장감이 확인되기 때문일 가능성이 높다. 반대로 얘기하면 밑 빠진 독에 물 붓는 것 같다고 느껴지는 시기를 견뎌내야만 달콤한 성취감을 맛볼 수 있다는 뜻도 된다. 그런 의미에서 이 계단 차트는 우리에게 인내가 왜 쓴지, 또 그 열매는 왜 달콤할 수밖에 없는지를 알려준다.

이런 이야기에 어느 정도 공감이 되는가? 그럼 이 여세를 몰아 '더 큰 인내와 더 큰 성공'의 차트를 한 가지 더 다뤄보겠다.

이 차트는 스타트업의 성공 방식을 설명할 때 자주 쓰이는 '죽음의 협곡'이라는 차트다. 사업 초반의 시기엔 X축 값이 성장함에 따라 Y축 값도 쭉쭉 따라 올라가고, 그에 따라 회사나 직원 모두도 정말 신이 난다. 그런데 이는 잠시일 뿐, 이내 아무리 X축 값이 늘어나도 Y축 값이 늘어나기는커녕 오히려 줄어들기만 하는 기간이 아주 오랫동안 이어진다. 이 시기가 바로 '죽음의 협곡' 시기다. 하지만 이 기간을 지나니 마치 비행기가 이륙하듯 Y축 값이 위를 향해 힘차게 날아가는 달콤한 구간이 등장한다. 흔히 하듯 "가즈아!"라고 절로 외치게 되는 구간이다.

스타트업계에서 이 차트가 많이 사용되는 데는 이유가 있다. 대개의 스타트업은 초기에 시장 반응을 확인한 뒤 사업이 완전히 자리잡기까지 지독히도 어려운 구간을 으레 직면하기 마련인데, '죽음의 협곡'

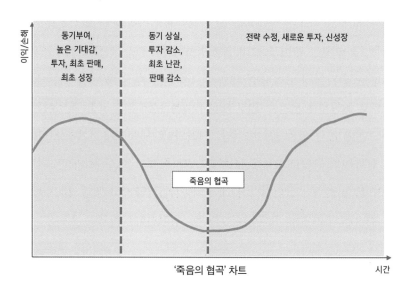

'죽음의 협곡' 차트

차트는 이 기간을 잘 버텨내는 기업과 그렇지 않은 기업을 설명하기에 매우 적절하기 때문이다.

이 차트의 모양을 들여다볼 때마다 나는 '해 뜨기 전의 새벽이 가장 어둡다'는 이치를 떠올린다. 견고한 성장세가 형성되기 전, 하늘은 우리의 진심을 혹독하게 시험하는 과정을 거치게 하니 말이다. 그런데 흥미롭게도 이와 비슷한 이야기를 불교에서도 찾아볼 수 있다. 불교에는 '몰자미(沒滋味)'라는 말이 있다. '마음공부를 하다 보면 온갖 것에서 아무런 맛과 재미도 느껴지지 않게 된다'는 뜻의 이 말은 깨달음을 위해 정진하는 구도자 입장에서의 '죽음의 협곡' 구간에 해당된다 하겠다. 큰 깨달음을 먼저 이룬 선승들은 이렇게 너무나도 힘들고 어려운 구간에 들어섰다는 것 자체가 깨달음에 가까워졌다는 징표라고 이야기한다. '재미라는 개념이 없어지고 나면 진정한 깨달음의 문턱에 다다르게 된다'는 이 진리는 스타트업계의 죽음의 계곡과 매우 유사한 이치라 할 수 있다. 그러니 이런 곡선에 직면해 있다고 느껴질 때면 곧 큰 성장이 이뤄질 것이라 믿어보자. 작은 실력은 계단처럼, 큰 성공은 죽음의 협곡을 지나야 나오는 것이라 되뇌며 말이다.

무조건적인 근면성실은 지금 우리가 사는 시대에선 더 이상 최상의 가치가 아니다. '잘하는 것'과 '열심히 하는 것'이 왜 다른지 궁금하다면 이 차트를 들여다보자. 빛을 발하려면 노련하게 기획된 선택을 해야 한다는 이치를 이야기해주고 있으니까.

중요하다고들 하는 동일한 방식으로 공을 들여봐야 원하는 성과를

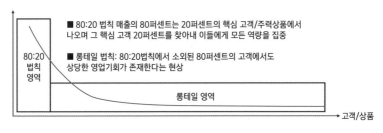

롱테일 법칙의 차트.

얻기는 힘들다. 이것이 바로 '80대 20의 법칙'이 중요한 이유다. 친구가 아무리 많아도 결국 손에 꼽히는 진짜 친구는 그중 20% 정도라는 것, 혹은 우리 회사 매출 80%는 알고 보면 상위 20%의 고객 덕분이라는 것 등 세상의 모든 현상에선 20%의 원인이 80%의 결과를 책임진다는 사실을 깨닫고 나면 우리의 삶도 한층 주도면밀해질 수 있을 것이다.

지금까지 가볍게 몸을 푼다는 느낌으로 데이터에서 얻는 삶의 교훈들을 살펴봤다. 너무 감성적인 접근에 어색했을지 모르겠다. 데이터는 단순히 숫자의 집합이 아니라 영감을 주는 소재다. 소설, 시, 영화처럼 미디어라고 볼 수도 있다. 어떻게 보면 길고 복잡한 설명 글보다 차트 하나가 더 효과적일 수도 있다. 그렇기에 데이터를 볼 때마다 그 메시지를 자기화해보는, 즉 공감을 시도해보는 습관이 필요한 것이다. 꼭 주어진 목적을 위해서가 아니라 한 편의 소설을 읽듯 데이터 감수성을 높여나가다 보면 어느새 더 좋은 목표를 세울 동기를 가지게 될지도 모른다. 이후부터 본격 전개될 여타 모든 역량을 진지하게 대하는 마음가짐을 만들어주는 것이 데이터 공감 역량인 것이다. 다시 한 번 강조하면, 데이터는 우리가 말을 걸어주길 기다리는 존재다.

2) 직관 역량: 숫자가 튀는데요?

당신은 지금 숫자로 가득한 보고서를 팀장님에게 보여드리기 위해 가지고 갔다. 그런데 그 보고서를 받아서 본 팀장님은 3초 만에 이렇게 말한다.

"숫자가 튀잖아!"

그 많은 숫자들 중 딱 그 하나가 잘못되었다는 걸 팀장님은 어떻게 알아챘을까? 당신은 그렇게 찾으려 했음에도 안 보였던 그 숫자를 말이다.

보는 순간 알아차리는 능력을 우리는 직관력이라 일컫는다. 그러므로 데이터 직관 역량은 '데이터의 특이점에 착안하는 능력', 즉 튀는 걸 튄다고 말하는 능력을 지칭한다. 데이터 리터러시에서 이 능력이 중요한 이유는 첫째, 그런 특이점이 데이터 오류 때문일 수 있고, 둘째, 그런 착안점은 대체로 좀 더 깊은 통찰로 우리를 인도하는 경우가 많기 때문이다. 특이점은 평소에 데이터의 대상이 보여주지 않는 특징을 엿볼 수 있게 해준다. 수십 년간 세계사에서 볼 수 없었던 코로나 바이러스가 평소에는 우리가 전혀 깨닫지 못했던 각 국가별 방역 전략의 특

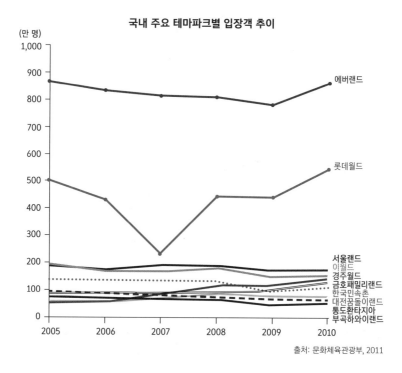

国内 주요 테마파크별 입장객 추이

(만 명)

출처: 문화체육관광부, 2011

이점을 일거에 비교할 수 있는 기회를 줬다.

이 데이터는 2005년부터 2010년까지 국내 주요 테마파크별 입장객 추이를 나타낸 것으로 X축은 연도로 나타낸 시간 축, Y축은 입장객 수다. 너무나도 간단한 이 차트에서 어떤 메시지가 느껴지는가? 분명 신선한 결론이 기다리고 있을 테니 잠시 읽던 것을 멈추고 한번 도전해보자. 그리고 뭔가 떠오른 답이 있다면 다음에 제시된 것들 중 하나인지 살펴보자.

A. 우리나라 테마파크 산업은 에버랜드가 이끌어간다고 봐도 무방할 듯하다.

B. 전체 테마파크 입장객 추이를 보면 국내 테마파크 산업은 정체 상태에 있다.

C. 테마파크를 수도권과 지방 두 그룹으로 나눠 입장객을 비교해보면, 수도권 테마파크에 집중도가 매우 높다.

D. 경주월드는 입장객이 최근 지속적인 성장세를 보이니 주목할 필요가 있겠다.

E. 시장점유율이나 성장률을 고려했을 때, 부곡하와이랜드는 경영정상화를 위한 특단의 경영조치가 필요하다.

F. 2007년에 롯데월드의 입장객 수가 이례적으로 줄어든 것을 보면 어떤 사건이 발생했을 가능성이 있다.

동일한 데이터를 보고도 사람들은 이처럼 각기 다른 해석을 내놓는다는 것이 흥미롭다. 이 의견들을 보다 보면 누군가는 산업의 성장 관점을 중시하는 반면 다른 누군가는 1위 기업의 성과 관점이나 수도권과 지방의 지리적 시장 분할 관점, 특정 테마파크의 입장객 변동 관점 등을 중시하고 있음을 알 수 있다.

그런데 '서로 다른 인지'라는 그 당연한 사실이 어떤 상황에서는 엄청나게 다른 결과를 가져오기도 하니, 바로 무언가를 판단해야 할 때가 그렇다. 어떤 인지는 판단에 도움이 되고, 어떤 인지는 그렇지 못하기 때문이다. 그럼 이러한 여섯 가지 답변을 한 사람들이 다음 상황에서 각각 어떻게 적절한 판단을 할 수 있을지 예상해보자.

당신은 얼마 전 롯데월드 최고경영자로 부임했고, 정체된 테마파크 산업에서 어떻게 방문객을 증가시킬지를 늘 고심한다. 이런 고민이 깊어가던 중 동종업계의 최고 경쟁자로 지목되던 에버랜드가 수백억을 들여 새로운 놀이시설을 도입했다는 기사를 접했다. 당신은 그에 상응하는 전략으로 롯데월드에 수백억 규모를 투자하는 계획을 세워야 할지 말지 결정해야 하는 상황에 처했다. 당신이 손에 쥐고 있는 시장 데이터는 앞서 제시된 지난 5년간 입장객 추이 데이터밖에 없다면, 그리고 그것을 앞서 나온 여섯 개의 답변처럼 해석했다면 어떤 결정을 내리게 될지 차근차근 살펴보자.

A. 우리나라 테마파크 산업은 에버랜드가 이끌어간다고 봐도 무방할 듯하다.
B. 전체 테마파크 입장객 추이를 보면 국내 테마파크 산업은 정체 상태에 있다.
C. 테마파크를 수도권과 지방 두 그룹으로 나눠 입장객을 비교해보면, 수도권 테마파크에 집중도가 매우 높다.

이 세 답변은 현재의 우려감을 확인해줄 뿐 해결책 마련에 필요한 좋은 실마리는 주지 못할 것 같다.

D. 경주월드는 입장객이 최근 지속적인 성장세를 보이니 주목할 필요가
   있겠다.

E. 시장점유율이나 성장률을 고려했을 때, 부곡하와이랜드는 경영정상
   화를 위한 특단의 경영조치가 필요하다.

F. 2007년에 롯데월드의 입장객 수가 이례적으로 줄어든 것을 보면 어떤
   사건이 발생했을 가능성이 있다.

D와 E 역시 에버랜드에 대한 롯데월드의 대응 전략과는 무관한, 제
3의 테마파크에 대한 지엽적인 내용에 불과하다. 그리고 F, 즉 2007년
롯데월드 입장객 수의 급락 사건에 대한 해석은 오히려 초조한 마음
을 부추길 뿐이다. 다시 말해 여섯 가지 모두 현 상황의 당신에겐 아무
도움도 주지 못하는 해석인 것이다. 그런데 만약 누군가 고심에 휩싸
인 당신에게 다음과 같은 메시지를 제시했다면 어떨까?

G. 롯데월드와 에버랜드는 실제로는 경쟁 관계가 아니므로 무리한 경쟁
   적 투자는 의미가 없다.

롯데월드와 에버랜드가 경쟁자가 아니라니 이 무슨 뚱딴지 같은 말
일까? 이런 도발적 해석이 어떻게 이 차트에서 나온 걸까? 만약 이 해
석이 사실에 부합한다면 롯데월드는 에버랜드의 대단위 투자 소식에
일희일비할 필요가 없을 것이다. 어떤 고민에 대한 완벽한 해결책은

그 고민이 애초부터 고민거리가 아니라고 말하는 것이기 때문이다.

혼란스럽기 그지없겠지만 G는 유효해 보이는 해석이다. 그 이유는 2007년 롯데월드 입장객 수 급락에 따른 여타 테마파크 입장객 수의 '반응(response)'에 있는데, 이 지점이 바로 우리의 직관 능력이 발동되어야 하는 부분이다.

그러고 보니 신기하게도 2007년에 롯데월드는 약 200만 명의 입장객이 감소했으나 이는 여타 테마파크들의 입장객 증가에 아무 영향을

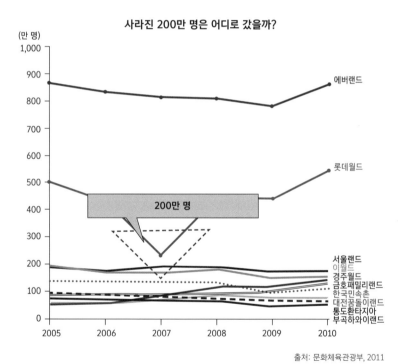

사라진 200만 명은 어디로 갔을까?

출처: 문화체육관광부, 2011

주지 못했다. 200만 명은 당시 테마파크 산업 전체 입장객의 약 10%에 해당하는 어마어마한 규모인 데다 테마파크 산업은 거의 성장이 정체되어 있는 탓에 서로의 고객 뺏기 경쟁이 치열함에도 말이다.

어떤 산업에서든 전체 고객의 10%가 갑자기 사라진다는 건 드문 일이다. 그럼에도 롯데월드와 지리적으로 인접한 서울랜드의 입장객 수는 같은 해 아주 미미하게 증가하는 데 그쳤고, 강력한 경쟁자로 알고 있던 에버랜드의 입장객은 오히려 소폭 감소하기까지 했다. 롯데월드가 놓친 입장객들이 다른 테마파크로 가지 않고 증발해버린 것이다!

물론 롯데월드와 에버랜드 간의 경쟁 강도에 대해서는 보다 면밀한 분석이 필요하겠으나, 이 데이터만 보자면 적어도 테마파크 업계는 여타 산업과는 다르게 산업 내 경쟁도가 매우 낮다는 점을 강하게 시사하고 있다. 다시 말해 이 산업의 수요는 동종 산업(테마파크) 내 상호대체성이 크지 않음을 보여주는 것이다. 이 해석이야말로 신임 롯데월드 최고경영자가 해당 산업의 본질적 특성을 이해하는 데 있어 가장 값진 메시지인 것 아닐까? 이 해석이 사실과 부합하는지를 다음 데이터에서 알아보자.

이 데이터를 보면 에버랜드의 고객 증감이 롯데월드의 그것과 상충 관계에 있지 않음을 알 수 있다. 만약 그랬다면 각 점들의 위치가 좌측 상단에서 우측 하단까지 가로지르는 굵은 선 근처에만 모여 있었을 것이기 때문이다. 그럴 일은 없겠지만 SKT가 6개월 동안 통신 서비스를 중단하면 LGT와 KT의 고객수도 에버랜드의 경우처럼 아무런 반응을 보이지 않을까? 전혀 그렇지 않을 것이다. 즉, 이 데이터는 통신 산업과 달리 테마파크 산업에서는 산업 내 반사이익이라는 것이 좀처럼 존재하지 않음을 알려준다.

한때 '나이키(Nike)의 경쟁 상대는 닌텐도(Nintendo)'라는 말이 있었다. 아이들이 닌텐도 때문에 밖에 나가서 노는 일이 줄어들자 나이키의 매출이 영향을 받았다는 상황을 나타낸 표현이었다. 아이들의 시간이라는 공동의 대상을 놓고 경합한다면 아무리 산업 영역이 달라도 서로의 경쟁 상대가 될 수 있음을 환기시켜줬다는 점에서 이 말은 매우 신선했는데, 롯데월드와 에버랜드의 경우도 이와 마찬가지다. 비록

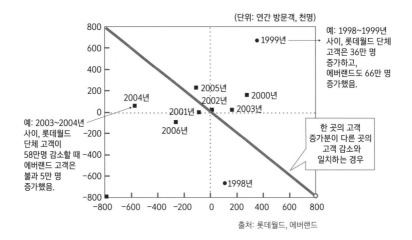

롯데월드와 에버랜드의 연도별 입장객 수

(단위: 연간 방문객, 천명)

예: 1998~1999년 사이, 롯데월드 단체 고객은 36만 명 증가하고, 에버랜드도 66만 명 증가했음.

예: 2003~2004년 사이, 롯데월드 단체 고객이 58만명 감소할 때 에버랜드 고객은 불과 5만 명 증가했음.

한 곳의 고객 증가분이 다른 곳의 고객 감소와 일치하는 경우

출처: 롯데월드, 에버랜드

같은 산업에 존재하긴 하지만 동일 고객들을 두고 경합하는 경쟁관계에 있다고 볼 수 없으니 말이다.

이런 깨달음과 통찰은 단순히 우리의 지적 유희만을 위한 것이 아니라 기업 경쟁 전략의 첫 단추를 성공적으로 채울 수 있는 도구가 되기도 한다. 경쟁 전략의 첫 단추는 정확한 경쟁자 지목(whom to compete)인데, 이를 제대로 채우지 않으면 어디에서(where to compete), 언제(when to compete), 어떤 방법으로(how to compete) 할 것인가 등 여타 경쟁 전략도 모두 어그러질 게 뻔하기 때문이다. 이 간단한 차트로 산업의 본질을 이해할 수 있는 CEO와 그렇지 않은 CEO는 모든 전략 내용이 다를 것임이 분명하다.

이제 직관 능력이 무엇인지, 또 그런 직관이 어떤 통찰로 이어지는지 체감이 되는가? 그런데 이 차트에서 뽑아낼 수 있는 통찰은 여기서 끝이 아니다. 다시 한 번 해당 차트를 살펴보자. 힌트를 주자면 이 차트에는 우리가 방금 도출했던 도발적 결론, '에버랜드와 롯데월드는 경쟁자가 아니다'를 뒤집을 만한 실마리도 들어 있다.

찾았는가? 문제의 지점은 바로 2009~2010년 에버랜드와 롯데월드의 입장객 수다. 이 둘은 다른 테마파크들과는 매우 눈에 띄게 다르기 때문이다. 심지어 갑작스럽게 상승한 그래프의 기울기까지 유사하고 말이다.

자, 좋은 착안을 했으니 좋은 통찰로 마무리해보자. 2005년부터

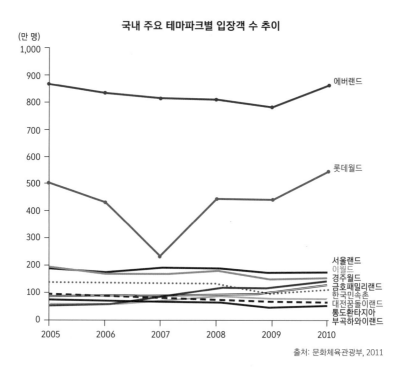

국내 주요 테마파크별 입장객 수 추이

(만 명)

1,000

900 ─ 에버랜드

800 ─

700 ─

600 ─

500 ─ 롯데월드

400 ─

300 ─

200 ─ 서울랜드
이월드
경주월드
100 ─ 금호패밀리랜드
한국민속촌
대전꿈돌이랜드
0 ─ 통도환타지아
부곡하와이랜드

2005   2006   2007   2008   2009   2010

출처: 문화체육관광부, 2011

2008년까지 부드럽게 이어지던 입장객 수가 이렇게 특별히 뛴 것은 2007년의 롯데월드 사고처럼 이때의 두 테마파크에 뭔가 특별한 요인이 있었기 때문이라고 추론할 수 있다. 더불어 상승 기울기로 보아 그 요인은 1, 2위의 테마파크에만 영향을 미치는 동일 요인일 가능성이 높다는 예상도 가능하다.

여기서 잠깐! 우리가 이런 사고 과정을 통해 얻어내야 하는 것은 그 요인의 정체가 아니라 직관 및 통찰 능력의 향상이다. 팩트는 검색하면 얼마든지 알아낼 수 있지만 직관과 통찰 능력은 실제 사실관계를 몰라도 발휘될 수 있어야 하기 때문이다.

이 활동의 핵심은 '어떤 요인에 의해 롯데월드와 에버랜드가 매우 유사한 반응을 보인다'라는 착안을 '적어도 그 요인과 관련하여 두 테마파크는 경합관계일 수 있다'라는 통찰로 마무리하는 것이다. 어떤 요인 때문이든 간에 이전과 달리 게임의 룰이 바뀌었음을 짚어내는 통찰 말이다. 그렇기에 앞서 살펴본 '두 업체는 경쟁관계가 아니다'라는 결론은 2009년 전까지만 유효한 것이라고도 말할 수 있다. 데이터의 어떤 부분에 착안하느냐에 따라 결론들은 각각 합리적임에도 그 내용이 극적으로 달라질 수 있음을 당신은 방금까지 막 경험한 셈이다.

이해를 돕기 위해 추가 사실을 밝히자면 2007년 롯데월드 고객이 증발한 이유는 불미스러운 안전사고 때문이었고, 2009년 에버랜드와 롯데월드의 입장객 수가 일제히 급격한 상승을 보인 것은 중국 관광객이 빠르게 늘어났기 때문이다. 하지만 이런 사실관계를 떠나 우리는 우리의 결론을 좀 더 업그레이드해야겠다. 만약 이런 배경지식을 모르는 경우라면 '국내 주요 테마파크들은 적어도 2008년경까지는 강한 경쟁관계에 있지 않았으나 2010년에는 어떤 요인에 의해 다시 경쟁관계가 형성되고 있다'는 결론, 그리고 배경지식을 알고 있다면 '한국의 테마파크들은 국내 고객에 대해선 경합관계가 아니지만 해외 고객에 대해서는 경합관계일 수 있다'는 결론으로 말이다.

지금까지 입장객 수 추이라는 매우 간단한 데이터를 통해 테마파크 경쟁 전략의 큰 틀을 이해할 수 있었다. 제공된 동일 데이터에서 A~F의 메시지를 뽑아낸 사람들에겐 없었으나, 사라진 200만 명과 2009년의 입장객 수 급증에 착안한 사람은 가지고 있는 탁월한 감각을 갖추기 위해 애써보자. 이 감각으로 무장하면 데이터 하나를 접하더라도 겉이 아닌 이면의 본질적 내용에 착안하고 목적에 맞게 해석하여 결국은 남들이 하지 못하는 의사결정을 내릴 수 있기 때문이다.

데이터 하면 가장 많이 따라 붙는 수식어가 '분석'이지만, 좋은 직관을 가지고 있다면 분석하지 않고 딱 보고 알 수도 있어야 한다. 분석 역량만큼이나 중요한 것이 데이터 리터러시의 두 번째 역량, 데이터 직관 역량이다.

3) 사실 파악 역량: 설마, 잘 못 읽어서 그런 건 아니죠?

영어에 미스 리딩(misreading)이란 단어가 있다. 말 그대로 데이터를 잘못 읽었다는 뜻인데, 이 덫에 걸리면 데이터 통찰이고 뭐고 간에 일단 쥐구멍부터 찾게 된다. 데이터를 올바르게 읽는 능력은 그만큼 기본 중의 기본이다. 이건 사실 내가 주니어 컨설턴트일 때 가장 많이 들었던 말이기도 하다.

지금부터 살펴볼 것은 바로 데이터 기반의 사실관계를 파악하는 역량이다. 더불어 데이터의 산술적 특성을 이용해 사실관계를 확장해보는 활동도 해보려 한다.

이것은 2013년 7월 9일 현재 맥도날드 배달 서비스인 맥딜리버리 홈페이지에 올라온 불고기 버거와 빅맥 버거의 실제 메뉴 중 일부다. 당신은 지금 매우 허기진 상태인데, 지갑에 있는 건 단돈 9,200원이 전부다. 그렇다면 당신은 메뉴를 어떻게 조합해야 가장 배불리 먹을 수 있을까?

찾아냈나? 뭔가 이상한 점이 있다. 일단 각자 취향에 맞게 다양한 조합이 있을 수 있다. 만약 당신이 불고기 버거 하나, 빅맥 버거 하나, 콜라 한 잔과 프렌치프라이 하나를 먹고 싶다면 9,200원으로 이 모두를 살 수 있을까? 아마 불가능할 거라 생각한 사람이 있을 것이다. 이

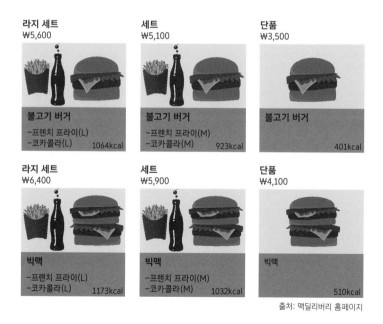

출처: 맥딜리버리 홈페이지

조합을 완성하려면 빅맥 세트(5,900원) 하나에 불고기 버거(3,500원) 단품 하나를 추가해야 하고, 그렇다면 총 금액은 9,400원(5,900원 + 3,500원)이 되기 때문이다. 하지만 가능하다고 생각한 사람도 있을 것이다. 불고기 버거 세트(5,100원) 하나에 빅맥 단품(4,100원)을 추가 주문하면 정확히 9,200원이 나오니 말이다. 와우!

물론 이는 맥도날드의 대표적 가격정책인 묶어 팔기 덕에 발생했을 가능성이 높다. 그러나 이유야 어쨌든 같은 돈을 가지고 누군가는 자신이 원하는 것들을 배불리 먹을 수 있는 반면 다른 누군가는 그렇게 못 한다는 것이 재미있지 않은가? 무엇이 이런 차이를 빚어내는 걸까? 그렇다. 데이터를 요리조리 뜯어보는 역량의 유무다.

이번에는 회사생활에 좀 더 어울릴 만한 상황을 가정해보자. 다음 데이터는 컨설팅 회사 베인 앤드 컴퍼니(Bain & Company)가 어떤 고객사 직원들의 회사생활 만족도를 알아보기 위해 실시한 설문조사 결과를 요약한 것이다. 이를 위해 조사업체는 '당신은 주변 사람들에게 지금의 회사를 새로운 이직처로 추천하시겠습니까?'라는 질문에 10점 만점을 기준으로 답하게 한 뒤 9~10점을 제시한 사람은 '추천인', 7~8점은 '중립인', 1~6점은 '비추천인'로 분류했다. 이 회사는 북미와 유럽에 사무실이 있었고, 두 곳의 전체 직원 5,102명이 서베이에 응했다.

이 차트 데이터에는 순추천지수(net promoter score)라는 독특한 지표가 등장한다. 이는 추천인의 비중에서 비추천인의 비중을 뺀 값으로,

만약 어떤 집단의 추천인 비중이 50%이고 비추천인 비중이 30%였다면 50-30, 즉 20이 순추천지수가 되는 식이다. 이 차트에서 점선으로 표시된 것이 순추천지수다.

자, 여기에서 한 가지를 가정해보자. 당신은 이 회사의 인사팀에 근무 중이다. 이 설문조사 결과를 보고받은 CEO는 일단 전체 순추천지수가 -11라는 사실에 마음이 아팠다고 당신에게 털어놨다. 회사 전체적으로 보면 추천하지 않겠다는 사람의 수가 추천하겠다는 사람보다 많다는 뜻이니 말이다. CEO는 순추천지수가 북미 직원들 대비 현저히 더 적게 나온 유럽 지사 직원들에게 격려의 마음을 긴급히 표하기 위해 인당 케이크 하나씩을 선물하겠다며 당신에게 서둘러 적당량을 주문하라고 요청했다. 안타깝지만 인사 담당자임에도 두 지사의 직원수가 각각 얼마인지 알지 못한다고 가정한다면, 당신은 유럽 지사의

지역별 순추천지수

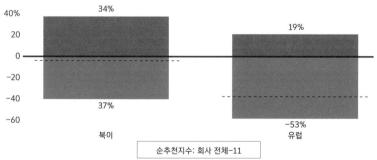

순추천지수: 회사 전체-11

출처: Bain&Company

직원들을 위해 몇 개의 케이크를 준비하는 것이 좋을까?

케이크를 주문하려면 수량도 정확해야 하는데, 당신은 계산에 성공했는가? 감각이 있는 사람에게는 초등학교 수준의 산수에 불과하겠지만 그렇지 못한 사람에게는 아리송한 문제일 것이다.

우리가 알고 싶은 것은 유럽 지사의 구성원 수인데, 이를 직접적으로 알아낼 수 있는 방법은 쉽게 눈에 띄지 않는다. 데이터에 드러나 있는 정보는 전체 구성원 수, 전체 순추천지수, 지역별 순추천지수 및 지역별 추천인과 비추천인 비중뿐이니 말이다. 그럼 어떻게 해야 우리가 원하는 답을 찾아낼 수 있을까?

실마리는 바로 '순추천지수와 직원 수의 관계'에 있고, 핵심은 두 지사의 순추천지수 및 구성원 수에 의해 전체 순추천지수가 영향을 받는다는 사실을 알아내는 것이다. 만약 두 지사의 구성원수가 동일하다고 가정한다면 회사 전체의 순추천지수는 −18 정도가 나왔어야 한다. 북미의 순추천지수가 −3, 유럽의 순추천지수가 −34니 그 중간값은 −18 근처일 것이기 때문이다(식으로 표현하자면 대략 18=(34+3)÷2이 되겠다). 그런데 우리는 실제 순추천지수가 −18이 아닌 −11임을 이미 알고 있다.

이것은 뭘 의미할까? 제일 먼저 알 수 있는 것은 두 지사의 구성원 수가 동일하지 않다는 사실이다. 그럼 어느 지사의 직원 수가 많을까? 당연히 북미 지역이다. −11이라는 전체 순추천지수는 북미의 순추천지수인 −3에 더 가깝기 때문이다. 즉, 북미 지사의 구성원 수가 전체 구성원에서 차지하는 비중이 더 크기 때문에 북미 지사의 지수 역시 전체 지수에 더 가깝게 나타난 것이다. 구성원 수가 일종의 가중치인 셈이다.

그러면 북미 지사의 지수가 전체 지수에 얼마나 가까운지를 알아내는 게 이 셈의 종착역이 될 것이다. 두 지사별 순추천지수와 전체 순추천지수의 관계를 다음과 같이 일종의 거리 개념으로 이해한다면 −11은 −3과 −34의 약 4분의 1 지점에 위치함을 알 수 있다.

이를 통해 우리는 전체 응답자 규모 가중치 중 약 4분의 3은 북미 지사에 해당한다는 중요한 사실을 발견해냈다. 이 4분의 3, 즉 0.75를 우리가 이미 알고 있는 '전체 응답자 수 5,102명'이라는 수치와 곱하면 북미 지역 응답자는 약 3,826명, 그리고 유럽 지역 응답자는 그 나머지인 약 1,275명임을 유추할 수 있다. 그러니 당신은 이제 적정량의 여분을 고려한 개수의 케이크를 주문하면 된다.

이 사례는 데이터 리터러시와 관련된 중요한 교훈 하나를 알려준다. 우리가 접하는 데이터의 대부분은 원천 데이터 그 자체가 아니라

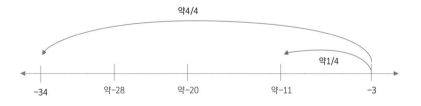

거리 개념에 비춰본 전체 및 두 지사의 순추천지수

그것들이 모이고 모여 하나의 물방울처럼 응집, 정리된 차트 데이터일 가능성이 높다. 따라서 우리에게 필요한 것은 그러한 차트 데이터를 통해 그 본래의 재료인 원천 데이터에 숨어 있는 정보를 끄집어낼 수 있는 역량이다. 9,200원으로 원하는 음식을 다 먹을 수 있게끔 주문하는 능력, 드러나지 않은 유럽 지사의 직원 수를 파악할 수 있는 능력은 마치 요리를 맛본 뒤 재료를 판별해내거나 음악을 듣고 악보를 유추해내는 대가들의 능력과 유사하다고 할 수 있다. 또한 정제된 데이터에서 숨겨진 정보 및 사실관계들을 파악하고 이해하는 능력이 있는 사람이 보다 적확한 의사결정도 가능할 것임은 두말할 나위가 없다.

4) 패턴 파악 역량: 결대로 썰어봐요.

"결대로 썰어보자"라니 이게 무슨 뜻일까? 데이터에도 결이란 게 있을까?

답부터 말하자면 '있다.' 데이터는 어떤 대상이 보인 현상을 숫자로 기록한 것이다. 그 현상에는 그 대상 고유의 특징이나 반복 패턴이 있을 수 있고, 이는 그 대상의 발자국이라 할 수 있는 숫자들에서도 당연히 나타난다. 앞의 표현에선 그것을 '결'이라 칭한 것이다. 데이터 해석에 대한 이런 정성이 있어야 리테일 산업 데이터를 대할 때는 리테일 산업에 맞는, 유통 산업 데이터를 대할 때는 유통 산업에 맞는 안성맞춤 분석이 가능해진다. 이것이 바로 데이터 리터러시의 네 번째 핵심 역량인 '데이터 패턴 파악 역량'이다. 이 역량이 앞서 살펴본 세 가지

역량과 구별되는 점은 바로 그 역량들 모두를 활용해야 한다는 것이다. 말하자면 데이터 패턴 파악 역량은 '데이터를 이해하는 역량의 종합판'인 셈이다.

데이터는 정보량이 많아지거나 그 내용이 반복되면 독특한 패턴을 띠게 된다. 문제는 정보가 많을수록 그런 패턴이 오히려 꽁꽁 숨어버려 우리 눈에 잘 안 보인다는데 있다. 발견해내기만 한다면 아주 강력한 힘을 발휘하는데 말이다.

이 데이터는 미국프로농구(NBA)의 대표적 팀인 시카고 불스와 LA 레이커스의 2010년 플레이오프 경기 결과를 분석한 결과다. 팀 내 역할별로 패스가 이뤄진 경로를 선으로 연결했고, 그 빈도가 높을수록 굵은 화살표로 표시되어 있다. 특히 보라색 화살표는 회색 화살표보다 높은 빈도를 의미하고 왼쪽 세 개의 사각형은 인바운드(inbound), 리바운드(rebound), 스틸(steal)로 공격이 시작되는 유형을, 오른쪽 세 개의 사각형은 공격 성공(success), 공격 실패(fail), 기타(other)로 공격이 종료되는 유형을 나타낸다. 두 데이터의 차이가 시각적으로 뚜렷하기 때문에 농구에 대해 잘 모르는 사람이라도 이 둘의 차이는 금방 알아차릴 수 있을 것이다.

그렇다면 이상의 설명만을 놓고 봤을 때, 이 데이터를 통해 어떤 팀이 이겼을 것 같은지 분석할 수 있겠는가?

만약 시카고 불스의 승리를 예측한 독자라면 ①불스 포인트가드(PG)의 연봉은 타 선수들에 비해 압도적으로 높을 것이다, ②불스의

시카고 불스와 LA 레이커스의 2010년 플레이오프 전략 비교 분석

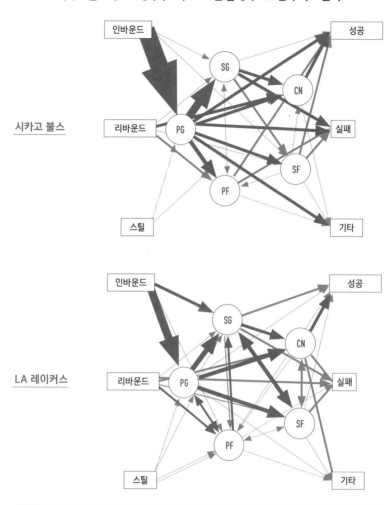

SG(슈팅 가드), PG(포인트 가드), PF(파워 포인트), SF(스몰 포워드), CN(센터)

인바운드: 공격권을 갖게 되는 경우
리바운드: 한차례 공격 실패 이후, 다시 공격권을 갖게 되는 경우
       (대게 림을 맞고 튀어나온 공을 공격 팀에서 다시 잡게 되는 경우)
공격성공: 공격에 성공하여 득점을 하게 되는 경우
공격실패: 공격 실패 후 리바운드 없이 공격권을 상대방 팀에 넘겨주는 경우
스틸: 공격 시도중인 상대방의 공을 가로채 공격 기회를 가져오는 경우

출처: Jennifer Fewell and Dieter Armbruster, 2012

성공으로 가는 화살표의 비중이 높다 등에 집중했을 것이다. 반대로 레이커스의 승리를 예측한 독자라면 ①불스는 공격 성공으로 이어진 화살표 못지않게 실패로 이어진 화살표의 비중도 많은 반면 ②레이커스는 공격 성공으로 이어진 화살표의 비중이 상대적으로 높다는 점에 집중했을 듯하다.

이 모두가 이유가 될 수 있긴 하나, 실은 각 화살표가 정량화되어 있지 않기 때문에 이 데이터만을 보고 완벽하게 승리를 예측하기란 쉽지 않다. 결론부터 말하자면 레이커스의 승리인데, 그 이유는 의외로 다른 곳에 있을 수 있다. 바로 각 팀 포인트 가드의 역할이 그것이다. 아니나 다를까, 레이커스의 포인트 가드는 불스의 포인트 가드보다 훨씬 부지런하다는 것을 이 차트에서 볼 수 있다. 불스의 포인트 가드는 슈팅 가드 의존도가 높지만 정작 직접 성공률이 매우 낮은 데 반해 레이커스의 포인트 가드는 슈팅 가드뿐 아니라 파워 포워드, 스몰 포워드, 센터와 부단히 패스를 주고받고 있기 때문이다.

특히나 포인트 가드, 슈팅 가드, 스몰 포워드 사이에선 삼각형이 형성돼 있는 것이 눈에 띄는데, LA 레이커스의 전설적인 감독 필 잭슨(Phil Jackson)은 이를 삼각편대 공격(triangle offence)으로 칭했다 한다. 이 삼각형이 팀 전략의 상징적인 패턴이 된 것이다. 그런데 상대 팀 입장에선 이 전략에 여간 골머리를 썩은 게 아닌가 보다. 2010년 LA 레이커스는 시카고 불스를 누르고 그해의 챔피언에 등극했기 때문이다.

사실 이 차트는 이미 패턴이 눈에 잘 보이도록 원천 데이터를 가공

LA 레이커스의 삼각편대 공격

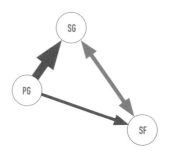

해놓은 것이기 때문에 전체적인 내용을 파악하기가 어렵지 않은 예에 속한다. 그러면 이번에는 원천 데이터 내에서 잘 보이지 않는 패턴을 발견해보자.

이것은 어느 패밀리 레스토랑 체인의 지점별 운영 현황을 집계한 데이터다. 얼핏 보기에도 내용이 많아 해당 데이터의 면면을 파악하기 어려울 테니 이 데이터의 구조를 간략히 설명하겠다.

일단 가장 좌측의 세로 영역에는 패밀리 레스토랑의 각 지점 명칭이 있고, 홍대점을 끝으로 총 104개의 지점이 운영 중이었음을 여기에서 알 수 있다. 맨 상단의 가로줄에는 각 매장의 위치나 층수와 면적 등 공간 타입, 좌석 수, 개점일 또는 폐점일, 운영 시간, 점원 수, 2005~2009년의 매출액, 방문고객 수 및 그에 따른 객단가 등 여러 정보가 담겨 있다. 아무리 복잡해 보이는 데이터라 해도 이처럼 무엇이 대상이고 어떤 항목들이 집계된 것인지만 알면 큰 산은 넘은 것이나 마찬가지다.

자, 그럼 여기에서 한 가지 시도를 해보자. 만약 매년 열 개씩 새 지점이 늘어난다고 가정하면 향후 5년간 이 패밀리 레스토랑 체인점 전체의 매출은 어느 정도나 될지 이 데이터를 기반으로 예상해보는 것이다. 이 값을 구하려면 어떤 방법을 써야 할까?

아마 가장 쉽게 떠올릴 수 있는 것은 지점들 모두를 묶어 하나의 매장으로 간주하고 전체 매출의 연평균성장률(CAGR)을 구한 뒤, 향후 5년 동안에도 동일한 성장세를 보일 것이라 예상하는 방식일 것이다. 그런데 이 방식의 단점은 향후 5년간 매년 열 개씩 생겨날 신규 지점들의 매출을 반영하지 못한다는 것이다.

만약 이를 간파했다면 신규 지점의 매출 프로토타입을 구해야 한다는 사실에 직면하고, 자연히 그것을 어떻게 구해야 할지가 문제의 핵심이 된다. 물론 여기서 다시 한 번 평균의 묘미를 살려 연도별 전체 지점 매출액을 연도별 운영 지점 개수로 나누면 대략 지점 한 곳당 평균 매출을 산출할 수 있을지 모른다. 이어 이 평균 매출이 향후 생길 신규 지점에도 재현된다고 가정하고 기존 매장들의 매출 추이에 이 평균값을 신규 점포 수만큼 얹으면 되는 것이다. 쉽게 해결된 것 같다!

그런데 정말 이게 최선의 방법일까? 지금 우리는 단순히 맞느냐 틀리느냐를 고민하는 것이 아니니 저 방식에 큰 불편함이 없다면 그걸로 족해도 된다, 다만 저것이 최선의 방식인지의 여부는 다음의 경우까지 살펴보고 판단하면 좋을 것 같다.

이 차트는 개점연도가 비슷한 지점들을 한 그룹으로 묶은 뒤 각 그

패밀리 레스토랑의 점포별 운영 현황 집계.

룹별 매출 추이를 나타낸 것이다. 재미있는 것은 104개 매장 매출을 거칠게 하나로 묶어서 봤을 때는 보이지 않던 패턴 하나가 이 차트에선 나타난다는 것이다. 개점연도를 기준으로 그룹을 지어보니 각 그룹의 매출이 개점연도 이듬해에 크게 올랐다가 점점 하락하는 경향을 보인다는 점을 알 수 있다.

정확히 얘기하면 그룹별 매출은 개점 첫해보다 두 번째 해에 정점을 찍은 뒤 이후 점차 내려왔다고 볼 수 있다. 다만 첫해 매출이 두 번째 해보다 낮아 보이는 것은 매장들 모두가 1월에 개점했다고 보기 어

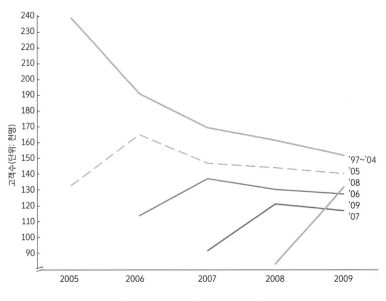

개점 시기에 따른 지점 그룹들의 매출 추이

렵고, 따라서 개점 첫해의 매출 집계 개월 수가 두 번째 해 이후의 연도들보다 모자란 것에서 비롯되었으리라 추측해볼 수 있다.

차트에서와 같이 모든 그룹의 매출은 개점 이듬해 정점을 찍고 점점 우하향하면서 나타난다는 점, 바로 이것이 앞서 전체 매장과 전체 매장 수를 이용하여 각 지점의 평균 매출을 도출했던 방식이 껄끄러워지는 이유다. 그렇다면 이런 패턴을 뭐라고 부르면 좋을까? 사실 당신은 이미 그 답을 알고 있다. 막 개점한 매장들의 매출이 유독 높은 현상! 바로 요식업종에서 광범위하게 나타나는 소위 '오픈발'이 이 패턴으로 나타난 것이다.

같은 매출을 추정하더라도 그 업종의 특성에 맞는 맥락을 적용할 수 있는가의 여부는 매우 중요하다. '악마는 디테일에 있다'는 말처럼, 섬세한 의사결정이 필요한 상황에서 이런 패턴 파악 역량의 차이는 여지없이 큰 결론의 차이를 가져오기 때문이다. 가령 매년 신규 지점의 개수 비중이 기존 지점의 그것보다 많아진다면 이 레스토랑 체인 전체의 매출은 신규 지점의 오픈발에 영향 받을 가능성이 높아질 것이다.

데이터에서 패턴을 파악해내는 능력은 데이터를 얼마나 정성스럽게 바라보느냐와 관련이 깊다. 데이터에 나온 숫자를 그저 처리해야 할 일거리라 여기며 기계적으로 바라보는 시각에서 벗어나 그 숫자들 안에는 우리가 이미 알고 있는 상식이 담겨 있다고 생각하는 것이 중요하다. 그래야 그 숫자들 너머에서 패턴화되어 있는 의미를 찾아볼 탐구 능력이 생기기 때문이다. 앞서의 패밀리 레스토랑 지점별 매출 데이터를 보면서 '어? 이거 요식업 데이터잖아. 매출을 구하라고? 요식업 하시는 분들은 오픈발, 오픈발 하시던데 그게 이 데이터에도 녹아 있나?' 하는 식으로 말이다. 못을 박을 때도 나무의 결을 보고 회를 뜰 때도 생선 살의 결을 살려야 하듯, 데이터 분석도 데이터 내 고유의 결을 살려야 고급스러운 결과물이 나온다.

5) 비판 역량: 사실인가? 연관이 있는가? 그게 전부인가?

데이터 리터러시 중 데이터 해석과 관련된 마지막 역량은 비판 역량이다. 비판 능력이 중요한 이유는 첫째, 속지 않기 위해서이고 둘째, 바로 '비판받지 않기 위해서'다. 남을 합리적으로 비판할 줄 알아야 자신도 그 합리적 비판 원리를 바탕으로 비판을 받지 않을 수 있다. 내가 데이터 리터러시의 해석과 관련된 역량에 비판 역량을 포함시킨 것은 바로 이 명제, '비판할 줄 알아야 비판받지 않는다'를 실행하기 위해서다. 이것이 반드시 날카롭게 다듬어져 있어야 이후 살펴볼 데이터 기반의 의사결정이나 설득 역량도 힘을 키울 수 있다. 더불어 비판 능력은 이후의 분석 기획에 상당한 도움을 준다는 점에서도 중요하다. 속지 않기 위한 그리고 비판받지 않기 위한 감각이 뛰어난 사람은 애초에 분석을 기획할 때부터 분석 요소를 섬세하게 고려할 수 있기 때문이다.

그럼 자연스럽게 잘 비판하는 요령이 될지 생각해보자. 세상의 모든 메시지는 아무리 복잡해 보여도 그 구조 자체는 '무엇은 무엇이다'처럼 매우 단순하다. 다만 이 메시지가 잘 전달되려면 한 가지 표현이 더 필요한데, 그것이 '왜냐하면'이다. 우리가 데이터 관련 업무를 진행한다는 것은 곧 데이터를 근거로 삼아 '왜냐하면'을 보강하고, 이 보강을 통해 우리가 전하고 싶은 메시지를 제시하는 과정이다.

그렇기에 데이터 리터러시에서 이야기하는 비판 역량은 일반 논리학에서의 비판 원리들을 그대로 차용하거나 데이터 자체의 흠결과 완성도를 따지는 방식이 아닌, 메시지-데이터 구조에서만 발생할 수 있는 이 둘 사이의 궁합과 관련이 있다. 앞에서 살펴본 사실성, 연관성, 충분성을 다시 한 번 떠올리며 다음의 문장들은 각각 어떤 점에서 비판 요소를 가지고 있는지 생각해보자.

① 강양석 작가는 잘생겼다. 왜냐하면 화성인이기 때문이다.
② 강양석 작가는 잘생겼다. 왜냐하면 데이터 리터러시 책을 썼기 때문이다.
③ 강양석 작가는 잘생겼다. 왜냐하면 귀가 잘 생겼기 때문이다.

유치해 보여도 잘 연습해두길 바란다. 조금만 복잡한 비즈니스 사례로 들어가면 이 간단한 이치를 너무 쉽게 무시하는 이들이 많으니 말이다. 당신의 생각대로 ①은 사실성, ②는 연관성, 그리고 ③은 충분성이 부족하다는 점이 비판 요소가 된다.

너무 쉬웠다고? 그럼 좀 더 복잡한 예에 도전해보자. 다음의 광고는

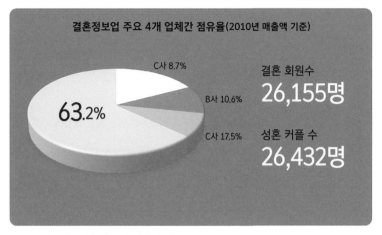

결혼정보업 주요 4개 업체간 점유율(2010년 매출액 기준)

C사 8.7%

B사 10.6%

63.2%

C사 17.5%

결혼 회원수
26,155명

성혼 커플 수
26,432명

주요 결혼정보업체 네 곳의 시장점유율(출처: 공정거래위원회 및 대표 업체 D사 광고자료)

사실성, 연관성, 충분성의 관점에서 어떤 비판을 받을 수 있겠는가?

우선 이 광고는 정량 데이터가 많이 나와 있고 출처 역시 잘 구성되어 있으므로 사실성에 매우 공을 들였음을 알 수 있다. 비록 우리가 완벽하게 검토하는 것은 불가능하지만, 이런 사실성이 일단 충족되었다고 간주한다면, 시장점유율이나 성혼 수 등은 분명 이 업체로의 가입을 유도하는 요소니 연관성도 만족시킨다고 볼 수 있다. 그렇다면 남은 건 충분성이다. 많은 얘기를 하지 않더라도 모든 걸 다 담은 듯 딱 느껴지게 하는 한 방의 근거 말이다. 그런데 이 광고에서는 이것이 좀 부족한 듯하다. 이와 관련하여 어떤 의견이 있을 수 있을까? '성혼 수가 아닌 성혼률을 보여줘야 한다' '성혼 시도 횟수 대비 성혼자 비율을 봐야 한다' '업체 간 경쟁력을 비교할 때야 성혼수가 중요할지 몰라도 소비자에겐 성혼률이 더 중요하다' 등 다양한 이야기가 나올 수 있고, 이것이 바로 충분성 비판이다. 그런데 내게는 이보다 더 기억에 남는 비판이 하나 있었다.

성혼율만을 보여주는 것도 부족하다. 업체를 통해 성혼 확률이 높아진다는 건 어찌 보면 당연한 결과다. 그게 바로 전문가를 고용하는 이유이기 때문이다. 성혼율보다 더 알고 싶은 건 결혼유지율이다. 물론 결혼생활의 좋고 나쁨이란 것이 매우 복잡다단한 것이라 단정하기 쉽지 않지만, 적어도 성혼 업체를 통해 결혼하면 '과정이야 수월하지만 결혼 이후 생활은 덜 행복할 수 있다'는 의심을 불식시켜줘야 한다. 결혼이 수월한 것과 좋은 배우자를 찾는 것은 다르기 때문이다. 그것도 주관적인 결혼만족도 같은 것이 아닌 '결혼 연차 그룹별 대한민국 전체 이혼율과 업체 성혼 이혼율'을 비교해주면 좋을 것 같다.

더욱 충분해지는 것이 느껴지는가? ' 아니, 뭐 광고 하나에 이렇게도 진지해지는 거야?' 하는 생각에 우스울 수도 있겠지만, 이런 연습을 일상에서 자주 해놓으면 데이터의 양이 많고 의사결정 구조가 복잡한 상황에서도 날카로운 데이터 리터러시 감각을 유지할 수 있다.

한 가지 예를 더 살펴보자. 2012년 국민 어르신인 방송인 송해를 홍보대사로 내세운 한 국내 은행의 광고는 그야말로 선풍적인 인기를 끌었다. 해당 은행이 발표한 내용에 따르면, 2012년 4월 30일 현재 송해

씨의 광고를 보고 은행을 찾은 고객, 이른바 '송해 효과' 사례가 152건에 이르고, 이들이 가져온 신규 예금은 957억 원이 넘었다 한다. 한 외국계 광고 회사가 당시 은행들의 광고 효과를 조사한 결과, 최초 상기도 부문에서 이 은행은 31.7%로 공동 1위를 차지했다. 이는 15.7%에 그친 전해 9월보다 무려 16.0%포인트나 증가한 성과였고, 방송인 송해는 2012년 대한민국 광고모델 대상의 영예까지 안았다. IBK기업은행의 광고 얘기다.

그 광고의 성공 비결은 메시지를 단순화해서 친근하게 설명한 것이었다. 어렵고 복잡한 영상에 스타급 광고 모델을 기용했던 대부분의 광고들 사이에서 기업은행의 광고는 단순하고 명쾌한 메시지로 빛을 발한 것이다. 그 메시지를 요약해보면 다음과 같다.

> 첫째, IBK 기업은행은 대한민국 국민 모두가 거래할 수 있는 은행입니다.
> 둘째, 기업은행에 예금하면 기업을 살립니다.
> 셋째, 기업이 살아야 일자리가 늘어납니다.

이 메시지 구조를 찬찬히 살펴보면 첫 번째와 두 번째 메시지가 결국 세 번째 메시지로 수렴하는 구조임을 알 수 있다. 해당 은행과의 거래는 거대한 경제 메커니즘을 통해 돌고 돌아 결국은 자신에게 이로움을 줄 수도 있다는 인상을 고객에게 주기 때문이다. 한편으론 나 개인에겐 도움이 안 된다 해도 최소한 국가엔 도움은 되자는 애국심을 자극하기도 하다. 일자리 증대는 경제학적으로도 부작용이 거의 없는, 지고지순하게 좋은 몇 안 되는 가치 중 하나니까. 아마 이런 여운 덕에 이 광고가 사람들의 마음을 움직이게 만든 듯하다.

그런데 정말 그럴까? 동물적 감각의 안테나로 우선 첫 번째와 두 번째 메시지 간의 관계를 꼼꼼히 살펴보자. 이 둘의 관계를 정확히 알아보기 위해 가장 먼저 해야 할 일은 의구심의 폭을 넓혀보는 것, 즉 이 관계의 판단을 위해 동원되어야 하는 질문을 유의미한 수준에서 최대한 세세히 구분해보는 것이다.

가령 두 메시지의 관계를 완벽히 이해하기 위해선 다음과 같이 정리한 세 가지 의구심이 있을 수 있다. 비슷한 듯 보이지만 분명 서로 다른 의구심들이다. 대부분의 사람들은 1번 의구심만 해소되면 그 관계가 완벽히 입증된 것으로 생각한다는 게 문제이긴 하지만 말이다.

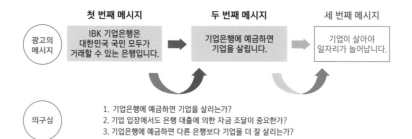

IBK 기업은행의 광고에 대해 품을 수 있는 세 가지 의구심

	첫 번째 메시지	두 번째 메시지	세 번째 메시지
광고의 메시지	IBK 기업은행은 대한민국 국민 모두가 거래할 수 있는 은행입니다.	기업은행에 예금하면 기업을 살립니다.	기업이 살아야 일자리가 늘어납니다.

의구심
1. 기업은행에 예금하면 기업을 살리는가?
2. 기업 입장에서도 은행 대출에 의한 자금 조달이 중요한가?
3. 기업은행에 예금하면 다른 은행보다 기업을 더 잘 살리는가?

금융감독원이 2012년 당시 발표한 '은행별 중소법인 자금 공급 현황 자료'에 따르면 기업은행은 타 시중은행 대비 빠른 속도로 중소법인을 대상으로 하는 자금 공급을 늘려가는 것으로 나타나고 있어 1번 의구심은 해소된 것 같다. 하지만 은행들의 대출이 기업 입장에서 정말 중요한 자금 조달 수단인지, 또 같은 돈을 맡겨도 기업은행이 다른 은행들보다 기업을 더 잘 살리는지는 이것만으로 확인하기 어렵다.

어떤 행동이든 스스로 충분한 답을 갖지 않은 상태에서 결정하면 안 된다. 기업은행에 예금한 돈이 아무리 기업의 금융 재원으로 잘 활용된다 해도 정작 기업들이 더 이상 은행 돈을 쓰지 않으려 한다거나, 혹은 같은 규모의 재원으로도 타 은행이 기업들을 훨씬 더 잘 지원한다면 우리가 기업은행에 돈을 맡겨야 할 이유가 약해지기 때문이다. 이렇듯 2번과 3번 의구심처럼 직접적이진 않으나 광고 메시지를 완벽

은행별 중소법인 자금 공급 현황

(기간중 증감, 조원)

은행	'11.1~7월 (A)	'12.1~7월 (B)	증감(B-A)	은행	'11.1~7월 (A)	'12.1~7월 (B)	증감(B-A)
우리	0.8	0.1	△0.7	제주	0.0	0.1	0.1
SC	0.5	0.1	△0.4	전북	0.2	0.1	△0.1
하나	0.9	0.8	△0.1	경남	1.1	0.5	△0.6
외환	0.7	0.7	-	산업	1.6	1.1	△0.5
신한	1.5	0.6	△0.9	기업	4.7	5.0	0.3
씨티	0.6	0.0	△0.6	수출입	0.2	0.1	△0.1
국민	1.4	1.9	0.5	농협	△1.2	△0.9	0.3
대구	0.5	0.3	△0.2	수협	0.2	0.0	△0.2
부산	1.0	1.0	-	합계	15.1	11.9	△3.2
광주	0.4	0.4	-				

출처: 금융감독원

대중소기업 금융 자금 조달 현황

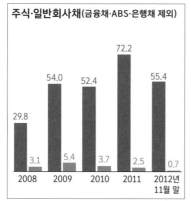

주식·일반회사채(금융채·ABS·은행채 제외)

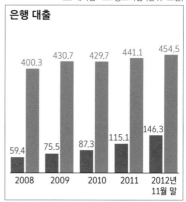

은행 대출

출처: 금융감독원, 한국은행

하게 평가하기 위한 의심 지점을 스스로 설정해보는 능력은 자칫 충분성이 결여된 메시지를 구별해내는 데 없어서는 안 될 중요한 능력이다.

2012년에 금융감독원과 한국은행에서 발표한 '대중소기업 금융 자금 조달 현황 자료'에 따르면, 중소기업에 있어 은행 대출은 자금 조달의 매우 중요한 통로이며 그 규모도 꾸준히 성장하는 것으로 나타나고 있다. 이로써 2번 의구심 역시 해소되었다.

하지만 3번 의구심은 여전히 미심쩍게 남아 있다. 2012년에 새누리당 유일호 의원이 '기업자금 대출 예대마진 현황 자료'를 기반으로 주장한 내용에 따르면 기업은행의 자금 조달 구조는 여타 시중은행과 다소 차이가 있어 단순비교가 불가능하다고 하나, 중소기업 지원을 위한 정책적 역할을 담당하면서 예대마진을 최고 수준으로 유지하는

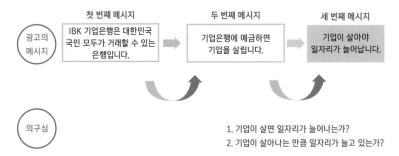

IBK 광고 메시지의 흐름

광고의 메시지	첫 번째 메시지	두 번째 메시지	세 번째 메시지
	IBK 기업은행은 대한민국 국민 모두가 거래할 수 있는 은행입니다.	기업은행에 예금하면 기업을 살립니다.	기업이 살아야 일자리가 늘어납니다.

의구심

1. 기업이 살면 일자리가 늘어나는가?
2. 기업이 살아나는 만큼 일자리가 늘고 있는가?

것은 시급히 개선되어야 한다고 주장한 바 있다. 광고에서 주었던 메시지가 약화된 셈이다.

기업은행의 광고가 주는 세 번째 메시지, '기업이 살아야 일자리가 늘어납니다'를 비슷한 방식으로 따져보자. 이와 관련한 의구심을 또한 번 넓혀보면 다음 그림과 같은 수준에서 정리될 수 있을 것이다. 여기서 중요한 것은 2번 의구심, 즉 일자리 창출 수단으로 산업이 갖는 역할 자체를 의심한다기보다는 그 효과성의 추이가 어떠한가에 대한 궁금증이다.

애석하게도 한국은행이 2012년 발표한 관련 자료에 따르면 2010년 전 산업 평균 고용유발계수는 8.3명이다. 이는 동일한 산업 분류 기준으로 자료를 작성하기 시작한 2005년 이후 가장 낮은 수치로, 2005년의 10.1명에 비해 17.8%나 줄어든 수준이다. 이는 산업성장세가 둔화된 만큼 고용성장세도 약해지고 있다는 뜻이자, 2번 의구심이 아직은

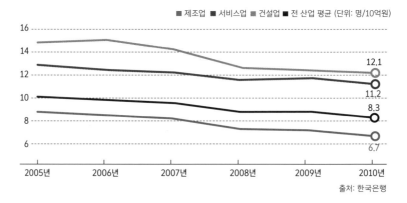

2005~2010년 한국의 고용유발계수

■ 제조업 ■ 서비스업 ■ 건설업 ■ 전 산업 평균 (단위: 명/10억원)

12.1
11.2
8.3
6.7

2005년　2006년　2007년　2008년　2009년　2010년

출처: 한국은행

말끔히 풀릴 수 없다는 의미이기도 하다.

　그럼 전문가들은 이런 '침소봉대'형 실수들을 저지르지 않을까? 마지막으로 한 가지 예를 더 살펴보자.

　실제 전문가들의 보고서를 가공한 다음 자료가 갖는 사실성, 연관성, 충분성을 비판해보자. 일단 찾아야 하는 것은 메시지다. 앞서 언급했듯 어떤 데이터에 사실성이나 연관성, 충분성이 결여되어 있다는 말은 해당 데이터가 특정 메시지를 지지하고 있다는 전제가 있을 때 성립된다. 즉, '이 데이터는 (특정 메시지를 지지하는 근거가 되는 데 필요한) 사실성이나 연관성, 충분성이 결여되어 있다'는 뜻인 것이다. 우리가 어떤 데이터를 접했을 때 제일 먼저 할 일이 메시지를 찾는 일이어야 하는 이유도 이것이다. 그럼 이 데이터가 주는 메시지는 뭘까? 바로 '국내 병원들의 경쟁이 심화되고 있다'일 것이다. 이에 대해 그럼 비판

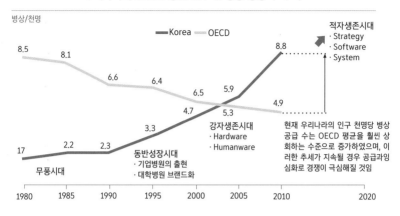

우리나라와 OECD 평균 인구 천 명당 병상 수 추이

병상/천명

━ Korea ━ OECD

적자생존시대
· Strategy
· Software
· System

8.5
8.1
6.6
6.4
6.5
5.9
4.9
8.8

17
2.2
2.3
3.3
4.7
5.3

무풍시대

동반성장시대
· 기업병원의 출현
· 대학병원 브랜드화

강자생존시대
· Hardware
· Humanware

현재 우리나라의 인구 천명당 병상
공급 수는 OECD 평균을 훨씬 상
회하는 수준으로 증가하였으며, 이
러한 추세가 지속될 경우 공급과잉
심화로 경쟁이 극심해질 것임

1980 1985 1990 1995 2000 2005 2010 2020

우리나라는 이미 인구 대비 병상공급이 많은 나라에 속하고 있어,
병원들은 극심한 경쟁 속에 '적자생존의 시대'를 맞이하고 있는 것으로 나타남

을 해보자.

우리나라 병원들의 경쟁 강도는 엄밀히 말해 국내 병원의 공급과 수요 격차에서 발생한다. 그런데 이 자료는 한국 병원들의 경쟁 강도를 난데없이 OECD의 그것과 비교한 수치를 제시한다. 물론 여러 분야의 많은 분석들이 OECD의 지수와 우리 지수를 비교해서 제시하곤 하지만, 그것과는 별개로 우리는 데이터를 엄밀하고 날카로운 감으로 바라볼 수 있어야 한다.

슬라이드를 자세히 보면 이 슬라이드의 작성자는 OECD와의 비교에 꽤나 집착했음을 알 수 있다. 두 선이 교차되고 있어 얼핏 극적인 시각적 이미지를 표현했고, 친절하게도 2010년도의 경우엔 그 격차를 계산까지 해서 보여줬기 때문이다. 그러나 '국내 병원들의 경쟁 심화'라는 주제를 다루는 데 있어 더 필요한, 그리고 더 먼저 제시되었어야 하는 정보는 '국내 병원들의 공급 및 수요 격차'다. OECD 대비 지수는 증가하고 있지만 실제로는 국내 수요 대비 공급이 과잉이 아닐 수 있기 때문이다. 따라서 이 사례는 직접적 연관이 없는 수치를 핵심 근거인 양 사용한, 즉 데이터의 연관성이 부족한 예라고 볼 수 있다. 설사 오십보 백보 양보하여 연관이 있다손 치더라도 여전히 충분성 문제는 남는다. 예를 들어 우리 나라의 '고령화' 문제를 고려할 때, 인구 증가는 둔화되나 병상을 더 많이 요구하는 질환 및 질병이 증가한다면 병원 간 경쟁 심화 없이도 이 현상은 얼마든지 나타날 수 있다.

요즘 들어 신문이나 TV, 또는 업무 보고서에 데이터가 사용되는 경우가 부쩍 늘어났다. 대부분은 사실성을 극대화하려는 노력의 일환이다. 데이터가 많아지면 사실성이 극대화되고 근거가 탄탄해지는 것은 맞지만 그래봐야 그 효과의 최대치는 전체의 3분의 1에 불과하다. 그렇기에 우리는 연관성과 충분성까지 만족시켜야만 비로소 온전한 하나의 메시지가 나온다는 사실에 유념해야 한다.

이런 의미에서 봤을 때 세상에서 가장 교묘한 거짓말은 바로 사실성을 극대화하고 연관성과 충분성을 교묘하게 숨기는 고도의 거짓말이다. 이런 유형의 거짓말이 늘어나는 것은 사실성 자체에 흠결이 있는 거짓말의 경우 금방 들키기 마련이기 때문이다. 또 사실성을 부각하는 과정에 많은 데이터가 동원되면 내용이 화려해지는데 이것이 의구심의 발동을 저해하는 측면도 있다. 질리도록 많은 데이터의 양, 시각적으로 화려하게 채색된 데이터에 쉽게 속지 않으려면 사실성과 연관성, 충분성을 균형 있게 만족시키는지 파악하는 훈련을 해나가야 한다.

아무리 친숙하고 유명한 광고나 전문가의 보고서라 해도 의구심의 폭을 충분히 넓혀 그것을 받아들이다 보면 미심쩍은 부분이 새롭게 등장하곤 한다. 이런 부분들이 쌓이고 쌓이는 데이터는 결국 본래 주려 했던 메시지까지도 외면받을 수밖에 없다. 때문에 어떤 데이터를 볼 때는 의구심을 폭넓게 갖는 것과 더불어 합리적인 의구심 설계가 가능하도록 좋은 직관을 유지하는 것이 중요하다. '응? 정말 그런가? 이렇게 보면 그렇지 않을 수도 있지 않을까?'라 생각해보는 자세가 필요한 것이다.

마지막으로 명심해야 할 부분은 사실성 및 연관성과 달리 충분성은 그 적합한 정도가 상대방에 의해 결정된다는 것이다. 상대방의 의심의 폭이 크면 충분성도 그에 맞게 골고루 맞춰줘야 한다. 역으로 말하면 우리가 높은 수준의 충분성 감각을 가질수록 사회 전체가 더 높은 수준의 설득 역량을 갖게 될 것이란 의미이기도 하다.

이제 정리해보자. 감각은 여러분이 메시지를 전달할 때 제시한 데이터가 상대방이 품는 의구심과 갖는 격차를 간파해내 적절하게 추가 대응할 수 있도록 도와주며, 남의 메시지를 수용할 때 그 메시지의 지지 근거가 충분한지 아닌지 판단할 수 있는 합리적 범위의 의구심을 형성하게 해준다. 데이터 활용을 위한 감각이 없으면 충분성이 부족한 '침묵형 거짓말'에 무방비 상태가 될 수밖에 없는 것도 이 때문이다. 사실성, 충분성, 연관성에 기반을 둔 균형 잡힌 비판 능력, 이것이 데이터 비판 역량의 핵심이다.

II. 데이터를 잘 확보하는 역량

1) 지목 역량: 원하는 게 정확히 뭔지 모르겠어요

이제 데이터 리터러시에서의 두 번째 영역인 '데이터 확보 역량'에 대해 알아보자. 데이터의 양이 급속도로 증가하면서 데이터에 대한 접근성이 좋아진 것은 맞다. 그럼에도 데이터 리터러시의 네 가지 대분류 중 하나가 데이터 확보 역량인 데는 이유가 있다. 바로 '데이터가 많다'는 것과 '내 목적에 맞는 데이터가 많다'는 것은 전혀 다른 사안이기 때문이다.

'많다'를 '쓸 만한 것이 많다'로 이어지게 하려면 약간의 노력이 필요하고, 그 노력이 바로 데이터 확보 역량이다. '확보'는 영어로 어콰이어(acquire)인데, 이는 뭔가를 '얻다'라는 의미의 단어들 중 특히 노력과 능력을 동원하여 얻는 경우를 지칭한다. 그럼 구체적으로 어떤 노력과 능력이 이에 해당할까? 데이터 확보 역량의 여러 하위 역량들 중 첫 번째는 '데이터 지목 역량'이라는 게 내 생각이다. 익숙하지 않은 생소한 표현이라며 당황하지 말자. 내가 만들어낸 말이니까.

경영 컨설턴트 및 회사 임원으로서 거쳤던 그간의 경험에서 깨달은 것이 하나 있다. 데이터 획득 역량을 구성하는 기본은 "제가 필요로 하는 데이터는 이런 것입니다"라고 자신 있게 지목할 줄 아는, 즉 데이터 지목 역량이라는 사실이다. 자신이 원하는 것을 정확한 개념으로 표현할 줄 아는 사람은 데이터 분석을 위한 목적의식, 그리고 그 목적의식하에서 필요한 가설과 데이터 유형까지 정할 수 있는 사람이다. 말하자면 생각이 선 사람들이란 뜻이다. 데이터의 규모나 형태, 종류와 상관없이 이는 데이터를 다루는 모든 이에게 해당하는 이야기다.

업무 중 누군가에게 자료를 요청했는데 상대로부터 "좀 더 정확히 요청해주시면 최선을 다해 지원해드리겠습니다"라는 말을 들어본 적이 있는가? 사실 이런 말은 사실 당신의 데이터 지목 역량이 부족하다는 것을 꼬집는 표현이다. '나도 바쁘니 내가 당신 상황을 꼼꼼히 이해하고 자료를 건네줄 거란 기대는 하지 마. 당신은 당신이 뭘 원하는지 잘 모르고 있거나, 안다 해도 표현하는 데 서투른 것 같아'라고 말이다. 그럼 여기서 데이터 지목 역량에 관한 훌륭한 사례 하나를 살펴보자.

> "회장님, 이 데이터들 좀 보십시오. 국내 농기계 시장은 성장의 여지가 거의 없습니다. 농기계 보유대수가 아예 줄고 있고, 벼농사건 밭농사건 농업 기계화율도 정체에 가까워 새로운 시장이 필요한 상황입니다. 그룹 차원의 적극적인 지원 역시 절실합니다."

이 말을 들은 회장이 동조하듯 말한다.

"음, 그렇군요. 그럼 염두에 둔 신규 시장이라도 있습니까?"

"네. 있습니다."

"오, 어딘가요?"

기회가 찾아왔다는 듯 농기계 자회사 사장은 자신 있게 답했다.

"북한입니다."

"응? 어디?"

"북한이요. 농업기계화율이 매우 낮은 북한 시장은 그야말로 블루 오션입니다. 게다가 우리 동포 아닙니까?"

"음, 그게 참……. 다른 계열사 사장님들은 어떻게 생각하나요?"

"……."

이는 2009년경 국내 재계 순위 약 30위권 그룹의 회장 및 사장단 회의장에서 실제로 오간 대화 내용을 각색한 것이다. 이 대화를 시작으로 '북한 시장에 진출할 수 있도록 지원해달라'는 농기계 자회사 사장의 요구는 계속되었고, 북한 시장은 시장 논리만으로 접근하기 쉽지 않다 여긴 회장은 자회사 사장의 계획을 강하게 만류하고 싶었다. 하지만 완강하기만 한 사장의 요구에 회장의 고민은 깊어만 갔고, 이 고민은 당시 그룹 중장기 전략 수립 프로젝트를 수행하기 위해 상주하고 있던 외부 컨설팅 팀에도 전해졌다.

과연 북한 시장 진출이 합리적인 성장 돌파구인가를 두고 컨설턴트

국내 농기계 보유대수

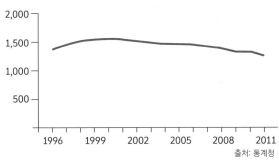

출처: 통계청

국내 농업기계화율

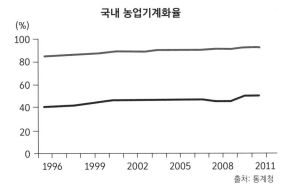

출처: 통계청

들 사이에서도 토론과 분석이 끊이지 않던 중, 의외로 단 하나의 데이터 덕에 '북한 시장 진출 불가'라는 결론이 간단히 도출되었다. 이 데이터는 이후에 열린 회장 및 사장단 회의 자리에 즉시 제출되었고, 그에 따라 회장은 원하는 결과를 얻는 데 성공했다고 한다. 수십 장짜리 '북한 농기계 시장 진출 타당성 분석 보고서'가 아닌 단 한 장짜리 데이터였고, 후문에 따르면 그걸 제출한 이는 당시 막 대학을 졸업한 신입 컨설턴트였다는데 말이다. 여러분도 여기에서 한번 생각해보자. 도대체 그 데이터는 어떤 말을 하고 있었을까? '북한 시장 진출 불가'라는 결론을 단박에 이끌어낼 수 있었던 촌철살인형 데이터는 어떤 것이었을까?

- 북한 정권의 개입으로 실제 시장 진출은 쉽지 않을 것이다.
- 농기계에 대한 북한의 수요는 크지 않을 것이다.
- 개성공단의 경우처럼, 북한에 진출한다 해도 정치적 위험 때문에 정상적인 사업 운영에 많은 차질이 생길 것이다.
- 우리 정부의 승인 및 지원이 불투명해 시도 자체가 좌절될 수 있다.

여러분이 떠올린 답변도 혹시 이와 같은가? 그런데 만약 이런 반대 근거들을 자회사 사장 역시 알고 있음을 물론 '그런 문제는 장기간의 노력으로 극복될 수 있다'고 계속 강변한다면 어떻게 답해야 할까? 어떤 데이터가 이런 추가 반박을 허용한다면 그것 자체가 이미 촌철살인형 데이터가 아니라는 증거다. 우리가 찾고자 하는 데이터는 사장이 사전에 인지하지 못했을 법하고 일개 회사의 노력으로 도저히 극복할 수 없는, 좀 더 구조적인 장애 요인을 나타내는 것이어야 한다.

이 점을 잘 이해하고 있던 신입 컨설턴트가 주목한 부분은 바로 '북한의 유류 상황'이었다고 한다. 그가 제시한 한 장의 데이터가 말하는 메시지는 '북한은 군사 목적으로 사용할 기름도 모자란 형편임'이었다.

아마도 그 데이터는 북한 전체의 유류 공급량과 북한군이 필요로 하는 유류 소비량을 비교한 형태의 막대 그래프였을 것이고, 전체 공급량이 군 소비량에도 턱없이 모자란 현실을 보여줬을 것이다. 농기계의 '농' 자도 언급하지 않은 채 하고 싶은 모든 말을 마친 셈이니, 데이터 지목에 대한 기지와 감각이 정말 대단하지 않은가? 군 전략에 대한 북한 정권의 집착을 역으로 매우 잘 이용하기도 한 예다.

이 사례가 너무 극적이라 잘 와 닿지 않는다면 좀 더 평이한 사례를 통해 지목 역량의 힘을 느껴보자. 다음은 1994년부터 2007년까지 국내 자동판매기 생산량 및 생산금액을 나타낸 차트 데이터다. 이를 보고 누군가 당신에게 "국내 자동판매기 산업은 성장하고 있습니까?"라고 물으면 어떻게 답해야 할까?

여기서 우리가 앞서 배웠던 데이터 직관력이 작동해야 한다. 주목할 만한 부분을 찾았는가? 동일 연도에서 생산량은 상승하고 있는데 이상하게도 생산 금액은 하락하고 있다는 것이 영 이상하다. 성장하는 시장은 대부분 우상향하는 모습을 보이는 것이 일반적인데 이 경우에는 어떤 지표를 사용했냐에 따라 결론이 아리송하기만 하다. 이 아리송함을 풀어줄 '빠진 고리'를 지목해보는 것이 데이터 지목 역량다. 이 역량이 있어야 진짜 이유를 가장 빠르게 찾을 수 있다. '아, 만약 이러이러한 데이터가 이런 식으로 나온다면 저 현상은 설명이 되지'라고 말이다.

생산량과 생산금액이라는 두 지표의 관계에서 생각을 시작해보자.

당연한 이야기지만 생산금액은 생산량과 평균생산단가의 곱으로 나타날 것이다. 따라서 생산량이 증가하는 상황인데 생산금액이 하락하고 있다는 것은 분명 평균생산단가가 하락하고 있다는 뜻이 된다.

생산금액(PQ) = 생산량(Q) × 평균생산금액(P)

평균생산단가가 하락하는 경우로는 우선 극단적인 생산기술의 발

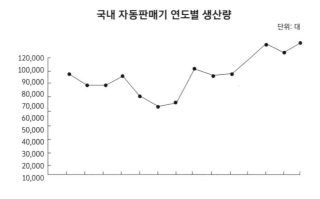

국내 자동판매기 연도별 생산량

단위: 대

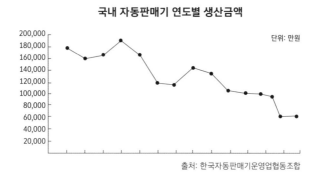

국내 자동판매기 연도별 생산금액

단위: 만원

출처: 한국자동판매기운영업협동조합

전으로 제조원가가 떨어진 경우가 있을 수 있다. 이런 때는 연도별 자동판매기 제조원가 자료(원/연)라는 데이터가 필요하다고 지목할 수 있을 것이다.

하지만 아무리 제조원가가 급격히 떨어진다 해도 생산량과 생산금액이 이렇게까지 반대 방향으로 나오기는 쉽지 않을 것 같다. 게다가 저 기간 동안 우리가 경험했던 자동판매기들은 더 화려해지고 더 커진 면이 있는데 그럼에도 생산원가 하락이 핵심 원인이라는 건 좀처럼 와 닿지 않는다. 게다가 저 자료는 시장에 한 가지 종류의 자동판매기만 있다고 가정한 경우니 더더욱 그렇다.

아무래도 좀 더 현실적인 상상이 필요한 상황처럼 보인다. 그렇다면 '연도별 자동판매기의 유형별 판매 비중(%)과 평균생산금액'이란 데이터는 어떨까? 이런 데이터를 지목했다는 것은 첫 번째 지목의 경우와 다르게 시장에 여러 종류의 자동판매기가 있다는 사실에 착안한 것이다. 만약 자동판매기 시장에 변화가 생겨 중후장대한 자동판매기보다 소형 자판기의 비중이 점차 증가했다면 앞서의 현상을 설명하는 일도 가능해질 것이다. 크기와 상관없이 한 대씩 카운트되니 생산량은 늘지만, 작은 자판기의 생산금액은 대형 자판기의 그것 대비 현저히 적어 시장 전체의 생산금액도 줄어들 테니 적어도 첫 번째 지목보다 유효해 보인다.

정답은 바로 우리가 음식점에서 자주 보는 이 친숙한 자판기에 있었다. 편의점의 증가로 대형 자판기들의 입지는 점차 좁아지는 상황인

데 음식점들이 고객 서비스 차원에서 소형 커피 자판기를 설치하자 앞의 현상이 두드러지게 나타난 것이다.

정리해보자. '데이터가 많다는 것'이 곧 '사용할 데이터가 많다'를 의미하진 않기 때문에 우리에겐 자신의 목적에 맞는 데이터를 확보하는 노하우가 필요하다. 많은 데이터 중 "그럼 이 데이터가 핵심이네"라고 지목할 줄 알아야 정보의 바다에서 헤매지 않을 수 있다는 뜻이다. 그렇기에 데이터 지목 역량은 데이터의 양이 많아질수록 더욱 중요해지는 역량이고, 이 역량을 가진 이와 그렇지 않은 이의 격차는 점점 더 벌어질 수밖에 없다. 이 단계는 데이터에 생각이 끌려가는 게 아니라 생각이 데이터를 끌어가는 본격적인 단계이기도 하다. 좋은 가설을 세우고 이를 데이터 형태로 표현해볼 수 있는 데이터 지목 역량은 데이터 확보의 첫걸음이다.

2) 수집 역량: 넝마주이세요?

이번에는 데이터 획득 역량 중 말 그대로 자료를 수집하는 역량에 대해 알아보자. 좋은 메시지가 만들어지려면 메시지 자체가 예리하게 조준되어야 하고, 데이터는 강력한 근거로서 그것을 지원해줘야 한다. 메시지만 좋아서도, 또 데이터만 좋아서도 안 되는 것이다. 그렇다면 강한 화력을 가진 근거 데이터를 마련하는 방법에 대해 알아보자.

근거 데이터를 획득하는 방법에는 크게 두 가지가 있다. 하나는 프라이머리 리서치(primary research)으로 쉽게 말해 인터뷰 등 직접 누군

음식점에 비치되어 있는 미니 자판기들.

가에게 물어봐서 알아내는 것이고, 다른 하나는 보고서 등 문헌을 중심으로 정보를 취하는 세컨더리 리서치(secondary research)다.

세컨더리 리서치는 잘만 찾으면 일목요연한 형태로 정보를 취득할 수 있다는 것, 프라이머리 리서치는 인터뷰 대상자와의 대화를 기반으로 하기 때문에 대단히 유연하게 정보를 획득할 수 있다는 것이 장점이다. 유연하다는 것은 곧 조사자의 역량에 따라 상당히 고급 정보를 얻을 수 있다는 뜻도 된다. 대개 세컨더리 리서치가 정보 획득에 주안점을 두는 반면 프라이머리 리서치는 '의견'을 얻어낼 수 있다는 점에서 더 발전된 형태에 해당한다. 판단은 사실보다 한 단계 나아간 정보의 형태임이 분명하니 말이다. 그렇다 해서 프라이머리 리서치가 세컨더리 리서치에 비해 늘 우선한다는 의미는 아니다. 어떤 문제해결 상황에 처해 있나에 따라 어떤 방법을 취할 것인지도 달라지기 때문이다.

우리가 직면하는 문제 상황은 대개 이 그림과 같이 몇 가지 중요한 질문에 따라 분리된다. 첫 번째는 직면한 문제에 대해 '정답이란 것이 존재하는가?'다. 한국 사람들은 고등학교 때까지, 최근엔 대학생들까지도 정답이 있는 문제에만 지나치게 길들여진다. 인생에서 정말 중요한 문제는 대부분 정답이 없기 마련인데, 이런 문제들은 판단 기준 자체는 물론 문제해결의 범위가 정해져 있지 않다. 게다가 특정 정보만 있다 해서 해결되는 것도 아니며 절대적 최선이라 여겨지는 답도 존재하지 않는다. 때문에 중요한 것은 단순히 정보의 양이 많고 적은가가 아니라 그 정보가 나의 적합한 판단에 정말로 기여하는가의 여부다.

답이 정해져 있는 문제일수록 세컨더리 리서치로 해결이 가능하겠지만, 모든 것이 열린 결말인 문제들에서는 정보와 판단력 모두가 절대적으로 중요하다. 이것이 흔히 말하는 '전략적 사고'다.

여기서 프라이머리 리서치, 즉 인터뷰 등을 통해 다른 사람의 정보와 판단력을 효과적으로 얻어내는 노하우 하나를 공유할까 한다. 다음 그림은 일명 '인터뷰 진행의 여섯 단계'를 나타낸 것이다. ① '도입(intro)'은 일종의 "안녕하세요?"와 같은 기본 인사 단계, ② '시작(kick off)'은 "오늘은 이러이러한 내용 때문에 뵙자고 했습니다."라며 인터뷰의 목적을 밝히고 알리는 단계, ③ '유대감 쌓기(build rapport)'는 "요즘 날씨가 많이 추워졌죠?" 등과 같이 인터뷰 분위기를 부드럽게 만드는 단계다. 이후 ④ '정보 취합(grand tour)'은 상대에게 꼬치꼬치 물어가며 정보와 데이터를 취합하는 단계로, 그림에서와 같이 상당히 분위기가

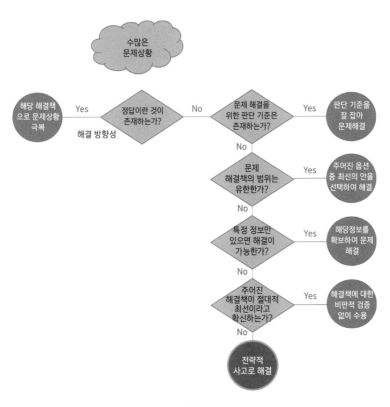

문제의 종류

고조되기도 한다. 이후 ⑤'재확인(reflection)'은 취합한 정보들을 "그럼 이건 이렇다는 의견이시겠네요?" 등 앞서 취합한 정보들을 상대에게 재확인하는 단계, 마지막으로 ⑥'마무리(wrap up)'는 감사를 표시하거나 다음 미팅을 약속하는 단계다.

여기서 질문 하나. 이상의 여섯 단계 중 의견과 판단을 동반한 고급 정보가 나오는 구간은 어디일까? 정보를 모으는 ④단계? 정보를 재확인하는 ⑤단계? 둘 다 정답이 아니다. 고급 정보는 팩트 자체를 발견하는 일이 아니라 상대의 의견과 판단을 얻어내는 일인데, 아무리 사전에 유대감을 잘 형성해놨다 해도 인터뷰 분위기가 엄중한 상황에선 상대가 그런 마음을 잘 내놓지 않는다.

앞의 질문에 대한 정답은 바로 '⑥마무리 단계'다. 컨설턴트로 일하던 시절, 모든 팩트를 아우르는 상대의 진짜 의견을 끄집어내기 위해 이 단계에서 내가 자주 사용했던 방법은 '노트 덮고 연필 내려놓기'였다. 모든 인터뷰 상황이 끝났다는 인상을 상대에게 행동으로 보여주는 것이다. 이렇게 하면 그 직전까지와 달리 상대는 경계심과 긴장감을 푼다. "아마 이 문제는 홍길동 씨만 풀 수 있을 거예요" 하는 식으로 더 좋은 인터뷰 대상을 알려주는가 하면, "A 사업이 B 사업보다 낫

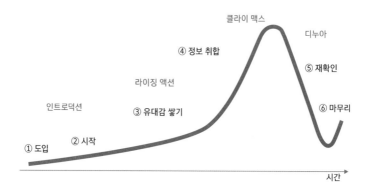

인터뷰 진행의 여섯 단계

다고들 보시는 것 같아요"라며 진심을 동반한 판단을 툭 내놓기도 한다. 문제해결을 위해 우리가 인터뷰하는 사람들은 대부분 앞서 이야기했던 세컨더리 리서치 자료를 이미 숙지한 사람일 가능성이 높고, 그렇기에 인터뷰 등을 통해 그 상대로부터 종합적인 판단을 이끌어내는 것은 매우 효과적인 노하우에 해당한다.

그렇다고 프라이머리 리서치에만 요령이 필요하고 세컨더리 리서치에는 데이터 리터러시에서 중시하는 감각과 사고력이 별로 필요하지 않다는 의미는 아니다. 우리가 어떤 메시지를 완성하려 할 때 필요한 근거의 종류는 생각보다 다양할 수 있고, 그 다양성 안에선 우열이 존재할 수밖에 없기 때문이다. 비유하자면 데이터의 화력 차이쯤 되겠다.

얼마 전 데이터 리터러시와 관련한 오프라인 강의 도중 '북한은 정말 이상한 나라다'라는 메시지를 지지할 수 있는 근거 데이터를 검색해서 발표해보기로 한 적이 있다. 짧은 시간 안에 수행된 예라서 설득력이 다소 떨어질 수도 있지만, 다음의 여러 데이터 중 어떤 것이 더 그럴싸해 보이는지 한번 살펴보자.

첫 번째로 수집된 근거 데이터는 2019년 6월에 국내 모 언론사를 통해 소개된 '북한의 공개처형'과 관련한 것이었다. 이 근거를 제시한 이는 북한이 아직도 공개처형을 자행하고 있는 국가이며, 특히 공개처형장에선 초등학생들이 맨 앞줄에서 그 광경을 목격하게끔 유도하기도 한다는 이야기를 하고 싶어 했다. 이상한 정도를 넘어 충격적인 근거가 아닐 수 없었다.

북한의 공개처형과 관련된 데이터

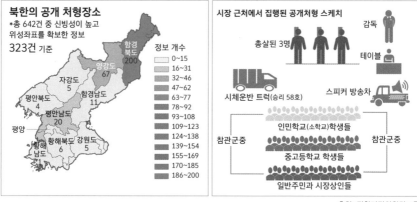

북한의 공개 처형장소
*총 642건 중 신빙성이 높고 위성좌표를 확보한 정보
323건 기준

함경북도	200
양강도	67
자강도	5
함경남도	11
평안북도	4
평안남도	20
황해북도	6
강원도	5

평양

정보 개수
0~15
16~31
32~46
47~62
63~77
78~92
93~108
109~123
124~138
139~154
155~169
170~185
186~200

시장 근처에서 집행된 공개처형 스케치

감독
총살된 3명
테이블
시체운반 트럭(승리 58호)
스피커 방송차
참관군중   인민학교(소학교)학생들   참관군중
중고등학교 학생들
일반주민과 시장상인들

출처: 전환기정의워킹그룹

두 번째 근거 데이터의 내용은 2020년 상반기 현재 가장 뜨거운 이슈 신종 코로나 바이러스에 대한 북한의 대응이었다. 전염성 높은 바이러스에 대한 대응 방법 중 북한이 택한 것은 '모든 국경의 봉쇄'였고, 그 결과 휘발유나 쌀 등 중국으로부터 수입해야 했던 것들의 물류도 완전 차단됨으로써 북한 내에서 해당 품목들의 가격이 한 달 만에 급격히 올랐다는 내용이었다. 이 자료를 제시한 이는 철저한 대비가 아닌 국경봉쇄라는 극단적인 방법을 쉽게 택할 수 있는 북한의 일사불란함이 매우 이상하다 여긴 것이다.

세 번째는 북한 내 영양실조에 관한 데이터였다. 영양실조는 사실 우리 주변에서 잘 볼 수 없는 현상임에도 북한 내에서의 영양실조 문제는 세계 평균치보다 무려 26배나 심각한 상황이라는 것이었다.

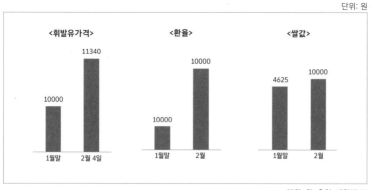

신종 코로나바이러스 유입을 막기 위해 북·중 국경을 차단한 여파

단위: 원

<휘발유가격>　　　　　<환율>　　　　　<쌀값>

단위: 원 출처: 데일리NK

　첫 번째 데이터는 충격적이고, 두 번째는 '그게 가능해?', 세 번째는 '안타깝다'라는 각기 다른 공감을 불러일으킨다. 세 가지 모두 '북한은 이상하다'라는 같은 메시지를 지지하고 있지만 각 근거가 주는 심상은 다양한 것이다. 각 데이터가 가진 화력의 우열이 느껴지는가?

　다음은 '북한은 이상한 나라다'를 지지하기 위해 내가 수집한 근거 데이터다. 앞서의 근거 데이터와 이것이 어떤 면에서 어떻게 더 좋은 근거가 되는지 평가해보면 재밌을 것 같다.

　이 데이터는 미국의 종교 통계사이트 애드히런츠닷컴(Adherents. com)이 2007년에 발표한 것으로, 세계 종교 단체의 신자수를 기준으로 순위를 나타낸 자료다. 1위부터 차례로 기독교, 이슬람교, 힌두교, 불교 등 우리에게 익숙한 종교들이 보이는데 10위에서 놀라게 될 것이다. 10위에는 북한의 통치 이념인 '주체사상'이기 때문이다. 대체 왜 한

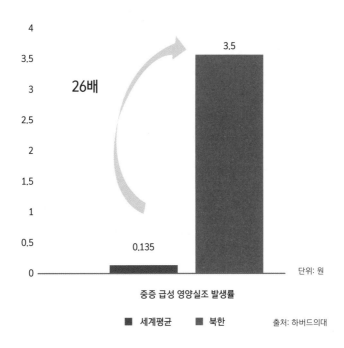

북한영양실조 실태 단위

26배

3.5

0.135

중증 급성 영양실조 발생률

단위: 원

■ 세계평균 ■ 북한   출처: 하버드의대

나라의 통치이념이 종교 통계자료에서 등장하는 걸까? 1,900만은 북한의 전체 인구와 비슷한 수치니 아마도 작성자는 북한은 국가가 아닌 하나의 종교단체라 여기는 듯하다. 동의하든 안하든 웃픈 상황인 셈이다.

받아들이는 이에 따라 다를 수 있으니 이 근거가 앞서의 세 가지보다 더 낫다고 주장하고 싶은 것은 아니다. 다만 이상의 예들을 통해

신자수 기준 세계 종교 순위.

순위	종교	신자 수(명)
1	기독교	21억
2	이슬람교	13억
3	무종교	11억
4	힌두교	9억
5	중국전통종교(유교, 도교 등)	3억 9,400만
6	불교	3억 7,600만
7	원시토착종교(애니미즘, 샤머니즘 등)	3억
8	아프리카 전통종교	1억
9	시크교	2,300만
10	주체사상	1,900만

출처: 애드히런츠닷컴

'세컨더리 리서치도 본인의 직관과 감각에 따라 얼마든지 다양해질 수 있고, 그 안에선 실력 차가 존재한다'는 교훈은 얻어야 한다.

이제 정리해보자. 프라이머리 리서치와 세컨더리 리서치 중 어떤 과정을 통해 나온 데이터든, 그 우열을 결정하는 것은 해당 데이터 자체가 아니라 그것을 근거 자료로 준비하는 사람의 직관과 정성이다. 데이터보다 더 중요한 것이 데이터 리터러시 역량이라고 이야기하는 이유도 이것이다. 아무리 좋은 영어 표현이라 해도 상황에 맞지 않으면 잘못 사용되는 셈이나 마찬가지니까.

3) 대체 데이터 생산 역량: 데이터 없으면 분석 끝나나요?

지금까지 우리는 데이터를 지목하고 실제로 획득하는 역량에 대해 알아봤다. 그리고 그것들은 어디까지나 '마땅한 데이터가 어딘가에 존재한다'는 것을 전제로 한 역량이었는데, 사실 아무리 찾아도 적절한 데이터가 없는 경우는 매우 허다하다. 이럴 때 우리는 '이가 없으면 잇몸으로'라는 말을 떠올리며 기지를 발휘해야 한다. 여기에서는 그 '잇몸'을 찾는 감각에 대해 살펴보자.

과거에 비해 지금은 기업들이 자신의 문제를 해결하는 방식도 꽤나 발전하고 있는데 그 변화는 '측정과 관리'라는 키워드로 압축된다. 주먹구구식으로 문제를 관리하려 했던 이전과 달리 이제는 모든 업무 단위를 쪼개고 측정함으로써 어떻게든 표준화된 방식을 통해 효율적으로 관리하려는 경향이 강해지고 있는 것이다.

흔히 KPI(Key Performance Index)라 불리는 핵심 성과 지표가 그 예다. 마치 우리가 감기에 걸렸는지의 여부를 알고 싶을 때 제일 먼저 체온을 확인하는 것처럼, 어떤 기업이 얼마나 잘 운영되며 성과를 내고 있는지를 파악하고 관리하는 데 필요한 상징적, 대표적 지표가 바로 KPI다. KPI를 통한 경영 체계 완성을 위해 기업은 활동 내용을 측정하고, 기록하고, 관리하는 일을 게을리하지 않는다. 즉, 데이터를 통해 기업을 경영하는 셈인데, 특히나 지금과 같은 디지털 트랜스포메이션의 시대에 데이터는 경영의 핵심 자원이 된다.

많은 KPI 중 기업의 투자 행위를 평가할 때 대표적으로 사용되는 지표는 투자수익률(ROI)이다. 투자에 집행된 금액 대비 그로 인해 벌어들인 금액의 비율이 어느 정도인지를 따지고, 일반적으로 그 값이 100%를 넘으면 밑지지 않은 투자 건이라고 인정하는 방식이다. 다만 문제는 ROI라는 지표의 특성상 계량화가 가능한 것만 표현된다는 점이다. 간혹 도저히 계량화될 수 없는 것을 무리하게 ROI로 표준화하기 위해 별도의 조작적 정의를 세우는 경우가 있는데, 이에 대해 많은 사람의 공감을 얻어내기란 여간 어려운 게 아니다. 다음의 '롤러코스터 ROI 구하기' 사례를 통해 자세히 알아보자.

국내 테마파크의 대표격인 A사는 최근 그룹사 감사 출신의 신임 사장을 맞이했다. 이 신임 사장은 그룹사에서도 '데이터로 말하라'라는 철학으로 유명했는데, 아니나 다를까 부임 초기부터 한 가지 지시로 테마파크 직원들의 간담을 서늘하게 만들어버렸다고 한다.

"최근에 수백억 규모로 지어진 롤러코스터가 ROI 관점에서 얼마나 효과적인 투자 건이었는지 자체적으로 평가하고 보고하세요."

테마파크에서만 수십 년씩 일해온 직원들은 '롤러코스터의 ROI'라는 개념이 얼마나 어려운 것인지를 이미 잘 알고 있었다. 신규 롤러코스터의 설치를 위해 투입된 투자규모(investment)는 10원 단위까지 명확히 계산 가능하지만, 그로 인해 벌어들인 가치(return)를 금액으로 환산해 산정하는 일은 매우 어렵다는 걸 이미 경험해본 바 있었기 때문이다.

독자들 중엔 '그게 도대체 왜 어렵지?'라 생각하는 이들이 있을 것도 같다. 만약 당신이 그 경우라면 다음의 질문을 자신에게 한번 더 던져 보자.

"전남 광주에서 올라온 4인 가족이 있습니다. 이 가족은 오로지 롤러코스터을 타보겠다는 일념으로 새벽같이 출발해 5시간 차로 달려 테마파크에 도착했죠. 그런데 어쩌죠? 막상 도착해 보니 롤러코스터 앞에 사람들의 줄이 너무 길게 늘어서 있네요. 3시간은 기다려야 한다고 합니다. 너무 당황하고 화가난 이 가족은 롤러코스터를 포기하고 동물원 쪽으로 가서 허기를 달래고자 핫바 네 개를 사먹었습니다. 이런 경우 이 핫바 4개 값은 롤러코스터 ROI를 구할 때 감안이 되어야 할까요? 아닐까요?"

만약 이런 경우가 적지 않아 ROI 산출 시 고려해야 한다고 생각한다면, 이 문제는 정말 쉬운 문제가 아닌 게 된다. 일단 이런 이들이 생각하는 산정 방법은 크게 두 가지로 나뉠 것 같다.

하나는 테마파크 전체 매출 관점에서 하향식으로 접근하는 방법이다. "롤러코스터가 생기기 이전과 이후의 매출을 비교해보면 새로운 롤러코스터에 의한 테마파크 매출 증가분을 알 수 있지 않을까?' 하는 것이다. 그런데 이 방법에는 치명적인 단점이 있다. 바로 롤러코스터 설치 공사 기간 중 테마파크 내에서 일어난 사건들에 따른 효과와 롤러코스터 설치에 의한 효과를 정확히 구분하기가 힘들다는 것이다. 예컨대 같은 기간에 회전목마가 업그레이드를 마쳤다면 두 사건 간에 복잡하게 얽힌 효과들을 정량적으로 구분한다는 건 거의 불가능해진다.

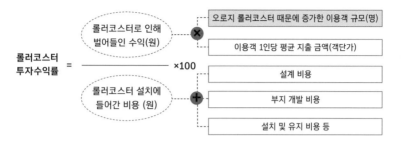

롤러코스터에 의한 매출 증가분

롤러코스터 투자수익률 = $\dfrac{\text{롤러코스터로 인해 벌어들인 수익(원)}}{\text{롤러코스터 설치에 들어간 비용 (원)}}$ ×100

롤러코스터로 인해 벌어들인 수익(원) ⊗
- 오로지 롤러코스터 때문에 증가한 이용객 규모(명)
- 이용객 1인당 평균 지출 금액(객단가)

롤러코스터 설치에 들어간 비용 (원) ⊕
- 설계 비용
- 부지 개발 비용
- 설치 및 유지 비용 등

　다른 하나는 실제 롤러코스터를 탑승한 이용객 수를 기반으로 하는 상향식 접근 방법이다. 해당 롤러코스터가 벌어들인 수익은 기본적으로 '순수하게 롤러코스터로 인해 증가한 이용객 규모(Q) × 이용객이 평균적으로 지출한 금액(P, 객단가)'의 구조로 산정될 것이다. 그러니 '롤러코스터를 실제로 탄 사람의 수에 고객 1인당 평균 매출(객단가)을 곱하면 되는 거 아닐까?'라고 생각하는 것이 이에 해당한다. 롤러코스터에 실제 탑승한 이용객 규모는 비교적 매우 정확하게 산출 가능하니 매우 매력적이고 수월한 방법처럼 보이긴 한다. 그럼에도 이 또한 순 증가분에 대한 정확한 접근이라곤 할 수 없다. 왜일까?

　예를 들어 롤러코스터 신규 설치 이후 100명의 이용객이 반드시 롤러코스터를 타려고 테마파크를 방문했으나 실제론 여러 이유 때문에 70명만 롤러코스터에 탑승했다면 나머지 30명의 증가분은 반영할 수 없기 때문이다(앞서 제시한 질문에서 나온 4인 가족의 경우가 이에 해당한다) 그 30명은 롤러코스터 때문에 테마파크를 방문했고, 비록 롤러코스터

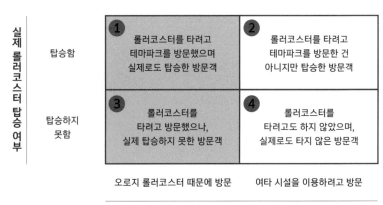

실제 롤러코스터 탑승 여부	탑승함	① 롤러코스터를 타려고 테마파크를 방문했으며 실제로도 탑승한 방문객	② 롤러코스터를 타려고 테마파크를 방문한 건 아니지만 탑승한 방문객
	탑승하지 못함	③ 롤러코스터를 타려고 방문했으나, 실제 탑승하지 못한 방문객	④ 롤러코스터를 타려고도 하지 않았으며, 실제로도 타지 않은 방문객
		오로지 롤러코스터 때문에 방문	여타 시설을 이용하려고 방문

테마파크 방문 목적

를 타진 못했지만 테마마크 내에서 지출한 금액이 있으니 이는 분명 새 롤러코스터의 설치에 따른 효과에 해당한다. 하지만 '롤러코스터를 실제로 탄 사람의 수에 객단가를 곱하는 방식'을 사용하면 이런 부분이 누락될 수밖에 없는 것이다.

문제는 또 있다. 만약 70명의 실제 이용객 중 원래는 롤러코스터를 타러 온 것이 아닌데 우연히 타게 된 사람들이 있다면, 그들은 롤러코스터가 없어도 어차피 그 테마파크에 방문했을 테니 순 증가분에 해당하지 않는다. 즉, 새로운 롤러코스터 설치에 따른 방문객의 증가분이 과다 계산될 수 있다는 뜻이다.

이렇게 하향식 분석 방법을 사용하려면 일단 수많은 놀이시설들 사이에서 다중으로 발생하는 간극 효과를 구분해내야 하는 어려움이 있기 때문에 일찌감치 포기하는 편이 좋을 것 같다. 결국은 상향식 방법을 근간으로 접근해야 한다는 뜻인데, 분석의 핵심은 '오로지 롤러코스터 때문에 증가한 이용객 규모를 어떻게 알아내느냐'다.

신임 사장이 알고 싶어 하는 것은 순수하게 새 롤러코스터 덕에 발생한 테마파크의 매출 증가분이다. 그래야 정확한 ROI를 산정할 수 있기 때문이다. 어려워 보이는 일이긴 하지만, 데이터가 없다는 이유로 신임 사장의 첫 업무 지시에 "답변할 수 없는 내용을 물어보셨습니다"라고 말할 수는 없는 노릇이다. 그렇다면 대체 어떤 데이터를 분석해야 다음 표에서 2, 4번 이용객은 배제한 채 1, 3번 이용객의 규모를 알아낼 수 있을까?

답은 의외로 간단했다. 애초에 데이터를 통해 답을 끌어낼 수 있는 사안이 아니라면 우리가 의존할 수 있는 것은 오직 동물적 감각뿐이다. 문제는 '누구의 감각을 어떻게 요구해야 이 난제를 해결할 수 있는가'다.

롤러코스터에 의한 이용객 순증가분을 역으로 표현하자면, '롤러코스터가 없었더라면 테마파크에 오지 않았을 사람의 수'다. 말장난으로 보이겠으나 이런 발상의 전환을 할 수 있느냐 없느냐는 엄청난 차이를 불러온다. 롤러코스터가 없었더라면 테마파크에 오지 않았을 법한 이용객은 의외로 쉽게 알아낼 수 있기 때문이다. 어떻게? 당사자에게 물어봐서! 이를 위해 해당 테마파크는 방문 고객을 대상으로 다음과 같은 내용의 정기 설문조사를 실시해왔다.

"만약 롤러코스터가 없었다면, 고객님은 저희 테마파크를 방문하지 않으셨을까요?"

이 질문에 '그렇다'라고 답변한 사람의 비중(%)에 롤러코스터 설치 이후 객단가 추이 데이터를 곱하면 오롯이 롤러코스터에 의해 증가한 매출 효과를 간단하게 구할 수 있다. 다시 말해 '이용객의 직관'과 '테마파크가 보유한 객단가 데이터'가 힘을 합쳐 수수께끼와도 같은 질문을 해결하는 것이다.

여기서 주의해야 할 점은 '롤러코스터 때문에 테마파크에 방문하셨습니까?'라는 질문으로 설문조사를 해서는 안된다는 것이다. 왜냐하면 '네'라고 답하는 순간에도 '그렇지, 나는 롤러코스터, 동물원, 회전목마 때문에 왔지'라고 생각할 수 있기 때문이다. 즉, 오로지 테마파크 때문에 온 사람을 순간적으로 구분해 내는 것이 불가능해진다는 뜻이다. 설문 문항에서의 질문 표현 하나에도 고도의 고려가 필요한 이유이다.

혹여 다중회귀 분석 같은 고도의 통계 기법에 집착하는 사람들에게는 이 해결책이 매우 엉성하거나 비과학적으로 보일 수도 있다. 하지만 문제의 핵심은 얼마나 그럴싸한 분석인가의 여부가 아니고, 그보다 더 중요한 것은 아무리 간단한 방법이라도 우리의 상식에 부합하면 그것이 더 좋은 것이란 사실이다. 물론 해당 설문조사를 매년 정기적으로 실시할 경우 나름대로 항상성 있고 설명력 있는 답이 나오는지에 대한 과학적 점검은 여전히 필요하겠으나. 때로는 직관적이고 감각적인 데이터가 훌륭한 잇몸 역할을 할 수도 있음을 기억할 필요는 있다.

더불어 감각과 데이터를 동시에 자유자재로 이용할 수 있는 사람은 그렇지 않은 사람보다 훨씬 강력하고 효과적인 문제해결 능력을 가질 수밖에 없다는 사실도 말이다.

단순한 설문조사라도 그 값이 설명력이 있으면 언제든 대체 데이터로 쓸 줄 알아야 한다. 우리의 목적은 분석 자체가 아니라 문제의 해결이기 때문이다.

III. 데이터를 통해 잘 판단하는 역량

1) 맥락 파악 역량: 누울 자리를 보고 다릴 뻗어라

데이터 리터러시의 세 번째 대분류는 데이터 기반 의사결정 역량이다. 여러분 앞에 다양한 데이터가 있고, 그것들을 바탕으로 어떤 분석을 하려 할 때 가장 먼저 해야 하는 것은 뭘까?

물론 당연히 분석의 목적을 명확히 하는 것이다. 분석 목적조차도 모호한 상태에서 데이터와 낑낑 씨름하는 사람이 많으니 이건 정말 중요한 점이다. 그런데 지금까지 이 책을 읽어온 우리는 그 정도로 대책 없는 경우가 아니고, 또 목적의식을 명확히 하는 것은 아예 데이터 리터러시 역량에 포함할 수도 없는 기본 중의 기본이라는 사실도 알고 있다. 그럼 그다음에는 뭘 해야 할까?

답은 '분석의 맥락을 파악하는 것'이다. 나는 분석 역량을 크게 맥락적 분석과 연산적 분석으로 구분한다. 연산적 분석이 곧 데이터 분석 자체라고 이해하는 이들이 있는데 절대 그렇지 않다. 연산적 분석 능력은 분석의 목적의식 및 그것이 형성된 이유의 맥락에 대한 이해를 마치고, 어떤 데이터를 어떻게 쓸지 가닥을 잡은 후 그에 맞게 오류 없이 처리할 때 등장하는 역량이다. 어떤 분석 기법을 어떤 툴(tool)로 수행할까도 결정하는 단계이기도 하다. 다시 말해 맥락적 분석이 먼저 이루어진 다음에 분석 어프로치 설계 역량, 그리고 그다음에야 비로소 데이터 가공 역량이 발휘되어야 하는 것이다.

이 맥락 분석 역량이 데이터 기반 의사결정에서 더욱 중요한 이유는 우리가 사용 가능한 데이터가 감당할 수 없을 정도로 늘어만 가고 있기 때문이다. 목적은 말 그대로 목적일 뿐, 맥락 분석을 하지 않으면 첫째, 이 분석이 과연 효과적인 답을 낼 수 있을지, 둘째, 어떤 데이터가 필요하고 필요 없는지, 셋째, 필요한 데이터 중 어떤 데이터가 또 더 중요하고 덜 중요한지를 결정하는 것도 불가능해진다.

자, 그럼 맥락을 안다는 것의 힘을 체감해보자. 제2차 세계대전 당시 미군은 해군 전투기 생존율을 높이기 위해 한 가지 조사에 나섰다. 전투를 마친 비행기들을 대상으로 비행기가 어느 부분에 총알을 많이 받았는지를 조사한 미군은 각 비행기에 남아 있던 피탄 흔적을 다음과 같은 그림에 보라색 점으로 표현했다. 부분별 피탄 개수의 비율은 엔진 부분에 평균 1.11발, 동체는 1.73발, 연료계는 1.55발, 그리고 기체의 나머지 부분에선 1.8발로 집계됐다.

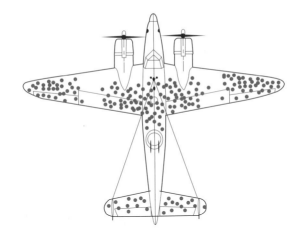

비행기의 각 구역	1평방 피트당 총탄 구멍
엔진	1.11
동체	1.73
연료 시스템	1.55
기체 나머지	1.8

제2차 세계대전 당시 미 해군 전투기에 남은 피탄 흔적과 부분별 비율.

이 데이터를 기반으로 당시 군 지휘부는 전투기의 생존율을 높일 수 있는 방안을 내달라고 통계연구그룹(SRG: Statistical Research Group)에 요청했다. 그 결론에 따라 비행기에 철판을 덧대는 작업을 할 계획이었기 때문이다. 만약 당신이 SRG의 데이터 분석가라면 어떤 결론을 내리겠는가?

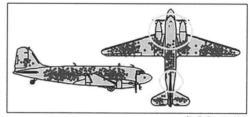

Credit: Cameron Moll

여러분, 피탄 흔적이 없는 곳을 보강해야 합니다. 왜냐하면 전투에서 돌아오지 못한
비행기들은 바로 그 부분들을 맞아서 못 돌아왔을 것이기 때문입니다.

-아브라함 발드, 1942년

발드 교수의 지적. (출처: Cameron Moll)

실제로 강의 중 이 사례를 다루면 기상천외한 답이 많이 나오는데,
그중 그래도 나름 데이터를 기반으로 한 답변은 '빨간 점이 많은 부분
을 우선적으로 보강해야 한다'였다. 즉, 확률적으로 총알을 많이 맞는
부분을 보강해야 한다는 것인데 이는 충분히 일리 있는 말이고, 또 당
시 비밀연구그룹이 내놓은 답변 역시 이와 동일했다.

그런데 이 프로젝트가 발표되자 이를 비판하고 나섰던 사람이
있었으니, 당시 컬럼비아 대학교 통계학 교수였던 에이브러햄 발드
(Abraham Wald)였다. 그는 이렇게 말했다.

"여러분, 피탄 흔적이 없는 곳을 보강해야 합니다. 전투에서 돌아오
지 못한 비행기들은 바로 그 부분에 총알들을 맞았을 것이기 때문입
니다."

이해가 가는가? 이 데이터 자체가 조사 대상으로 삼은 것은 전투를 '마치고 돌아온' 비행기였다. 그러니 발드 교수가 지적한 대로 이 조사에서 빨간 점으로 표시된 부분들은 곧 해당 부분에 총탄을 맞아도 비행기가 무사 귀환할 수 있음을 뜻하는 것이었다. 따라서 이 부분들보다는 역으로 빨간 점이 찍히지 않은 부분, 예를 들면 조종석 근처를 보강해야 했던 것이다. 실제로 발드 교수의 이 지적에 따라 미군은 보강 프로젝트의 방향을 크게 변경했다고 한다.

이 예는 통계학에서 데이터 표본을 설정할 때 우리가 흔히 범할 수 있는 오류를 설명하는 '생존 편향 이론'과 관련된다. 또한 이 예는 사실이기는 하나 다소 각색된 측면이 있고, 발드 교수의 업적은 이보다 더 깊은 영역인 '조건부 확률을 통한 비행기종별 생존률 향상을 위한 기체 보강 알고리즘'을 만들었다는 데 있기는 하다. 그럼에도 '인간은 살아남은 것에 신경을 쓰고 눈에 보이지 않는 것에 대해선 잘 생각하지 않는 습성 때문에 오류에 빠지기 쉽다'는 결론은 여전히 유의미하다. 나는 맥락 분석 역량의 실체를 설명할 때 이 사례를 많이 활용한다. 데이터와 관련된 정황을 따지면 이 데이터를 어떻게 활용할지가 정반대로까지 나타나기 때문이다. 이 사례에선 '전투를 마치고 돌아온'이 그러한 정황에 해당한다. 내 경험에 비춰보면 열 명 중 일곱 명은 '빨간 점 부분을 먼저 보강해야한다'고 답변했는데, 아마 이 데이터에 대한 정황을 아예 설명하지 않았다면 열 명 모두가 그렇게 답했을 것이다.

이렇듯 분석 맥락에 대한 이해가 데이터 분석에서 결정적 역할을

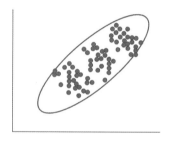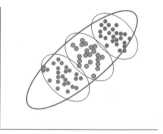

맥락에 대한 상상력이 결론을 좌우하는 예.

한다는 점을 고려하면 '생각할 수 있는 만큼 분석할 수 있다'라 해도 무리는 아니다. 알려져 있듯 인간의 좌뇌는 논리적, 분석적 사고영역, 우뇌는 감성적, 예술적 사고영역을 담당하므로, 데이터를 단순히 요약하는 것을 넘어 맥락적이고 종합적인 분석을 하려면 우뇌의 분석력과 힘과 좌뇌의 상상력 모두를 활용해야 한다. 빅데이터 분석 시에도 이는 마찬가지다. 데이터 분석에서 중요한 것은 통계적 이론이나 툴이 아닌 맥락적 사고력이기 때문이다.

어떤 데이터 분석 결과가 다음의 왼쪽 그림과 같이 나온 경우를 가정해보자. 여기에선 X축과 Y축은 강한 양의 상관관계가 있다고 해석해야 할 것이다. 전체 점들이 플러스 45도 선을 중심으로 가깝게 모여 있기 때문이다.

하지만 맥락에 기반한 상상력을 동원하면 오른쪽 그림처럼 정반대의 결론이 나올 수도 있다. 그래프상의 모든 점들을 하나의 집단으로 여긴다면 양의 상관관계에 있는 큰 무리로 보이지만, 또 다른 의미를 가지고 있는 세부 그룹끼리 묶어보면 마이너스 45도 선을 기준으로 각각 모여 있는 세 그룹이 눈에 들어오기 때문이다.

연산적 분석 역량만을 지나치게 강조하다 보면 창의적 통찰을 얻기가 어려워진다. 더 나아가 맥락에 강한 사람은 분석해서 알아낼 수 있는 것과 알아낼 수 없는 것, 분석을 하지 않아도 알 수 있는 것을 미리 파악하는 힘도 갖게 된다.

당신이 고객 DB를 시장에서 구입해 텔레마케팅을 하는 교육 회사의 직원이라고 가정해보자. 그리고 여러분의 상사가 "고객 DB의 구매처에 따라 마케팅 성과가 어떻게 달라지는지 알아보세요"라 요청했다면 당신은 어떤 생각부터 해야 할까?

핵심은 DB 구매처와 마케팅 성과의 관계를 규명하는 것인데, 맥락적 사고를 하는 사람이라면 "그건 분석을 해서 알 수 있는 사안이 아닙니다"라고 말할 수 있어야 한다. 왜냐하면 구입한 DB가 실제 영업 DB로 분류되어 사용될 때까지 셀 수 없이 많은 변수들이 영향을 미친다는 사실을 잘 알고 있기 때문이다. 바꿔 말하자면 이는 우격다짐으로 'DB 구입처에 따른 상품 판매율'을 오류 없이 잘 수행한다 한들 그 결과는 아무 의미도 갖지 못한다는 뜻이다. 그저 어떤 분석 소프트웨어에 모종의 숫자를 집어넣은 결과로 나온 또 다른 숫자에 불과한 것이니 말이다.

이렇듯 분석의 목적을 명확히 하고, 연산하기 전 어떤 제약 조건과 활용 조건이 있는지 미리 점검하는 힘은 데이터가 날로 늘어가는 이

시대에 소중한 역량이다. 좋은 재료가 많다 해서 그 모든 것을 한데 넣고 뒤섞어 만든 음식이 좋은 음식은 아닌 것처럼, 어떤 데이터가 필요하고 그것을 어떻게 요리해야 훌륭한 결과물이 나올 수 있는가는 우리의 감각이 좌우한다.

2) 어프로치 설계 역량: 바다를 끓일 거예요?

혹시 '바다를 끓인다'는 말을 들어본 적이 있는가? 엄청난 패기가 느껴질 수도 있겠으나 이 말은 어떤 데이터를 분석할 때 계획 없이 닥치는 대로 달려드는 경우를 나타내는 말이다. 지금은 데이터 홍수의 시대라 할 만큼 데이터의 양이 어마어마한데, 접근 방법을 설계하지 않고 무작정 아무데나 시작해서 분석을 하려면 엄청난 힘이 들 수밖에 없다. 게다가 힘든 만큼의 소득이나아 있으면 다행이지만 그렇지도 않으니 안타깝기까지 하다. "그러니까, 이 자료를 통해서 당신이 하고 싶은 말은 뭡니까?"라는 말을 듣기 십상인데, 그런 지적에 대해 "저는 오늘 새벽 3시까지 이 데이터를 분석했습니다"라고 대꾸할 수도 없으니까.

만약 당신의 팀 내에 이런 사람이 있다면 팀 전체가 힘들어지고, 특히 팀의 리더가 이런 경우라면 매일 야근을 각오해야 한다. 이는 조준 없이 총을 쏘는 것처럼 매우 소모적인 업무 방식이기 때문이다. 더군다나 앞으로 시간이 가면 갈수록 데이터라는 바다의 크기는 점점 더 커질 것이니 보통 심란한 상황이 아니다.

큰 그림을 그리고 일하는 것의 중요성을 나타내는 말은 무수히 많지만 그중 내가 으뜸으로 삼는 것은 두 가지다. 하나는 "만일 내게 나무를 베기 위해 1시간만 주어진다면 나는 우선 도끼를 가는 데 45분을 쓸 것이다"라는 에이브러햄 링컨(Abraham Lincoln)의 말이다. 물론 기획의 중요성에 대해선 이미 너무나도 많이 들어온 탓에 식상하게 느껴질 수도 있다. 특히나 세상일이 다 그렇듯 막상 실무에 들어가보면 기획했던 대로 일이 풀리지 않는 경우도 허다하기에 오히려 기획이 일을 그르친 원인으로까지 지목받는 것이 사실이다.

하지만 이렇게 기획력에 대한 의심이 깊어진다면 "나는 전투를 준비하면서, 계획은 무용하지만 계획하는 일은 꼭 필요하다는 것을 항상 발견해왔다"라는 드와이트 아이젠하워(Dwight Eisenhower)의 말에 귀를 기울여볼 필요가 있다.

제2차 세계대전 당시 연합군 최고사령관이었던 아이젠하워는 그 유명한 노르망디 상륙작전을 지휘한 장군이다. 그가 이 말을 통해 강조하는 바는 기획 내용 자체보다 기획을 통해 생각을 정리하는 습관이 갖는 중요성이다. 이는 '기획의 유연성', 즉 문제를 풀어가는 방식 자체가 매우 다양하다는 사실을 겸허히 인정하는 데서 출발한다. 그래야 늘 좀 더 나은 방법을 찾을 수 있다는 욕심이 생기기 때문이다. 그리고 이러한 유연성은 생각을 정리하는 습관에 큰 도움이 되면서 선순환을 이룬다.

데이터 분석에서도 이는 마찬가지인데, 문제를 풀어가는 방식을 구상하는 일을 가리켜 나는 '어프로치를 설계한다'라고 표현한다. 골프를 칠 때와 비교하자면, 처음 티샷을 하는 지점에서 홀까지는 본인의 장타력과 바람의 방향, 벙커에 대한 자신감 등 다양한 요인에 의해 각자의 경로가 다를 수 있다. 즉, 하나의 홀에 대해 여러 접근 방식이 존재하는 것이다(흔히들 사용하는 '분석 설계'라는 표현보다 '어프로치'라는 말을 내가 선호하는 이유가 이것이다).

프로 골퍼들은 경기 전날 잠자리에 들기 전에 머릿속으로 실제 경기 그린의 모양을 그려보고 그때마다 일어날 수 있는 상황을 상상하며 이미지 트레이닝을 한다고 하는데, 데이터 분석에서도 이런 과정이 필요하다. 내가 '머리가 그 끝을 찍고 난 후 데이터에 손을 댄다'고 표현하는 과정이다.

무턱대고 데이터에 머리를 들이밀기 시작하면 우리가 데이터를 끌고 가는 것이 아니라 데이터가 우리의 생각을 끌고 가는 상황이 벌어진다. 그렇게 실컷 끌려가다 보면 자신이 어디에 있는지도 모르는 채 길을 잃어버리고, 더 비극적이게는 '어떤 데이터를 가지고 있는가'가 곧 '어떤 결정을 내리는가'를 좌우하는 사태가 일어난다.

가끔 오프라인 강의에서 엑셀을 기반으로 하는 분석 실습을 진행하다 보면, "자, 이제부터 이 문제를 풀어볼까요?"라는 말이 떨어지기가 무섭게 머리를 노트북에 파묻은 채 매우 맹렬한 기세로 마우스와 자판을 두드리는 이들을 볼 수 있다. 이런 모습은 데이터를 대하는 우리의 조급증을 상징한다. 그런 때일수록 나는 그분들에게 '의자에 등

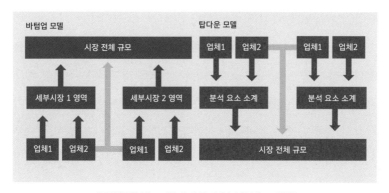

바턴업(상향식) 모델(좌)과 톱다운(하향식) 모델(우).

을 기대고 그윽하게 데이터를 바라보라'고 주문한다. 약간은 거만하게, 주어진 목적과 데이터 사이의 어프로치를 설계하고 데이터에 손을 대라는 뜻이다.

물론 데이터 가공 과정 중엔 기존의 어프로치를 수정할 만큼 중요한 발견이 도출되는 경우도 있지만, 그럼에도 기존 어프로치가 있는 상태에서 수정하는 것과 어떤 어프로치도 없는 상태에서 새로운 발견을 맞딱뜨리는 것의 차이는 매우 크다. 그래서 기획의 유연성은 기획의 명확성과 밀접한 관계가 있고, 그런 과정을 몇 번 반복하다 보면 점점 더 단단한 어프로치를 설계할 수 있다.

그럼 '시장 규모 구하기'라는 예를 통해 어프로치 설계를 체험해보자. 당신은 국내 생수 시장의 규모를 구해달라는 요청을 받았다. 시장 규모를 구할 때의 어프로치 모델로는 크게 두 가지가 있다. 하나는 바텀업(상향식) 모델, 다른 하나는 톱다운(하향식) 모델이다.

두 방식의 장단점은 각기 다르다. 바텀업 방식은 세부적인 내용을 쌓아올려 최종 시장 규모를 예측하는 것으로 세부 시장에 대한 정보가 충분할 때 사용할 수 있다. 생수 업체들의 각 매출액을 더해서 이 시장의 전체 규모를 알아내는 식이다. 그와 달리 톱다운 방식은 세부 시장 플레이어들의 정보를 알아내기보다는 생수 시장의 특징을 설명하는 대표 지표들을 통해 개괄적으로 시장 규모를 구하는 방식이다. 일본 생수 시장의 성장세를 우리나라 시장에 적용해 구하는 방식이 이에 해당한다. 두 시장의 성장에는 비슷한 경우가 많다는 특징을 이용하는 것이다.

둘 중 어떤 방식을 택할지는 현재 데이터의 준비도와 어프로치의 확장 가능성을 기준으로 하여 결정하는 것이 좋다. 업체 정보가 많다면 바텀업, 시장에 대한 특징적 정보가 많다면 톱다운을 선택하는 것이다.

지금 당신 앞에 다음과 같은 데이터들이 놓여 있다면 어떤 어프로치를 그려볼 수 있을까? 일단 톱다운 방식과 바텀업 방식 중 무엇을 택할지부터 정해야 한다. 그래야 어떤 데이터가 핵심이고 아닌지를 큰 맥락에서 결정할 수 있기 때문이다.

- 지난 5년간 1인당 GDP(원/연)
- 지난 5년간 생수 1위 업체 생산량(원/연)

- 지난 5년간 1인당 생수 소비량(ml/연)

- 지난 5년간 GDP(원/연)

- 지난 5년간 생수평균단가(원/연)

　머릿속으로 그 끝을 찍고 왔는가? 내가 보기엔 업체 정보를 중심으로 하는 바텀업 방식을 취하긴 어려울 것 같다. 비록 1위 업체의 생산량 정보가 있긴 하지만 그 업체의 시장점유율을 모르고, 생산된 생수 모두가 소비되었다는 가정도 필요하기 때문이다.

　그렇다면 톱다운 방식을 따라야 하는데 이것은 좀 가능해 보인다. 시장 규모라는 것은 곧 각 업체 매출의 합이기도 하지만, 한편으론 시장 전체 평균단가에 시장 전체 소비량의 곱으로 표현할 수도 있다. 다

생수 시장 규모 구하기

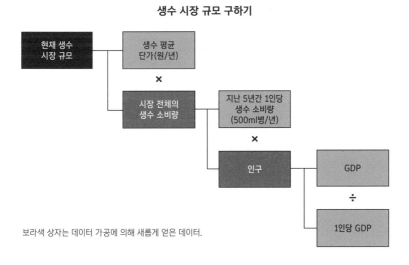

보라색 상자는 데이터 가공에 의해 새롭게 얻은 데이터.

국내 생수 시장 규모

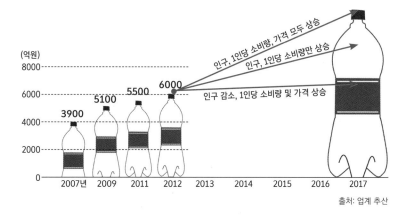

출처: 업계 추산

행히 당신에겐 시장 전체의 평균단가 정보가 있으니 과감히 톱다운 방식을 취하기로 했다. 데이터 준비도가 적극 반영된 결과다.

그런데 이를 살펴보던 당신은 톱다운 어프로치를 완성하는 데 필요한 모든 데이터가 존재하는 것이 아님을 깨닫는다. 시장 전체 생수 소비량을 모르고, 1인당 생수 소비량에 곱할 인구수의 정보가 없기 때문이다. 그러나 다행히도 당신은 GDP 및 1인당 GDP를 통해 인구수를, 또 그 인구수와 1인당 소비량을 통해 시장 전체 소비량을 구할 수 있다. 이를 통해 당신은 요청받은 문제를 해결해냈다.

이 사례가 우리에게 주는 시사점은 톱다운 방식의 최대 단점, 즉 시장의 특징을 나타낼 지표가 실제로 존재하긴 어려울 수 있다는 점과 관련되어 있다. 바텀업 방식을 위한 정보는 우리에게만 없을 뿐이지 세상에 아예 존재하지 않는 것은 아니지만, 톱다운 방식은 이미 알려져 있는 개념과 개념을 연결하는 방식이기에 우리가 만든 개념을 대변할 데이터는 이 세상에 아예 없을 가능성도 있다. 그럼에도 이렇게 어프로치를 설계한 뒤 분석을 하면 그다음으로 이어질 확장 분석을 시도할 만한 발판을 마련하게 된다. 만약 누군가 이 분석을 기반으로 미래를 예측해달라고 하면 다음과 같이 기존 핵심 지표들의 값에 적정 시나리오를 가미하면서 미래를 예측할 수 있게 된다는 뜻이다.

이상과 관련하여 우리가 기억해야 할 것은 두 가지다. 하나는 분석 어프로치 설계와 관련해 꼭 가져야 하는 습관은 '중얼거려보기'라는 점이다. '음……. A에 B을 더하고 C를 빼면 되겠네. 부족한 정보는 D를 E로 나누면 만들 수 있겠다. 그럼 다음엔……' 하는 식으로 머리에서 먼저 설계를 끝낸 뒤 데이터 가공을 하는 식으로 말이다.

다른 하나는 '분석 기획의 명확성이 유연성에 기여한다'는 점이다. 데이터는 하나하나가 넘어야 할 산같이 느껴지기 때문에 산맥에 해당하는 큰 그림이 반드시 필요하다. 산 하나하나에 집착하다 보면 길을 잃기 쉽다.

3) 데이터 가공 역량: 왔다 갔다 분석하신건가요?

어느 날 분석 업무를 요청한 팀장님, 아직 시작도 안 했는데 잠시 후 이렇게 말한다.

"얼추 다됐지? 뭐라고 나와?"

우리는 왜 늘 일이 느릴까? 팀장님들이 원하는 속도를 맞추기란 정말 쉽지 않다. 어프로치도 설계하고 그에 따라 업무를 진행함에도 말이다.

분석 시간이 예상보다 많이 걸리는 것은, 분석하는 과정에서 기존 어프로치랑 어울리지 않는 중간 결론들이 튀어나오기 때문이다. 하나의 어프로치는 결국 하나의 가설을 기반으로 구성되는데 그 가설이 실제와 다르다고 판단되면 어프로치를 수정할 수밖에 없고, 예상치 못했던 시간이 여기에 더 투여되는 것이다. 즉, 전체 분석에 걸리는 시간은 연산 속도 자체보다는 이런 경우와 맞닥뜨렸을 때 어프로치를 재빠르게 바꿔가는 사고력에 달려 있다. 그런데 이 사고력의 차이가 겉으로 드러나는 구체적인 순간이 있다. 언제일까?

바로 '질문을 할 때'다. 무엇을 무엇보다 먼저 분석해야 할지, 중간분석 결과가 어프로치를 흔들 경우 어떤 새로운 분석으로 선회해야 할지, 사용한 지표에 따라 각기 다른 결론이 나오면 어느 결론의 손을 들어줘야 할지 등과 관련된 일체의 유연성은 '그 순간 어떤 질문을 하느냐'로 드러난다. 생각이 질문이라는 형태로 구체화되어야 가공의 방향성을 잡을 수 있기 때문이다.

사례를 보며 이에 대해 생각해보자. 다음은 동계올림픽의 꽃인 스키활강 경기를 TV 중계로 보고 있는 두 친구의 대화다. 이를 보고 당신이 친구 B라면 친구 A의 질문에 어떻게 답할까? 단, 주어진 세 개의 데이터를 기반으로 답을 완성해야만 한다는 조건이다.

친구 A: 우와! 저것 봐! 엄청난 스피드로 거의 내리꽂는데?

친구 B: 아! 저건 스키의 꽃인 활강 경기야. 남자의 경우 최고 속도가 시속 130킬로미터나 된다던데!

친구 A: 음, 그렇구나! 저 경기는 어떻게 진행되는 거야?

친구 B: 일단은 기록경기야. 주어진 슬로프를 누가 먼저 내려오느냐가 관건이지. 이번 대회에도 약 60명의 선수들이 출전했다더군.

친구 A: 60명? 그렇게나 많이?

친구 B: 출전 선수가 많긴 하지만 실제 경기는 금방 끝나. 단 한 번의 시도로 승부를 가릴 뿐만 아니라 속도가 워낙 빠르니 한 선수당 약 1분 50초 정도면 충분하거든. 그래서 1등과 2등의 차이가 0.01초 차이로 갈리는 경우도 다반사. 저것 봐! 코너에서는 스키의 바닥 면으로 타는 게 아니라 거의 스키의 양쪽 에지(edge) 부분을 이용해서 눈을 두부 썰듯 가르면서 내려오잖아! 대단해!

친구 A: 눈을 두부 썰듯이? 하하! 그렇구나! 근데 궁금한 게 생겼어.

친구 B: 응, 뭔데?

친구 A: 약 60명의 선수가 2분 간격으로 똑같은 슬로프를 두부 썰듯 질주하면, 출전 순서가 뒤쪽인 선수들이 더 유리하지 않을까?

친구 B: 응? 왜?

친구 A: 0.01초로 승부가 갈리는 박빙의 기록경기라면, 앞 선수들이 질주하면서 생긴 스키 자국이 뒤에 나오는 선수에게 분명 영향을 미칠 것 같은데? 만약 대부분의 선수들이 기록을 조금이라도 단축

밴쿠버 동계 올림픽 남자 스키 활강 자료

이름	밴쿠버 대회 출전 순서	밴쿠버 올림픽 기록		종전 최고 기록	
		분	초	분	초
크리****리츨(체코)	1	1	58.4	1	57.2
에드워****크(영국)	2	1	57.9	1	63.2
로****사(안도라)	3	1	59.7	1	58.7
안드레****(핀란드)	4	1	58.7	1	52.4
트****칼센(노르웨이)	5	1	59.5	1	55.5
온드****크(체코)	6	1	56.7	1	59.6
페****(스페인)	7	1	58.9	1	55.2
케빈****일(안도라)	8	1	59.6	1	60.8
안****자(슬로베니아)	9	1	57.7	1	54.9
케****트(노르웨이)	10	1	56.7	1	56.3
이고****프(카자흐스탄)	11	1	59.8	1	56.7
마***이미(칠레)	12	1	59.8	1	53.7
크***랜치(호주)	13	1	57.2	1	60.5
마***르손(스웨덴)	14	1	58.8	1	56.2
알렉****로프(러시아)	15	1	59.2	1	57.7
파트****우다허(이탈리아)	16	1	57.2	1	58.9
***치(크로아티아)	17	1	58.6	1	51.8
패****빈(스웨덴)	18	1	56.6	1	53.0
***우어(호주)	19	1	58.1	1	57.4
스****러(독일)	20	1	56.1	1	56.2
기****예드(프랑스)	21	1	56.2	1	55.6
***코(슬로베니아)	22	1	55.3	1	55.4
낫코***-딤(크로아티아)	23	1	57.0	1	55.3
마누***파라디스(캐나다)	24	1	55.4	1	54.4
페***스키(체코)	25	1	57.4	1	55.7
안드***르만(슬로베니아)	26	1	56.4	1	55.0
라*야르(노르웨이)	27	1	56.7	1	59.2
암브***만(스위스)	28	1	56.0	1	57.4
**루거(오스트리아)	29	1	55.8	1	59.7
얀*덱(캐나다)	30	1	56.2	1	51.4
이비****치(크로아티아)	31	1	55.5	1	59.8
페테르**필(이탈리아)	31	1	55.3	1	59.5
**만(미국)	33	1	55.7	1	54.8
요한**(프랑스)	34	1	56.3	1	58.6
미카엘**퍼(오스트리아)	35	1	54.9	1	58.4
크리***이너호퍼(이탈리아)	36	1	55.6	1	59.8
앤드***브레트(미국)	37	1	55.7	1	55.3
디**쿠체(스위스)	38	1	54.7	1	53.6
***와송(프랑스)	39	1	54.8	1	50.9
카**얀카(스위스)	40	1	55.0	1	54.3
아**안데오(프랑스)	41	1	55.4	1	50.1
디**데파고(스위스)	42	1	54.3	1	50.7
***스크로엘(오스트리아)	43	1	54.9	1	54.8
한**올손(스웨덴)	44	1	55.2	1	54.5
웨**(이탈리아)	45	1	55.2	1	57.9
에**이(캐나다)	46	1	54.6	1	53.8
보**러(미국)	47	1	54.4	1	57.2
***샤이버(오스트리아)	48	1	54.5	1	54.6
악셀***달(노르웨이)	49	1	54.4	1	50.1
마**에첼(리히텐슈타인)	50	1	54.8	1	52.2

* 선수 명과 Data II 제외한 정보는 가공되었음
* 스키 활강 경기는 기록 경기로 기록 낮을 수록 좋은 성적임

출처: SBS스포츠. 작가 재가공

하려고 최단 경로만을 선택할 거라고 가정한다면 당연히 그 최단 코스에 스키 자국이 많이 남을 거고, 그로 인해 뒤쪽의 선수들이 좋은 영향을 받지 않을까?

친구 B: 글쎄……

이 대화를 바탕으로 관련 데이터를 차근차근 분석해보자. 앞서 살펴본 대로 제일 먼저 해야 할 일은 분석의 목적을 명확히 하는 것이다. 친구 A의 질문은 "스키 자국 때문에 뒤쪽의 선수가 유리할 것 같은데? 그치?"였으니, 이 분석의 목적은 '앞 선수들이 남긴 스키 자국이 뒤쪽 선수들을 유리하게 만들어주느냐 아니냐'를 밝혀내는 것일까? 사실 그럴 필요는 없고, 그런 분석을 하는 것도 불가능하다. 왜냐하면 주어진 데이터에는 스키 자국을 직접 언급하는 데이터가 없는 데다 '뒤쪽 선수들이 유리할까?'는 사실 '뒤쪽 선수가 불리할까?'와 동일한 질문이기 때문이다. 유불리를 분석하는게 아니라 관련성만 밝혀내면 되고, 그렇기에 밴쿠버 대회에서의 출전 순서와 성적, 종전 최고 기록이라는 주어진 데이터를 잘 사용할 수 있는, 좀 더 분석 친화적인 목적을 정의해야 한다. '자국'이란 단어가 나왔다 해서 그 단어를 분석 목적에 그대로 남겨둘 필요는 없다는 뜻이다.

친구가 알고 싶어 하는 것은 꼭 '뒤쪽 선수가 유리한가 아닌가'가 아니라 출전 순서가 경기 결과에 영향을 주는가의 여부다. 따라서 우리의 분석 목적도 이것이 되어야 하고, 우리에게 주어진 데이터를 활용하면 실제 분석도 가능하다. 데이터에서의 '출전 순서'는 스키 자국을 대변하고, '경기 결과'는 유리함과 불리함 모두를 포함하는 개념이니 이 두 개념 간의 관계성에 집중하면 되는 것이다. 맥락정보를 분석 목표로 치환하고 나니 훨씬 심플해지지 않았는가?

목적을 정했으니 어떤 데이터로 첫 번째 가공을 할지 생각해보자. 출전 순서와 경기결과의 관계는 어떤 가공으로 설명해낼 수 있을까? 내 생각에 이 상황에서 가장 먼저 던질 수 있는 상식적인 질문은 '출전 순서는 애초부터 주최 측이 선수들의 실력에 따라 결정해주는 거 아니야?'일 것 같다. 만약 실제로 이렇다면, 경기 결과가 정말 순수하게 출전 순서에 영향을 받는가를 우리는 이 데이터로 알아낼 방도가 없기 때문이다. 따라서 우리는 이 질문에 대한 답부터 찾아야 한다.

질문 ①: 선수들의 출전 순서는 실력 순인가?

이 질문에 답하려면 앞의 데이터를 가공해 각 선수들의 출전 순서와 종전 최고기록 사이의 관계성을 검토해야 한다. 기록경기의 특성상 종전 최고기록은 해당 선수의 기존 실력을 대표하는 값으로 보기에 충분하기 때문이다. 이 점에 착안해 앞의 데이터를 가공하면 다음과 같은 결과가 도출된다.

분포도 차트에서 이처럼 X축 값과 Y축 값이 플러스 또는 마이너스 45선을 기준으로 모여 있지 않은 경우엔 대개 두 요소 사이에 큰 관련

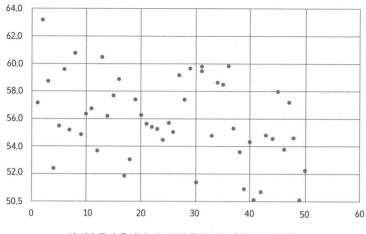

각 선수들의 출전 순서(X축)와 종전 최고기록(Y축)의 관계

이 없다고 본다. 즉, 이 가공을 통해 우리는 주최 측의 농간 같은 것은 없었음을 알 수 있는 것이다. 이 점이 명확해진 덕에 우리는 이제 출전 순서와 경기 결과 사이에 어떤 연관이 있는지를 안심하고 분석할 수 있게 됐다. 즉, 출전 순서 데이터를 하나의 '독립변수'로 어엿이 인정할 수 있게 된 셈이다. 만약 둘의 관련이 높게 나왔다면 그 것은 애초에 출전순서가 실력순으로 결정된 것이므로, 출전 순서와 실력순의 관계를 분석한다는 것은 일종의 '순환참조오류'가 되어버렸을 것이다.

앞서 제시된 데이터를 살펴보면, 경기 결과를 대변하는 항목의 데이터가 두 가지 있다는 사실에 주목하게 된다. 어떤 데이터일까?

질문 ②: '경기 결과'를 대변하는 데이터는 뭘까?

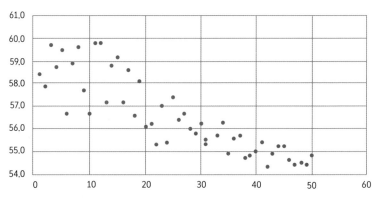

밴쿠버올림픽 경기 당일 기록(X축)과 출전 순서(Y축)의 관계

일단 첫 번째 질문에서 출전 순서는 종전 최고기록과 무관한 요소임을 확인했으니, 이제는 당일 기록과의 관계를 확인하면 될 것 같다. 왜? 종전 최고기록은 당일 경기 결과가 아니므로, 당일 기록과 당일 출전 순서는 '당일'이란 관점에서 당연히 분석 우선 순위이다.

앞서의 가공 결과와 확연히 다른 차이가 보이는가? 이로써 밴쿠버올림픽에서의 당일 출전 순서와 당일 경기 결과는 높은 상관관계가 있다는 것이 드러났다. 마이너스 45도 선을 기준으로 각 점들이 매우 밀집되어 있기 때문이다.

그런데 이게 정말 끝일까? 물론 독자 여러분 중에는 두 번째 분석이 더 의미 있다고 보는 이들이 많을 것이다. 여기에서의 경기 순서는 밴쿠버올림픽 경기 당일의 것이니 경기 결과 역시 당일의 것을 쓰는 게 당연하다 여겨지기 때문이다. 그럼에도 뭔가 꺼림칙한 이유는 다음과 같은 질문이 나올 수 있는 탓이다.

질문 ③: 밴쿠버올림픽의 경기 결과가 이변의 산물일 가능성은 없을까?

즉, 경기 당일 선수들의 컨디션은 본래의 실력과 관계없이 들쭉날쭉했고 그 결과 공교롭게도 앞에서 본 바와 같이 높은 상관관계에 있는 것으로 나왔을 가능성이 전혀 없다고 보장할 순 없는 것이다. 지나친 우려처럼 보일 수도 있겠으나, 여러 가공 결과가 서로 상충해서 오리무중에 처하는 상황을 방지하려면 맥락을 좀 더 파고들어야 한다. 단순한 추측은 의미없다. 분석으로 증명해보면 안다. 앞선 방식들처럼 당일 경기기록과 종전 최고 기록의 상관관계를 분석해보면 별 관련이 없는 것으로 나올 것이다. 이변이 확인된 셈이다. 이럴 경우 모든 분석은 다시 처음으로 돌아간다. 이때, 나는 분석 목적을 재점검해 보길 권한다. 친구가 정말 알고 싶어 하는 것은 뭘까?

질문 ④: 다시, 친구가 정말 알고 싶어 하는 것은 뭘까?

잘 생각해보면 친구가 정말 궁금해하는 것은 단순히 경기 결과와 출전 순서 사이의 상관관계가 아니라 출전 순서가 경기 결과에 영향을 미치는 '핵심 변수'인가의 여부일 수도 있다. 이에 대해 알아보려면 원래 잘하던 선수가 밴쿠버올림픽 경기에선 앞쪽에 출전했다는 이유로 좋지 않은 성적을 거두고, 반대로 원래 못하던 선수는 뒤에 출전했다는 이유로 좋은 경기 결과를 기록한 경우가 일관되게 나오는지를 살펴봐야 할 것이다. 다시 말해 일종의 '순(net) 경기 결과 증가분'과 출전 순서의 관계를 살펴보자는 것이다. 어느 정도 수긍이 가는가?

질문 ⑤: 그러면 '순 경기결과 증가분'은 어떻게 구할 수 있을까?

답은 쉽다. 종전 최고기록과 밴쿠버올림픽 기록의 차이를 구하면 되니까. 그렇게 해보면 플러스 값이 나오는 선수도, 마이너스 값이 나

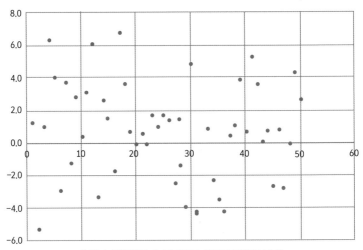

출전 순서(X축)와 순 경기결과 증가분(Y축)의 관계.

오는 선수도 있을 텐데 그 값을 어떻게 읽을지에 대해선 크게 신경 쓸 필요가 없다. 그저 그 차이값들을 나타낸 패턴이 출전 순서와 어떤 관계성을 보이는지만 체크하면 되니 말이다. 앞서의 데이터에 따라 그 차이값들을 가공해보면 다음과 같은 결과가 나온다.

점들이 흩어져 있는 모양새를 보니 두 요소 사이엔 별 관련이 없음을 쉽게 확인할 수 있다. 이제 친구에게 이 데이터를 보여주며 "앞에 출전하든 뒤에 출전하든 유불리와는 관련 없어"라 말해주면 된다.

이 사례는 데이터의 양이 적은 경우에도 맥락을 얼마나 깊게 파악하고 그에 따라 정보를 가공할 수 있는지를 잘 보여준다. 중요한 것은 명칭이야 무엇이 됐든 '순 경기 결과 증가분'이란 개념을 처음부터 지목해낸 것이 아니라 이런저런 어프로치를 시도해보다 새로운 개념의 필요성을 점점 더 느껴 조금씩 가까워져간다는 점이다. 중간 결론이 나올 때마다 긴장의 끈을 놓치지 않고 계속 질문을 던져보는 습관이 중요한 이유가 바로 이것이다. 실제 분석 프로젝트를 진행하다 보면 두 데이터를 하나로 합쳐놓고 그 의미가 뭔지 설명하지 못하는 분석가들을 종종 본다. 데이터 간 뺄셈이나 곱셈 하나를 하더라도 그 의미를 맥락과 분석 목적에 맞게 명쾌히 설명할 수 있어야한다. 즉, 이치와 수치를 연결할 줄 알아야한다는 뜻이다.

이렇게 보면 앞서 이야기했던 '어프로치 설계 역량'은 누구나 한 번에 강건한 어프로치를 짤 수 있다는 것을 전제로 하는 개념이 아님을 여기에서도 알 수 있다. '단단한 어프로치'는 방금 살펴본 사례에서처럼 대개 왔다 갔다 하는 과정에서 만들어지는 것이다.

제일 처음에 나왔던 '우리는 왜 일이 느릴까?'라는 질문을 다시 생각해보자. 우리의 분석 속도가 팀장님의 성에 차지 않는 이유는 가공 속도가 느리기 때문이 아니라, 시의적절한 질문을 통해 분석의 유연성을 확보하지 못했기 때문일 것이다. 따라서 우리에게 필요한 것은 강력한 분석 소프트웨어가 아니라 분석 목적을 명확히 하고 그에 따라 데이터를 가공해내는 역량이다.

의사결정 원리 적용 역량: 기회비용은 무시한 건가요?

사실 데이터 분석이라는 것은 별나라 얘기가 아니기 때문에 데이터에 기반하여 의사결정을 할 때에도 상식적인 의사결정 원리들을 유연하게 활용하고 그에 따라 데이터를 분석, 가공할 줄 알아야 한다. 기회비용이나 매몰비용, 한계적 사고 등 전통적 의사결정을 위한 원리들을 데이터 가공 시 자유자재로 적용할 수 있어야 한다는 뜻이다.

그럼 본격적으로 데이터 기반 의사결정을 시도해보자. 당신은 오랜 직장생활 끝에 편의점 창업을 고민 중이고, 눈여겨봐뒀던 세 개의 편의점 프랜차이즈로부터 기초 데이터를 받았다. 이 데이터를 검토하고 어떤 편의점 프랜차이즈와 계약하는 것이 가장 좋은지 최대한 판단해보자. 단, 주어진 데이터 이외의 다른 정보는 없다.

첫째로 각 프랜차이즈별 로열티 정책과 관련한 데이터가 있다. 로열티 방식은 크게 두 개로 구분되는데 하나는 매월 고정금액을 지급하는 고정금 방식, 다른 하나는 매출과 연동해서 지급하는 연동금 방식이다. 데이터를 보면 각 편의점별로 고정금과 연동금의 대소가 어떤 패턴을 보인다는 점을 알 수 있다. A 프랜차이즈는 고정금이 크고 연동금은 작지만 C는 그 반대다. 기본급과 성과급의 비중이 회사마다 급여 정책의 특징을 나타내주듯, 각 편의점별 로열티 정책에는 저마다 고정금과 연동금에 따른 특징이 나타난다고 보면 되겠다.

두 번째 데이터는 각 편의점 프랜차이즈가 제공한 대표 점포별 월간 매출액 추이 자료다. 애초부터 당신은 수월한 비교를 위해 특정 지

편의점 프랜차이즈 로열티 정책

	프랜차이즈		
	A	B	C
매월 고정금액 지급	1,000	500	100
매출과 연동해서 매월 지급	5%	10%	15%

편의점 프랜차이즈가 제공한 대표 점포별 월간 매출액
(3점포는 비슷한 지역에 가까이 위치함)   단위: 만원

	프렌차이즈 별 대표점포		
	A	B	C
1월	12,000	8,700	11,500
4월	13,500	9,700	9,100
7월	7,200	9,900	9,800
10월	9,800	8,500	9,200

각 편의점 프랜차이즈의 로열티 관련 데이터.
출처: 각 편의점 프랜차이즈

	프랜차이즈		
	A	B	C
1월	12,000	8,700	11,500
4월	13,500	9,700	9,100
7월	7,200	9,900	9,800
10월	9,800	8,500	9,200
월평균매출액	10,625	9,200	9,900
표준편차	2,375	608	961

월평균매출액과 표준편차

역에 존재하는 점포의 자료 세 개 프랜차이즈에 요청했고, 그래서 충분히 대표 점포들을 비교해볼 수 있다고 가정하자. 그리고 매출 데이터는 1, 4, 7, 10월의 것이니 1년 전체 계절에 따른 편의점의 매출 편차도 적절히 파악할 수 있도록 충분히 구성되어 있다 하겠다. 그렇다면 당신은 어떤 편의점과 계약하겠는가?

일단 의사결정 원리들이 상황에 맞게 데이터 가공에 활용되는 모습을 잘 볼 수 있게끔, 어프로치 설계는 생략하고 의식의 흐름대로 설명해보겠다. 앞서 버스 도착 시각에 관한 예를 살펴봤을 때 '기다리는 것은 안 좋다 = 편차가 크다'라고 했던 것처럼 이번 사례에서도 '좋은 편의점 프랜차이즈 = 평균 매출액이 크고 그 변동폭도 작은 편의점 프랜차이즈라는 결론에 도달할 수 있고, 이를 기반으로 가공하면 다음과 같이 발전시킬 수 있다.

(1단계) 좋은 편의점 프랜차이즈 = 평균 매출액이 크고 매출 표준편차가 작은 프랜차이즈

평균과 표준편차를 구했더니 A편의점은 고위험 고매출, B편의점은 저위험 저매출, C편 프랜차이즈라는 오묘한 결과가 나왔다. 버스 선택하기의 의사결정과 다른 점은 지배적인 한 가지 판단기준이 존재하지 않는다는 것이다. 어떤 사람은 매출이 큰 쪽을 선호할 수 있지만 또 어떤 사람은 변동폭, 즉 표준편차가 작은 쪽을 선호할 것이기 때문이다. 그렇다면 이 둘을 한 번에 평가할 수 있는 추가적인 가공이 필요한데, 이를 위해 '월평균매출액을 표준편차로 나눈 값이라는 새로운 평가지표(K)'를 만들어 비교해보자. 매출액은 기회를, 표준편차는 리스크를 의미하는데 이렇게 하면 리스크 대비 기회의 크기를 표준화 해서 한 번에 비교할 수 있다.

(2단계) 좋은 편의점 프랜차이즈 = 단위매출당 편차가 작은 프랜차이즈

	프랜차이즈		
	A	B	C
월평균 매출/표준편차	4.5	15.1	10.3
	3순위	1순위	2순위

리스크 대비 기회(K지표)에 따른 순위

로얄티 차감 후 월간매출액	프랜차이즈		
	A	B	C
1월	10,400	7,330	9,675
4월	11,825	8,230	7,635
8월	5,840	8,410	8,230
11월	8,310	7,150	7,720
월평균매출액	9,094	7,780	8,315
표준편차	2,256	547	818
월평균 매출/표준편차	4.0	14.2	10.2
	3순위	1순위	2순위

로열티 차감후 리스크 대비 기회(K지표)에 따른 순위

두 개념을 적절히 융합한 K지표를 기준으로 보면 매출 규모와 변동성이라는 두 개념을 다 잡은 순위는 B, C, A다. 그럼 이제 B 프랜차이즈와 계약하면 될까? 아닐 것이다. 이는 매출만을 고려한 것일 뿐, 실제 수익을 알아내려면 로열티 등의 비용효과도 감안해야 하기 때문이다. 그럼 로열티 효과까지 감안한 K지표의 순위는 어떻게 될까?

(3단계) 좋은 편의점 프랜차이즈 = 단위 로열티 차감 후 매출 당 편차가 작은 프랜차이즈

다행히 로열티를 고려했을 때와 그렇지 않은 경우, K지표에 의한 프

랜차이즈별 순위는 동일함을 알 수 있다. 로열티 차감 후 월간매출액의 K지표를 구했다는 것은 곧 매출, 비용 모두를 크기와 변동폭 모든 관점에서 의사결정 할 수 있게 됐다는 의미다.

자, 그럼 B 프랜차이즈와 계약하면 될까? 안 된다. 이 순위는 대표 편의점들의 매출을 가져온 값이니 실제로 당신이 갖고 있는 점포 매출이 아니라는 점을 기억해야 한다. 즉, 당신이 소유한 편의점의 매출이 어떻게 되느냐에 따라 이 순위는 당연히 바뀔 수 있는 것이다. 그렇다면 우린 이걸 왜 한 걸까? 우린 아무 의미 없는 일을 한 셈인가?

물론 의미 있는 분석이었다. 다만 우리에게 중요한 것은 순위가 아니라 매출로만 본 K지표값과 로열티 차감 후 매출의 K지표의 값 사이의 변동폭이라는 점이다. 왜냐하면 각 프랜차이즈 체인별로 어떤 매출 흐름이 있을 때 그에 따라 수익의 변동폭이 얼마나 크게 나타내는지를 보여주는 것이 이 지표이기 때문이다. 매출 흐름에 따른 수익의 변동폭, 그것이 K지표의 변화율이다.

그럼 순위가 아닌 매출액 기준 K와 로열티 차감 후 매출액(즉, 수익) K지표간의 변화율을 알아보면, 이런 결과를 볼 수 있다.

	프랜차이즈		
	A	B	C
K 지표 변화율	10%	6%	1%
	가장 큰 변화		가장 작은 변화

K지표의 변화율

(4단계) 좋은 편의점 프랜차이즈 = 3단계 및 4단계 K지표의 변화율과 개인의 성향 적합성

A 프랜차이즈 편의점의 K지표 변화율은 10%로 가장 크고, C 프랜차이즈 편의점이 1%로 가장 작게 나타났다. 이는 고정지급 금액이 많고 변동지급금액이 적은 A 프랜차이즈 편의점은 다른 두 프랜차이즈 대비 K지표의 점포별 격차가 생기기 쉽다는 뜻이다. 다시 말해 A 편의점의 로열티 제도는 개별 편의점 경영자가 분발하여 매출액을 늘리면 점포의 이익이 커지지만, 그와 반대의 경우에는 점포의 타격도 그만큼

단위: 만원

	프랜차이즈		
	A	B	C
8,000	6,600	6,700	6,700
8,500	7,075	7,150	7,150
9,000	7,550	7,600	7,550
9,500	8,025	8,050	7,975
10,000	8,500	8,500	8,400
10,500	8,975	8,950	8,825
11,000	9,450	9,400	9,250
11,500	9,925	9,850	9,675
12,000	10,400	10,300	10,100
12,500	10,875	10,750	10,552
13,000	11,350	11,200	10,950

월간매출액 시나리오

커지게 하는 제도임을 알 수 있다. 앞서 K지표의 순위로만 봤을 때는 B 편의점이 1위였는데 다른 맥락의 결론이 나온 것이다.

자, 그렇다면 이제 남은 것은 가장 변화가 큰 A를 택할지, 아니면 C 편의점을 택할지 또는 그 중간이 B를 택할지를 결정하는 것이다. 위험 기피적 성향의 사람이라면 C 프랜차이즈를 택할 것이고, 위험친화적 성향이라면 매출이 늘어날 경우 점포의 이익도 상대적으로 커지는 A 편의점을 택할 것이다.

하지만 이렇게 개인의 취향 문제라는 결론으로 분석을 끝마치기엔 뭔가 아쉬운 부분이 있다. 세 프랜차이즈에서 제공한 데이터를 기반으로 하여, 앞으로 내가 할 편의점의 예상 매출의 범위도 구해볼 수 있기 때문이다. 매출의 흐름에 따라 매력도가 달리 나타난다는 사실을 알게 된 만큼, 실제 매출 흐름을 대입해 로열티 차감 후 매출이 보일 경향을 파악해보자.

(5단계) 좋은 편의점 프랜차이즈 = 월 매출액 1억 원에 대한 자신감과 수익/위험 성향에 따라 다름

이렇게 분석을 시도해보니 월 매출 1억 원 미만일 경우는 B 편의점이 어떠한 경우에도 유리하고, 그 이상인 경우는 A 편의점이 유리하다는 것을 알게 되었다.

이쯤 되면 당신은 주어진 데이터로 결정할 수 있는 내용은 최대한

한 셈이다. 앞선 모든 경우의 결론을 합쳐보면 월 매출이 1억 원 이하로 예상될 경우엔 B를 중심으로 1억 원 이상이 될 것 같다면 A를 기준으로 위험을 살피면 되겠다.

좀 복잡했을 수도 있지만 이 사례의 본질은 '수익과 위험' 사이에서 적합한 의사결정을 하는 것이다. 수익과 위험은 상충관계에 있기 때문에 그 사이에서는 항상 적절히 균형 잡힌 관점을 유지해야 하는데, 여기에서는 주어진 데이터를 최대한 가공해 그 균형점을 파악해낸 것이다. 수익/위험형 의사결정 원리를 적극 활용해 데이터 가공을 해본 셈이다.

이렇듯 데이터 가공 시 기존 통계학이나 경제학에서 다루고 있는 합리적 의사결정 원리를 적극 반영할 줄 알면 좋을 것이다. 이 케이스를 통해 그런 원리로 데이터를 가공해나가는 모습을 조금이나마 실감했길 바란다. 참고로 이 외에도 매몰비용, 기회비용, 한계적 사고, 상관관계와 인과관계의 구분 등 여러 원리들이 있다.

IV. 데이터로 소통하기

1) 표현 역량: 차트의 색감만 좋지 내용은 없네요. 화가세요?

지금까지의 내용을 한마디로 정리하면 '데이터를 잘 가공하고, 그것을 기반으로 의사결정을 잘하는 것'이었다. 그런데 사실 우리는 혼자 일하는 것이 아니니 이를 넘어서야 한다. 즉, 혼자만의 판단을 넘어 다른 이들까지 설득 해내야만 데이터의 힘을 충분히 활용했다고 할 수 있다.

그 설득의 힘과 관련된 첫 번째 역량으로 내가 꼽는 것은 데이터 표현 역량이다. 데이터 하나하나를 자신의 메시지에 맞게 표현할 줄 알아야 상대의 이해를 도울 수 있고, 그래야만 설득에 성공할 수 있기 때문이다.

'데이터를 잘 표현한다'고 하니 요즘 유행하는 데이터 시각화나 데이터 인포그래픽을 떠올릴 수도 있을 것 같다. 그러나 그런 역량은 전문가들에게 요구되는 것이고, 우리가 갖추려 하는 것은 그보다 좀 더 기본적인 감각이다. 물론 기본적이라 해서 마냥 쉬운 것은 아니니 조금 신경 써서 생각해보자.

데이터를 잘 표현하는 것에도 일종의 단계가 있다. 첫 번째는 틀리지 않게 표현하는 것, 두 번째는 적합하게 표현하는 것, 세 번째는 강력하게 표현하는 것이다. 그리고 이때의 기준은 바로 자신이 하고 싶은 말, 메시지다.

첫 번째 단계인 '틀리지 않게 표현하는 것'은 데이터를 통한 표현 자체를 상식에 어긋나지 않게 해야 한다는 뜻으로, 두 번째나 세 번째 단계에 비해 상대적으로 쉬운 개념이다.

국내 모 뉴스 프로그램에는 다음의 두 차트가 등장한 적이 있다. 위의 화면에서는 '잘못했다(7.3%)'와 '잘했다(64.0%)'의 수치가 압도적인 차이를 보였으나 정작 이 결과를 나타내는 차트에서는 두 의견이 거의 비슷한 면적으로 표현되었다. 아래 화면에 등장한 차트에서 역시 각 후보별 지지도의 차이가 매우 큼에도 실제 막대그래프의 높이는 그 차이를 제대로 반영하지 못한 모습이다. 이런 실수가 반복되는 것을 보면 이 방송국은 데이터 표현 역량이란 개념이 아예 없거나, 혹은 사실을 넘어 하고 싶은 말이 따로 있었던 것이 아닌가 싶다. 데이터가 메

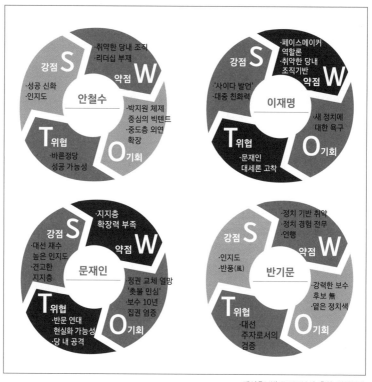

대선후보별 SWOT분석. 출처: 이데일리.

시지를 잘 지지하기는커녕 오히려 데이터가 메시지를 방해하고 있어 안타까운 예다.

두 번째 단계인 '적합하게 표현하는 것'은 전달하고자 하는 메시지에 적합하게, 즉 메시지와 어울리게 표현해야 한다는 것이다.

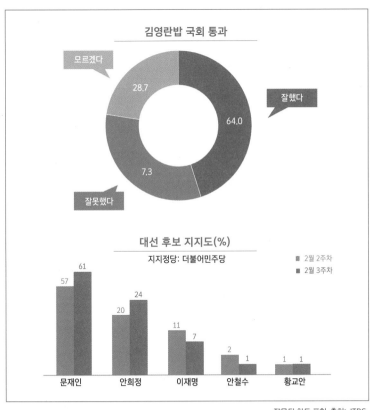

잘못된 차트 표현. 출처: JTBC.

다음의 차트는 지난 대선 시절 모 일간지에서 각 대선 후보의 강점, 약점, 위협, 기회를 일목요연하게 독자에게 전달하기 위해 마련한 기사에 실린 것이다. 여기에서 메시지와 어울리지 않는 이상한 점이 무엇인지 찾아보자.

강의에서 이 질문을 던지면 '각 그래픽 안에 있는 글자 크기가 너무 작아서 읽기가 어렵다' '분석 내용에 공감이 가지 않는다' '후보별로 사용된 그래픽의 색깔이 달라서 불편하다' 등의 답변들이 나온다. 그러나 '데이터의 표현 방식이 메시지와 어울리는가'의 여부는 색감, 글자 크기, 수려한 디자인과 별 관련이 없다.

저 질문에 답하기 위해 가장 먼저 짚어봐야 할 것은 '이 기사의 메시지는 무엇인가'다. 이것이 파악되어야 그다음 수순으로 '데이터의 표현 방식이 그것과 어울리는가'를 판단해볼 수 있기 때문이다. 이 기사는 선거 전의 것이니만큼 A 후보가 B 후보보다 낫다는 식의 위험한 메시지보다는 그저 '각 후보별 강점, 약점, 위협, 기회는 이러저러하니 잘 보고 균형 잡힌 판단을 해보세요' 정도의 메시지를 던지려 하고 있다.

문제는 바로 그 네 가지 요소를 일목요연하게 나열한 방식에 있다. 논리적으로 강점, 약점, 위협, 기회는 전형적인 병렬 관계의 요소들이고 실제 기사의 방향도 그렇다. 그런데 데이터의 표현 방식은 마치 강점이 약점을 만들어내고, 약점이 기회를, 기회가 위협을, 마지막으로 위협이 다시 강점을 만들어내는 것처럼 표현되어 있다. 즉, 병렬관계를 순환적 인과관계로 잘못 표현한 것이다.

이 이야기를 하면 '지나치게 엄격한 잣대 아니냐'며 동의하지 못하는 이들도 있는데, 전혀 그렇지 않다. 데이터 표현의 제1원칙은 메시지가 잘 전달되게끔 도와주는 것이기에 색, 크기, 도형 모양 등 모든 것들이 섬세하게 그 목적에 부합해야 마땅하다. 그에 비춰보면 이 예는 메시지의 논리 구조를 데이터가 망가뜨린 경우에 해당하기 때문에 메시지에 적합하지 않은 형태라판단된다. 게다가 만약 이 데이터를 본 누군가가 "강점이 약점으로 작용할 수 있다는 건 알겠는데, 반대로 약점이 강점으로 작용하는 경우도 있지 않나요?"라는 질문을 던지면 난감해질 것이 뻔하다. 이 표현 방식으로는 그 질문에 대한 답을 절대 할 수 없을 것이기 때문이다.

데이터에 대해 충분히 고민하지 않은 채 차트를 화려하게만 꾸며 그런 부분을 만회하려는 컨설턴트들에게 내가 자주 썼던 표현이 있다.

"네가 화가니?"

데이터를 기반으로 상대를 설득하는 것이 주업인 사람이라면 데이터를 자신이 전달하려는 메시지의 지지 근거가 되게끔 표현하는 능력을 갖춰야 한다. 데이터의 근사하고 멋진 표현은 탄탄한 근거가 되게 하는 것과 아무 관련이 없는 요소다. 따라서 다소 투박한 면은 있더라도 메시지에 맞는 데이터 표현 역량을 갖추는 것이 우선이다.

세 번째 '강력하게 표현하는 것'은 데이터로 메시지를 '극대화'시켜주는 경우를 말한다. 약간의 과장을 보태자면, 메시지만 들을 땐 상대의 반응이 뜨뜻미지근했는데 데이터를 함께 보여주니 마음이 움직이는 경우라고 할 수 있다.

　이 차트 데이터는 1992년부터 2013년까지의 유럽 유명 구단별 우승 횟수와 감독 수를 표현한 것이다. 맨체스터 유나이티드, 바이에른 뮌헨, 첼시 등 우리에게 매우 익숙할 뿐 아니라 전 세계에서 축구를 제일 잘하는 구단들이라 봐도 무방할 이름들이 보인다.

　이 차트를 한번 읽어보자. 구단 이름을 기준으로 왼쪽 사람 모양의 아이콘은 감독 수, 오른쪽 막대그래프는 우승 횟수를 의미한다. 그리고 이 둘을 동시에 살펴보면 엄청난 사실 하나가 도출된다. 맨체스터

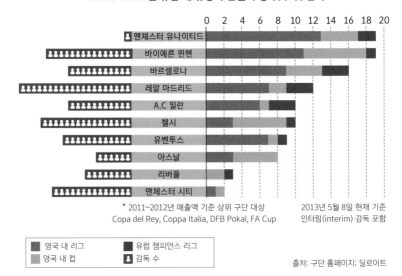

1992~2013년 유럽 내 유명 구단별 우승 횟수 및 감독

* 2011~2012년 매출액 기준 상위 구단 대상
Copa del Rey, Coppa Italia, DFB Pokal, FA Cup

2013년 5월 8일 현재 기준
인터림(interim) 감독 포함

영국 내 리그　　　유럽 챔피언스 리그
영국 내 컵　　　　감독 수

출처: 구단 홈페이지; 딜로이트

유나이티드는 해당 기간 동안 19회의 우승을 거머쥐어서 바이에른 뮌헨과 공동 1등을 차지했는데, 그 우승들을 일궈낸 두 팀의 감독 수를 보니 놀랍기 그지없다. 바이에른 뮌헨에선 15명의 감독이 이끌어낸 쾌거를 맨체스터 유나이티드는 단 한 명의 감독이 이뤄냈으니 말이다. 심지어 맨체스터보다 스무 배나 많은 감독이 동원된 레알 마드리드는 12회의 우승을 한 것이 전부다.

맨체스터의 놀라운 기록을 이끌어낸 그 단 한 명은 바로 불세출의 축구 영웅, 앨릭스 퍼거슨(Alex Ferguson) 감독이다. 한때 퍼거슨 감독이 경기 중 씹던 껌이 경매에서 수억 원에 팔려 화제가 된 적이 있었는데, 그 이유가 이해될 정도다. 앞서 배운 데이터 공감 능력에 따라 이

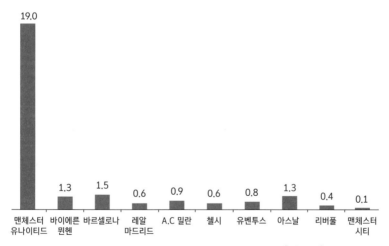

감독 1인당 평균 우승 횟수

출처: 구단 홈페이지, 딜로이트

데이터가 우리에게 주는 감정을 느껴보자면 '리스펙트(respect)!'이고, 이 데이터가 주는 메시지는 '퍼거슨을 존경하라'다.

이제 이 메시지에 맞게 데이터의 표현 방식을 최적화해보자. 굳이 메시지를 읽지 않아도 읽히게끔 말이다. 그러려면 퍼거슨 감독의 위대함을 시각적으로 극대화하는 방식이어야 할 것이고, 여타 감독들로선 범접할 수 없는 엄청난 기록이 잘 드러나거나 그들이 퍼거슨 감독을 우러러보는 모습이 연상된다면 더욱 좋을 것이다. 그래서 다음과 같이 표현해봤다.

뭔가 엄청 심심해 보이긴 하지만, 우뚝 솟은 맨체스터 유나이티드의 막대는 이 데이터와 관련된 정황을 굳이 듣지 않아도 시각적으로 느껴지게끔 한다. "이것은 이러저러한 내용의 차트입니다"라는 해설은 나중에 해도 된다. 데이터 자체가 강하게 뭔가를 주장하고 있음이 느껴지게 하는 것만으로도 일단은 성공이기 때문이다.

정보의 양을 최대한 줄이고, 그것을 메시지에 최적화하여 표현하는 것, 이것이 바로 메시지의 극대화를 위해 데이터를 표현하는 역량이다. 이 사례가 그다지 맘에 와 닿지 않더라도 '데이터는 메시지를 위해 존재하므로 그 표현의 적절성 역시 메시지의 내용 및 논리구조에 따라 기획되어야 한다'는 점만은 꼭 기억해야 한다. 화려한 색채와 아기자기한 이모티콘보다 메시지와 근거 사이의 논리 구조를 이해하는 감각이 필요하고, 또 중요한 이유다.

2) 스토리텔링 역량: 듣다가 길을 잃었어요.

이제 여러분은 데이터를 공감하고, 직관적으로 잘 보고, 잘 기획하고 가공도 잘하고, 메시지도 탄탄하고, 자세히 들여다보지 않아도 잘 전달되게끔 시각화도 잘해내는 수준이 되었다(고 가정하자). 그런데 누군가 당신에게 "와 닿지 않아"라고 이야기했다면, 대체 뭐가 문제인 걸까?

좋은 데이터를 가지고도 상대를 잘 설득할 수 없을 때 우리가 살펴 봐야 하는 것은 '상대가 내게 주목하고 있는가'다. 상대가 내 얘기를 듣지 않고 있다면 설득에 성공할 리도 없기 때문이다.

때문에 우리는 데이터로 상대의 집중도를 좌지우지할 수 있는 특별한 요령을 익혀야 한다. 특히나 복수의 데이터로 상대를 설득하려고 시도하는 경우 이 점에 신경을 쓰지 않으면 중구난방 나열된 데이터들이 오히려 상대의 집중도를 떨어뜨릴 수도 있다. 충분성을 위해 다양하게 준비된 데이터가 오히려 상대를 겁먹게 만들고 설득력을 저하시켜버리는 결과를 낳는 것이다.

이것이 바로 데이터 만능의 시대에 스토리가, 그리고 데이터 스토리텔링 능력이 더욱 필요한 이유다. 적절한 스토리 흐름을 무기로 삼으면 상대의 집중도를 내 의도대로 쥐락펴락할 수 있고, 원하는 지점에서 그것을 최고조로 끌어올리는 것도 가능하다. 그리고 바로 그때 자신의 메시지를 상대에게 전달하면 되는 것이다. 잘 만들어진 한 편의 영화, 잘 쓰인 한 권의 소설처럼 말이다. '설득의 핵심은 상대의 집중도가 최고조일 때 메시지를 이야기하는 것'임을 염두에 두며 데이터 스토리텔링 역량에 대해 본격적으로 알아보자.

자, 여기 물이 담긴 컵 하나가 있다. 이 컵은 물이 반쯤 차 있는 컵인가, 아니면 반쯤 비어 있는 컵인가?

'인생은 마음가짐에 달려 있다'는 교훈을 이끌어내려 할 때 많이 사용되는 이 질문은 데이터 스토리텔링에서도 중요한 원리다. '반쯤 비어 있다'와 '반쯤 차 있다'는 결국 같은 뜻이다. 그러므로 이 컵으로 스토리를 구성할 때 어떤 식으로 얘기할지는 결국 '말하는 이의 메시지가 어떤 해석을 원하는가'에 달려 있다.

스토리텔링 역량을 설명하는 데 있어서는, 경우에 따라 메시지가 데이터 해석의 방향을 결정할 때도 있다. 여기까지 읽어온 독자라면 메시지와 데이터의 궁합이 얼마나 중요한지 이제 느낄 텐데, 아무리 봐도 어떤 데이터가 메시지에 도움이 되는지 아닌지 모호한 경우는 의

반쯤 차 있는 컵? 반쯤 비어 있는 컵?

외로 많다. 그럴 때가 바로 데이터 해석 방향을 메시지가 결정하는 경우에 해당한다. 마치 다음의 네 그림을 4, 3, 2, 1의 순서대로 나열하면 좌측 하단의 그림은 눈덩이로 눈사람의 머리를 쌓고 있다고 해석되지만, 1, 2, 3, 4의 순서로 보면 눈사람의 머리를 내려놓고 있다고 해석되는 것처럼 말이다. 물론 데이터에는 고유의 사실성이 있으므로 이런 정도로 유연한 활용이 허락되진 않는 것이 사실이다. 하지만 데이터 하나보다 전체 흐름과 메시지가 더 중요하다는 사실은 어떤 경우에서도 유효한 이야기다.

전체 흐름에 따라 해석이 달라질 수 있다.

① 전 세계에 파병된 미군의 숫자는 2000년 초반부터 꾸준히 증가해 왔습니다.

미군 해외 파병 규모

② 하지만 부상자 규모는 2000년대 중반 최고조에 이르다, 다행스럽게 최근 감소세에 있습니다.

2001~2011년 미군 부상자 수

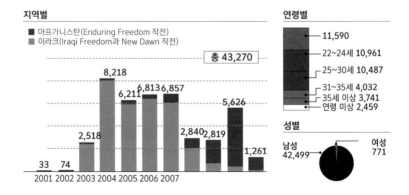

③ 사망자 수 역시 최근 급감했습니다.

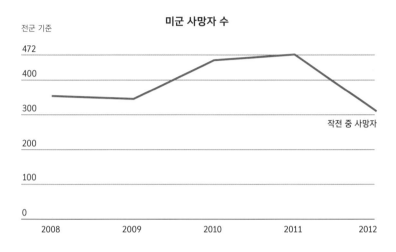

④ 이상하게도 미군 전체에서 자살로 인한 사망자 수는 꾸준한 증가세를 보이고 있습니다.

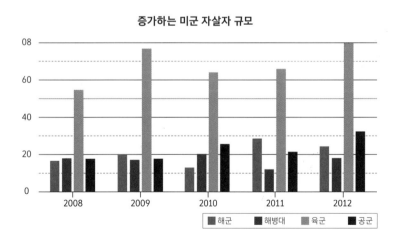

⑤ 이들 중 해외 파병이나 교전을 직접 경험한 사람의 비중은 그다지 높지 않습니다.

2011년 301명의 현역 복무 후 제대 자살자 중 특성별 비중

59% 이라크나 아프가니스탄 등 해외 파병 경험 없음

82.9% 파병 경험은 있으나 직접적인 교전 경험 없음

⑥ 이들은 주로 혈기 왕성한 20대 청년으로……

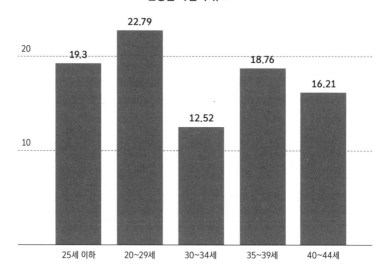

연령별 자살자 규모

25세 이하	20~29세	30~34세	35~39세	40~44세
19.3	22.79	12.52	18.76	16.21

⑦ 가정의 파괴와……

군 자살자 결혼 여부

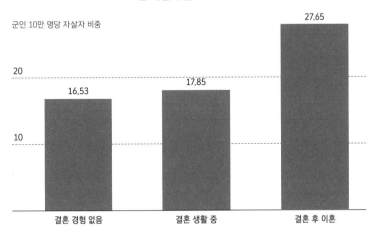

군인 10만 명당 자살자 비중

		27.65
	17.85	
16.53		
결혼 경험 없음	결혼 생활 중	결혼 후 이혼

⑧ 신체 장애 그리고 약물 오용 등으로 고통받아왔던 이들이며……

자살자 중 유형별 비중

64% 행동 장애로 문제를 겪었음

64% 의약품 오남용으로 문제가 된 적이 있었음

⑨ 전쟁터가 아닌 미국 땅에서……

자살 장소별 비중

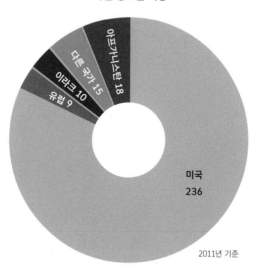

아프가니스탄 18
다른 국가 15
이라크 10
유럽 9

미국
236

2011년 기준

⑩ 그것도 자신의 막사 또는 거주지에서 극단적인 선택을 했다고 합니다.

2011년 군 자살 발생 지역별 비중

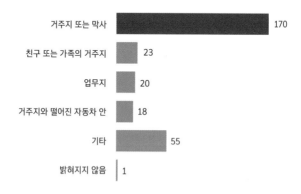

거주지 또는 막사 170
친구 또는 가족의 거주지 23
업무지 20
거주지와 떨어진 자동차 안 18
기타 55
밝혀지지 않음 1

⑪ 더욱 놀라운 것은 최근 그 극단적 선택을 한 군인의 규모가 작전 중 전사한 군인의 숫자를 앞질렀을 정도라는 것입니다.

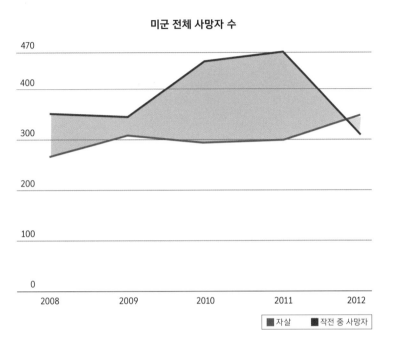

미군 전체 사망자 수

범례: ■ 자살 ■ 작전 중 사망자

이 11개 데이터는 미 국방부의 자료를 바탕으로 만들어진 것이다. 만약 당신에게 '이 11장의 데이터를 보고 메시지가 잘 드러나게끔 각 데이터를 나열해달라'는 요청이 주어지면 어떻게 해보겠는가? 나는 다음과 같은 흐름을 만들어봤는데, 천천히 따라가며 이 데이터들이 전달하는 메시지의 극적 효과에 대해 생각해보자.

메시지가 잘 전달되는가? 이처럼 데이터들이 줄거리를 형성할 경우

미군 전사 메시지 피라미드

메시지: 전쟁터보다 무서운 것은 마음의 병입니다.

근거: 작전 중 전사한 군인 숫자보다 자살한 군인의 규모가 더 많다.

가정: 사망자가 많이 발생하는 곳은 위험한 곳이다.

에는 메시지의 전달력이 극대화된다. 사실 미군 자살의 심각성은 열한 번째 데이터인 '미군 전사자와 자살자 규모의 역전' 하나로도 무리 없이 전달할 수 있다. 하지만 같은 메시지라도 좀 더 드라마틱하게 전달하기 위해 나머지 데이터들이 나름의 목적을 가지고 포진된 것이다. 그럼 그 전달력이 어떻게 증폭될 수 있었는지 그 요령을 뜯어 살펴보자.

이 데이터 스토리의 최종 메시지인 '전쟁보다 무서운 것은 마음의 병입니다'는 기본적으로 전쟁 관련 사망과 비(非)관련 사망을 대조시키는 형식을 띠고 있다. 이는 전쟁 비관련 사망 원인의 중요성을 극대화하기 위해, 즉 이 데이터들을 접하는 이의 관심도를 최대로 높이기 위해 고안된 구조다. 군인의 사망하는 데는 전사가 아닌 더 큰 원인이 있다는 사실은 우리의 상식과 적잖이 배치되기 때문이다. 말하자면 극

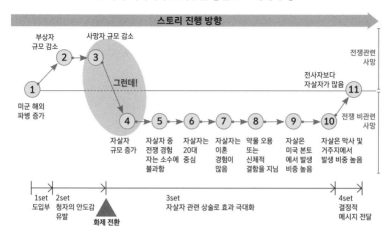

11개의 데이터가 보여주는 좋은 스토리의 구성

스토리 진행 방향

부상자
규모 감소

사망자 규모 감소

전쟁관련
사망

② ③

1

그런데!

전사자보다
자살자가 많음 ⑪

미군 해외
파병 증가

④ ⑤ ⑥ ⑦ ⑧ ⑨ ⑩

전쟁 비관련
사망

자살자
규모 증가

자살자 중
전쟁 경험
자는 소수에
불과함

자살자는
20대
중심

자살자는
이혼
경험이
많음

약물 오용
또는
신체적
결함을 지님

자살은
미국 본토
에서 발생
비중 높음

자살은 막사 및
거주지에서
발생 비중 높음

1set
도입부

2set
청자의 안도감
유발

화제 전환

3set
자살자 관련 상술로 효과 극대화

4set
결정적
메시지 전달

적으로 등장하는 ⑪번 데이터를 위해 사전에 여타 데이터들의 역할이 있었다는 뜻이다.

이 여타 데이터들은 역할에 따라 크게 네 덩어리로 나뉜다. 첫째 덩어리는 도입부에 해당하는 ①번 데이터로 '미군, 파병, 증가'라는 키워드로 듣는 이의 관심을 환기시킨다. 두 번째는 전쟁 관련 사상자 규모를 설명하는 ②, ③번 데이터로, 도입부에 나온 미군 파병 증가 상황에도 사상자 규모의 최근 감소세를 전달해 듣는 이의 안도감 형성에 기여한다. 하지만 곧바로 뒤에 등장하는 ④~⑩번 데이터는 그 안도감을 최대한 역이용한다. '마음의 병'이라는 더 무서운 사망 원인의 가능성을 표현하기 위해서 말이다. 즉, ②, ③번 데이터에 의해 형성된 안도감은 '마음의 병'이라는 새로운 사망 원인의 심각성을 극대화하기 위해 의도적으로 형성된 희생양인 셈이다.

마지막으로 ⑪번 데이터는 그 두 원인을 직접 비교함으로써 '설마' 했던 듣는 이의 의구심을 강하게 확인시켜주며 강력한 메시지 전달의 준비를 완성한다. 만약 이 데이터들을 프레젠테이션 형식으로 전달한다면 아마도 발표자는 ③~④번 데이터 사이에서 듣는 이의 집중도를 최고조로 끌어올리고, ④~⑩번까지의 데이터를 빠른 속도로 전개해 몰입도를 더욱 증가시킨 다음 극적으로 11번 데이터를 보여주며 메시지를 마무리했을 것이다.

이렇게 스토리를 잘 구성하면 듣는 이의 집중도를 쥐락펴락할 수 있고, 집중도가 최고조로 유지됐다고 판단되는 그때 메시지를 전달하면 된다. '좋은 스토리를 만날 때 데이터가 갖는 설득의 화력은 극대화된다'는 점을 꼭 기억해두자.

3) 리포팅 역량: 보고서 쓰러 회사 다녀요?

질문 하나를 던지겠다. 요즘 경영계의 화두인 디지털 트랜스포메이션이 완성된 이후 회사의 보고문화는 어떻게 바뀔까? 너무 어렵게 느껴지는 질문이라면 이렇게 바꿔봐도 좋다. 만약 어떤 회사가 디지털 기술 및 데이터를 잘 활용해 훌륭한 경영이 이제 가능해졌고 조직 구성원 모두의 데이터 리터러시 역량도 출중해졌다면 이런 환경에서의 보고서 모양은 어떻게 바뀔까? 이 질문도 어렵다고? 그럼 더욱 간단히 바꿔보자. 향후의 보고 문화에서는 워드, 엑셀, 파워포인트 중 어떤 소프트웨어가 점점 더 자주 사용될까?

나는 단연 워드일 것이라 생각한다. 물론 파워포인트일 것이라 생각하는 이들도 있을 것이다. 이 책에서 예시로 드는 데이터들의 대부분은 정형 데이터인 데다 차트 형태니 이것들을 자유자재로 보고서에 넣는 데 파워포인트만 한 소프트웨어가 없는 것은 사실이다. 그런가 하면 엑셀일 것이라 답하는 이도 있을 것 같다. 조직이 데이터를 기반으로 의사결정하는 정도가 강해지면 당연히 다루는 데이터도 많아질 텐데, 그럴 땐 엑셀이 여러모로 쓸모가 많기 때문이다. 그럼에도 내가 워드 형태의 보고 문화가 주를 이룰 것이라 보는 데는 몇 가지 이유가 있다.

첫째, 차트가 많이 담긴 보고 방식은 한편으론 그만큼 데이터 기반 의사결정에 우리가 익숙하지 않다는 것을 의미한다. 데이터의 정체성은 메시지에 대한 근거가 될 때 만들어지니, 서로 데이터로 근거를 제시하는 문화가 잘 정착된다면 그때의 데이터는 반드시 차트 형태일 필요가 없어진다. 그저 간단한 숫자 한 줄로 갈음되어도 서로 믿을 테니 말이다. 또한 생각의 구조를 도형으로 구조화시키는 PPT는 만드는 데 시간이 너무 오래 걸린다는 단점이 있다. '내용 고민할 시간보다 PPT 문서 작성에 시간이 더 많이 걸린다'도 그래서 나온 말일 것이다.

첫 번째 이유가 왜 파워포인트가 아닌지에 대한 설명이라면, 두 번째 이유는 왜 엑셀이 아닌지에 대한 이유가 되겠다. 디지털 대전환을 마친 기업은 대부분의 경영데이터를 DB 형태로 관리할 가능성이 있는데, 이런 환경에서는 메시지를 지지하는 증거로 심기 위한 데이터를 굳이 엑셀에 다운받을 필요가 없다. 보고서에 필요한 것은 DB에 있는 데이터 그 자체가 아니라 메시지에 맞게 가공해낸 데이터고, 이 가공은 웹상에서도 가능하니 굳이 엑셀에 다운받을 필요가 없기 때문이다. 엑셀을 계산기나 분석 도구로 사용할 필요 또한 점점 더 줄어들 것이다. 최근 오프라인 강의 중 만난 모 대기업 팀장님들이 했던 말들을 보니 이 두 가지 이유는 나만의 생각이 아니었다.

"저희 회사는 보고 문화가 많이 바뀌었어요. 보고서는 워드 한 장, 그리고 나머지는 엑셀 데이터로 첨부. 이게 끝입니다. 이렇게 바뀌다 보니 예전처럼 수십 장의 PPT 보고서를 만드는 수고도 줄어들었어요. 무엇보다 좋은 점은 보고서를 한 장으로 정리하면 보고하는 사람이 해당 내용을 다 파악해야 한다는 거예요. PPT는 모든 내용이 장황하게 드러나 있으니 보고하는 자리에서 그냥 읽어도 되지만, 워드로 압축하면 보고받는 사람의 질문을 다 받아서 처리해야 하니 내용 전부를 숙지하고 있어야 한다는 어려움이 있죠. 사실은 어려움이 아니라 당연한 거지만요."

이들의 경우, 보고 내용이 담긴 워드 한 장에 대한 원천 데이터는 메일의 첨부파일에 담아놓는다고 한다. 꼭 보기 쉽게 정리될 필요는 없고 그저 보고받는 사람이 '이거 사실이야? 데이터 좀 볼까?'라고 할 때 눈으로 확인할 수만 있으면 된다는 것이었다.

그럼 우린 어디서 그런 보고서를 찾아볼 수 있을까? 나는 그 대답을 우리나라 공무원 조직이 사용하는 문서 작성 방식에서 찾았다. 공공 부문은 일하는 방식의 효율성 관점에서 주목받는 경우가 많지 않아 의외로 여겨질 수도 있겠지만 그래도 한번 살펴보자.

다음은 최근 기획재정부가 발표한 2020 경제전망 자료에서 발췌한 내용들이다.

이 자료에서 우리가 주목해야 하는 점은 들여쓰기와 내어쓰기를 정말 잘 사용하고 있다는 것이다. 이를 잘한다는 것은 그만큼 생각의 구조화, 특히 주장과 근거의 구조화를 잘한다는 것을 의미한다. 이 문서 작성자는 주장의 내용을 큰 폰트와 내어쓰기로, 그 주장에 대한 근거 데이터는 한 단계씩 들여쓰기 방식으로 작성했다.

이 페이지에서는 차트와 문장의 적절한 조화가 눈에 띈다. 차트로 표현해야만 전달력이 좋아지는 부분과 꼭 그렇지 않은 부분을 잘 구분할 수 있다면 괜스레 PPT로 문서를 작성하면서 '이 빈 공간을 다 뭘

③ [민간소비] 연간 2.1% 증가 예상

❶ (소득여건) 고용 증가세가 지속되는 가운데, 복지분야 예산 확대에 따른 이전소득 증가 등으로 실질구매력 개선 전망

* 보건·복지·고용 예산('19→'20년, 조원) : 161.0 → 180.5 [+19.5조원/+12.1%]
  ↳ ①기초연금 인상(+1.7조원), ②의료급여 확대(+0.6), ③생계급여 확대(+0.6) 등

· 다만, '19년 기업실적 부진 등의 영향으로 임금상승세는 다소 둔화될 것으로 예상

* 매출액 영업이익률(%) : ('16)6.2 ('17)7.3 ('18)6.9 ('19.1/4)5.3 (2/4)5.2 (3/4)4.8

2020 경제전망 자료 중 일부_1 출처: 기획재정부

4 수출입과 경상수지

① [수출입] 연간 통관 수출 10.6% 감소, 수입 6.4% 감소 전망

❶ 수출은 반도체 단가 하락, 세계교역 둔화 등의 영향으로 감소

- 품목별로는 반도체 ·석유화학 ·석유제품 ·철강 등에서 감소,
  선박 ·자동차 및 전기차 ·바이오헬스 등 신성장동력 분야는 증가

  * '19.1~11월 품목별 수출(전년동기비, %)
    (바이오헬스)8.2 (자동차)5.9 <전기차 +101.1> (선박) 4.2 (화장품) 2.5
    (일반기계)△2.3 (철강)△9.7 (석유제품)△12.6 (유화)△15.6 (반도체)△26.5

- 지역별로는 중동 ·중국 ·일본 ·중남미 ·아세안 등 주요 지역에
  대한 수출이 감소한 가운데, CIS · 미국 등은 증가

  * '19.1~11월 지역별 수출(전년동기비, %) : (CIS)24.8 (미국)1.1 (인도)△2.2
    (아세안)△4.5 (중남미)△5.0 (일본)△7.0 (중국)△17.5 (중동)△21.3

❷ 수입은 투자 부진, 유가 하락 등의 영향으로 자본재 ·원자재
수입이 크게 감소한 가운데, 소비재 수입도 증가폭 둔화

수출금액(통관)과 수출물량·단가   성질별 수입(통관)

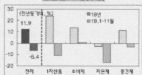

* 출처 : 관세청, 한국은행   * 출처 : 무역협회

② [경상수지] 연간 580억불 흑자 예상

❶ 상품수지는 반도체 단가의 큰 폭 하락 등에 따른 수출 부진
영향 등으로 '18년에 비해 흑자폭 축소 전망

  * '19.1~10월 상품수지(억불) : (전체) 644 (상품수출) 4,674 (상품수입) 4,030

❷ 서비스수지는 외국인 관광객 증가, 수입물량 감소 등으로
여행 · 운송수지가 개선되며 '18년 보다 적자폭 축소 예상

  * '19.1~10월 서비스수지(억불) : (전체)△186 (건설)79 (여행)△86 (운송)△11

- 6 -

2020 경제전망 자료 중 일부_2 출처: 기획재정부

로 채우지?'란 고민을 하지 않아도 된다.

또한 글의 앞머리에 '(품목별)' '(지역별)' '(리스크)'라는 적절한 표현 방식을 사용하여 보는 사람으로 하여금 내용을 단박에 구조화하여 이해할 수 있게 한다는 점에도 주목할 만하다. 나아가 문장 앞에 적절한 접속사를 사용함으로써 다음 내용의 논조를 쉽게 이해할 수 있게도 해놓았다. 기획재정부 보고서의 특성상 수많은 데이터가 여러 영역에 걸쳐 등장하지만 그럼에도 매우 일목요연하다는 느낌을 받게 하는 요소들이다.

해외에서는 이런 방식의 보고서를 잘 찾아볼 수 없다. 미국이나 유럽 공공기관의 보고서들에는 대단히 많은 문장들이 있어 고도의 독해력을 요구한다. 그 사이에서 글의 구조와 구조별 메시지, 그리고 그 메시지를 지지하는 근거 데이터를 잘 발라가며 읽는 일은 사실 보통 어려운 게 아니다. 가끔 우리 공공 부문의 보고서처럼 간결하게 정리된 글이 있기는 하나 그런 것들은 말 그대로 요약본인 경우가 대부분이다. '구조-메시지-근거 데이터'를 매우 잘 포진시키는 우리나라 공공 조직의 문서작성 방식이 곧 미래의 문서작성 방식이라고 자신 있게 이야기하는 이유다.

우리 모두가 이와 똑같이 문서를 만들기란 쉽지 않을 것이다. 하지만 글의 구조-메시지-근거를 일목요연하게 정리하는 역량은 여전히 중요하다. 그렇기에 근거가 차트인지, 테이블인지, 숫자의 기술인지가 핵심은 아닌 것이고 말이다.

군 가산점 제도 부활 논란

	찬성	반대
1. 현재의 위헌결정의 양측 입장	·제도 자체가 과도했던 것은 인정 ·현재가 협소하게 판단하여 제대 군인에 대한 배려 부족 －국방의 의무를 간과하여 여성 장애인만의 편을 들어줌	·군 가산점제 제도 자체가 위헌 －남의 권익을 침해해서는 안된다. 가산점 제도의 정도가 지나치다. －100점 만점에 5점을 주는 것은 불합리하다.
2. 군필자의 보상/지원은 필요한가?	·국방은 남성의 희생이므로 여성이 합의를 한다면 군 가산점제를 도입해야 한다. －남성의 국방의 의무는 여성이 이득을 보는 것이기 때문에 합의 필요	·군복무 간의 시간의 상실, 생명의 위협 인정 －국가적인 차원에서 호봉, 승진, 연금, 취업 센터 등의 지원을 해야 할 것. ·근본적인 원인이 무엇이고 그 원인을 제거하는 방법을 찾아야 하는 것이다 (징병제, 남자만 가는 문제, 근무 환경 등)
3. 제도의 위헌적 요소를 피해갈 수 있나?	·가산점 제도 적용이 20% 이내라 공정하다. －위헌 결과를 내릴 때와 시대적 사회적 상황이 다르다. －과거에 비해 여성의 공무원 진출 확대	·동일한 위헌 요소를 갖고 있다. －새로운 제도 자체도 구제도의 골격을 갖고 있다. －공정한 경쟁에서 0 몇점 차이로 다른 사람의 기회를 박탈한다. ·차별 취급의 비례성은 완화되었으나 여전히 여성, 장애인, 미필 남성에게 심대한 침해 발생
4. 어떠한 지원/보상이 필요한가?	·군대에서 배우는 인내, 리더십 등의 평가요소를 공무원 임용 시험에 반영하자	·국방은 공공재 －혜택을 받는 사람들이 조세 기여 해야 한다. ·공무원 임용 시험이 군대에서 함양할 수 있는 인내력, 리더십 등을 측정하는 제도가 아니다.
5. 해외사례	·한국과 외국 사례를 비교하기에 상황이 맞지 않다. －선진국들의 복지상황, 남북 대치 문제 등	·대만, 이탈리아, 독일, 미국의 사례 예시 －한국과 같은 군 가산점 제도는 없다.
6. 제도 도입은 군의 사기를 상승?	·군의 이미지 쇄신 가능 ·군의 사기를 높일 수 있다. ·병역 기피 현상을 완화시킬 수 있다.	·다른 일부가 피해를 보는 정책은 반대 ·군의 사기를 병역비리 발생으로 투명성이 무너져서 야기된 문제
7. 여성도 군대를 가야 하나?	·국방의 의무가 아니어도 대체 복무로 형평성 맞추는 데 기여할 수 있다. ·여성이 그토록 간절히 원한다면 사병제 도입 검토	·여성들도 국방의 의무를 참여하고 싶으나 국방부가 난색을 표하고 있다. ·대체 복무는 다른 사람들의 일자리를 침해할 가능성이 있어서 반대

군 가산점 제도 부활 논란에 대한 '100분 토론'의 회의록 작성 예.

이런 역량을 집중적으로 개발하기 위해 내가 컨설턴트였을 때부터 주니어 컨설턴트에게 많이 사용했던 방법을 하나 소개하고자 한다. 바로 '100분 토론' 보고 회의록 쓰기다. 토론 프로그램의 특성상 여러 사람의 발언이 공방을 벌이면 내용의 구조화를 유지하기가 쉽지 않은데, 이는 역으로 '100분 토론'이 좋은 교육 자료가 되는 이유이기도 하다. 이때 회의록은 줄글 형식이 아닌, 다음과 같이 구조-메시지-근거의 구조가 명확히 드러나게 작성되어야 한다.

비록 PPT를 사용하긴 했지만 감안하고 살펴보자. 우선 토론의 논점으로 전체를 구조화하고 논점별로 다시 찬성과 반대 진영으로 나눠 크게 7개 영역별 2개 입장이라는 구조를 만들었으며, 메시지와 근거는 들여쓰기 및 내어쓰기를 통해 정리했음을 알 수 있다. 1시간이 넘는 토론 프로그램을 이렇게 정리하며 듣는다는 생각보다 쉽지 않으나, 여러 차례 반복하면 '구조화' 연습은 충분히 효과적으로 할 수 있다. 훈련 효과를 더 극대화하고 싶다면 여러 명에게 동시에 이 과제를 내고 각자의 회의록을 비교해보게끔 하는 것이 좋다.

앞서 이야기했듯 향후 데이터가 우리 삶과 점점 더 친숙해질수록 데이터 자체를 화려하게 또는 드러나게 꾸미는 식의 문서 작성 방식은 줄어들 것이다. 그런 상황에서의 핵심은 '어떤 목적을 가진 문서든 주장의 구조와 구조별 메시지, 그리고 그 메시지를 지지하는 근거 데이터를 적절히 포진시켜야 한다'는 것임을 기억하자.

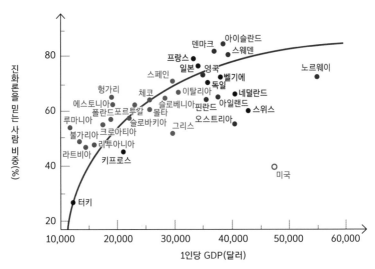

국가별 소득 수준과 진화론자의 비중

출처: www.calamitiesofnature.com, 2011

4) 토론 역량: 아니, 그러니까……아니, 그러니까!

드디어 마지막인 열여섯번째 역량은 데이터 토론 역량이다. 여기까지 읽어와주신 분들게 고생 많으셨다고 인사드리고 싶다.

그런데 왜 토론 역량이 마지막에 나온 걸까? 이전에 언급된 모든 역량을 사용해야만 획득할 수 있는 역량이기 때문이다. 우리 모두의 데이터 리터러시가 좋아지면 인지력, 판단력, 설득력이 배가되는 것은 맞지만 상대의 감각들 역시 좋은 수준으로 향상되었을 것이다. 때문에 단순히 상대를 잘 설득하는 것에 그치지 않고 상대와 잘 주고받는 역량까지 갖춰야 하는 것이다.

데이터를 기반으로 토론할 때의 장점은 서로의 교착점을 빨리 확인할 수 있다는 것이다. 업무 중 토론을 하다 보면 아무리 얘기하고 얘기해도 결론이 안 날 때가 있는데, 의외로 이런 경우는 서로의 가정이 다르기 때문에 많이 발생한다. 그런데 이런 가정은 서로 잘 안 보인다. 자신이 어떤 가정을 근거로 주장하고 있는지 스스로도 잘 모를 때가 많고, 그저 서로의 메시지와 근거 데이터에만 집착하기 때문이다. 사실 메시지와 근거 데이터, 가정, 이 세 개는 한 세트인데 말이다.

그중 가정은 다시 크게 '가치가정'과 '기술가정'으로 나눌 수 있다. 가치가정은 일종의 믿음이라 할 수 있고, 기술가정은 어떤 사실에 기반을 두는 가정이다. 즉, 가정이 달라 토론이 교착되는 현상은 서로가 가진 믿음, 혹은 기반이 되는 어떤 사실에 대해 서로가 갖는 해석이 달라서 나타나는 것이다.

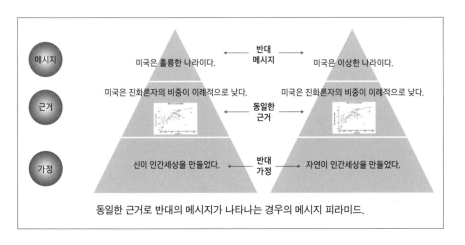

동일한 근거로 반대의 메시지가 나타나는 경우의 메시지 피라미드.

만약 가치가정이 다른 경우라면, 같은 데이터를 보고 "응? 이 데이터를 그렇게 보는 이유가 그런 믿음 때문이었어?"라고 말하게 된다. 예를 들어 철수는 '미국은 이상한 나라다'라는 메시지를, 반대로 영희는 '미국은 훌륭한 나라다'라는 메시지를 갖고 있는데, 공교롭게도 서로서로 같은 데이터를 근거로 제시했다고 가정해보자.

X축은 국가별 1인당 GDP를 나타내고 있어 오른쪽으로 갈수록 잘 사는 나라에 해당하고, Y축은 국가별 진화론을 믿는 사람의 비중이므로 위쪽에 위치한 나라일수록 과학이 사회적 상식에 더 큰 영향을 주

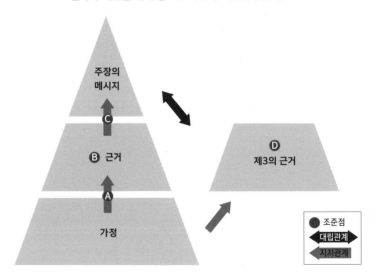

메시지 피라미드상의 메시지, 근거, 가정 사이의 관계는
설득과 비판을 위해 중요한 직관의 조준점이 된다.

는 국가라 할 수 있다. 우리가 아는 많은 나라들을 이 틀에 부어보면, 일단 대부분의 국가들이 특정 추세선을 기준으로 옹기종기 모여 있는 것을 볼 수 있다. 즉, X축과 Y축 사이에는 강한 관계성이 있다는 뜻이다. 그런데 미국은 이 추세선을 벗어나 상당히 독특한 위치에 자리한다. 이를 두고 왜 누구는 이상하다 하고 왜 누구는 훌륭하다고 하는 걸까?

그건 바로 가치가정, 즉 신의 존재에 대한 믿음이 다르기 때문이다. 각각의 메시지와 근거의 차이 때문이 절대 아닌 것이다. 영희는 사실 유신론자라서 당연히 미국을 신의 섭리가 독보적(outstanding)으로 충만한 나라로 본 것이고, 철수는 사실 무신론자라서 외로운(outposted) 미국이라고 해석했다. 이게 바로 가치가정이 근거 데이터와 메시지에 미치는 영향을 말하는 예다.

이와 달리 '기술적 가정'이 다르다는 것은 믿음이 아닌 사실에서 근거의 기반이 달라지는 것이므로, 이런 경우엔 "응? 이 데이터를 그렇게 보는 이유가 그 사실을 그렇게 이해했기 때문이었어?"라고 따질 수 있다. 해당 근거가 객관적이어서 서로 다르게 해석할 여지가 적은 형태라면 괜찮겠지만, 상대의 가정은 눈에 보이지 않는 상황에서 근거까지 모호하고 추상적이라면 애꿎게 서로의 메시지만 자꾸 충돌하는 상황이 벌어진다. 서로 내놓고 따질 것이 그것밖에 없기 때문인데, 그러다 보면 "지금 싸우자는 거야?"라는 식의 험한 말도 자연스레 등장하곤 한다. 이런 상황을 그림으로 그려보면 다음과 같다.

나는 이것을 '메시지 피라미드'라고 부른다. 핵심은 가운데에 있는 근거가 명확하면 명확할수록 가정과 최종 메시지 사이에서 가교 역할을 잘 수행한다는 것, 그리고 더 나아가 서로 다른 메시지 피라미드가 충돌할 때 상대와 나의 어떤 부분이 교착점에 있는지 신속히 찾게 해줄 수 있다는 것이다. 앞서 나온 철수와 영희의 견해와 메시지를 메시지 피라미드로 표현해보면 다음과 같다. 같은 데이터를 가졌음에도 각자가 세운 가정에 따라 정반대의 메시지가 나올 수 있음이 명확히 나타난다.

데이터를 기반으로 토론하는 경우 우리가 얼마나 건설적이고 생산적인 토론을 할 수 있는지를 보여주는 한 가지 사례가 있다. 토론의 배경은 이렇다. 2013년 프로야구는 그야말로 한 편의 드라마처럼 끝났다. 정규 시즌을 4위로 마감한 두산베어스는 포스트 시즌에서 3위 넥센히어로즈, 2위 LG트윈스를 파죽지세로 격파한 후 대망의 한국시리즈에서 1위 삼성라이온즈를 향해 무서운 기세로 돌진했다. 삼성라이온즈 역시 2011년과 2012년에 한국시리즈 우승컵을 두 차례나 거머쥔 전통의 강호여서 양 팀은 그야말로 날카롭기 짝이 없는 창과 두텁디두터운 방패의 격돌이었다. 결국은 삼성의 우승으로 끝났지만, 한국시리즈에서 삼성에게 3승을 먼저 따냈을 정도로 엄청났던 두산의 투혼은 모든 야구팬에게 강렬한 인상을 남겼다.

다음의 대화는 그 뒤 두 팀의 팬이 나눈 것이다. '삼성라이온즈와 두산베어스 중 과연 어느 팀이 더 나은가'라는, 매우 주관적이면서도 모호한 대화가 데이터를 통해 어떤 양상으로 변하는지 살펴보는 것이 관전 포인트다.

삼성 팬: 역시 삼성 라이온즈야! 물론 두산이 초반에 매섭게 몰아친 건 사실이지만, 오랜 세월 팀에 녹아 있는 승리 DNA는 역시 무시할 수 없는 거거든. 한국시리즈 연속 3회 우승이라는 위업을 누가 감히 무시할 수 있겠어? 대한민국 최고 야구 구단이라면 단연 삼성이지! 실력 앞에 장사 있어? 2012년 구단별 승률 데이터만 봐도 대번에 알 수 있잖아? 이번 우승이 우연은 아닌 거지.

두산 팬: 일단 축하해, 두산 팬 입장에서도 큰 미련이 남지 않을 정도로 정말 한 경기 한 경기가 명경기였어. 특히 두산이 삼성을 한국시리즈에서 세 경기 먼저 이겨냈을 땐 정말 두산의 팬이라는 걸 떠나 야구팬으로서 경이롭기까지 하더라니까. 근데 한국 최고의 팀이 어디냐에 대해서는 좀 더 생각해볼 필요가 있는 것 같아.

삼성 팬: 그게 무슨 소리야. 최근 팀 승률 면에서나 우승 횟수로나 당연히 삼성이지.

두산 팬: 뭐, 삼성의 실력이 뛰어난 건 알겠는데. 과연 실력만으로 최고라 할 수 있냐는 거야. 야구는 인생의 축소판이라고들 하잖아. 인생의 모든 희로애락이 야구 경기에 녹아 있다는 점이 중요하니 나온 말인데, 그런 관점에서 보면 흥행성이 최고 팀의 기준이 돼야 하지 않겠어?

삼성 팬: 골수 야구팬다운 지적이군. 일부는 인정해. 근데 흥행성의 기준
은 뭐야?

두산 팬: 입장객 수 등이 좋은 예가 되겠지. 이 데이터들이 내 말을 이해
하는 데 도움이 될 것 같아. 이거 봐봐. 2012년과 2013년 구단별
관중 수를 봐도 두산의 경우가 삼성보다 얼마나 많은지 알 수
있잖아? 이게 바로 플레이에 스토리가 묻어 있는 팀의 힘이라고
생각해. 보다시피 삼성의 관중 수는 전체 구단 가운데 하위권
수준인데 어떻게 이런 팀이 최고 팀이라고 할 수 있겠어?

삼성 팬: 음……. 정말 관중 수로 보면 삼성이 하위권이네. 그런데 말이야.
구단별 관중수는 어떻게 집계되는 거지? 왠지 저 데이터가 구단
의 흥행성과는 연관이 없을 것 같다는 느낌이 드는데?

두산 팬: 무슨 말이야. 이건 한국야구위원회(KBO)의 공식 자료라고.

2012년 구단별 승률 데이터

2012	경기	승	패	무	승률
삼성 라이온즈	133	80	51	2	0.611
SK 와이번스	133	71	59	3	0.546
두산 베어스	133	68	62	3	0.523
롯데 자이언츠	133	65	62	6	0.512
KIA 타이거즈	133	62	65	6	0.488
넥센 히어로즈	133	61	69	3	0.469
LG 트윈스	133	57	72	4	0.442
한화 이글스	133	53	77	3	0.408

삼성 팬: 출처가 확실하다는 건 나도 알겠는데, 상식적으로 그렇잖아. 너
나 나나 오랫동안 수많은 야구 경기를 직접 야구장에서 관람했
지만, 우리가 입장권을 살 때든 경기장에 입장할 때든 언제 우리
가 스스로 어느 구단 팬이라고 명확히 밝힌 적이 있었나? 인터
넷 예매만 하더라도 그래.
예약자인 내가 홈팀 팬인지 원정팀 팬인지 주최 측이 알 턱이 없
잖아. 그런데 어떻게 저런 데이터가 나올 수 있느냐는 거야.

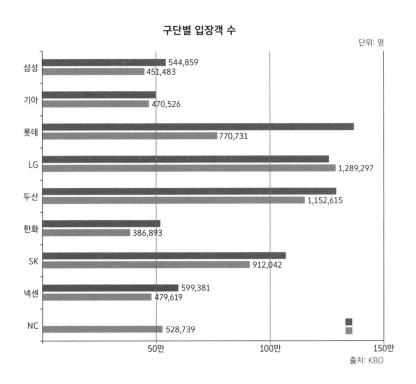

구단별 입장객 수

단위: 명

구단	입장객 수
삼성	544,859 / 451,483
기아	470,526
롯데	770,731
LG	1,289,297
두산	1,152,615
한화	386,893
SK	912,042
넥센	599,381 / 479,619
NC	528,739

출처: KBO

두산 팬: 음……. 너의 문제의식에 나도 이렇다 할 반론을 내놓을 수 있는
　　　　건 아닌데, 그래도 저 데이터가 정말 팀의 흥행 정도를 대변하지
　　　　못하는 '무관한' 데이터라고 말하려면 좀 더 명확한 근거가 필요
　　　　할 듯해.

삼성 팬: 명확한 근거야 현재로선 구단별 입장객 규모를 작성한 사람에게
　　　　물어보지 않는 한 구하기 힘들겠지만, 나름 이런 시도는 해볼 수

2012년 구단별 승률과 관중 규모

2012	관중 수	승률
삼성	544,859	61.1%
KIA	502,016	48.8%
롯데	1,368,995	51.2%
한화	519,794	40.8%
넥센	599,381	46.9%
두산	1,291,703	52.3%
LG	1,259,480	44.2%
SK	1,069,929	54.6%

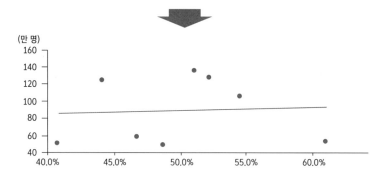

있겠어. 2012년 구단별 승률과 구단별 관중 규모의 상관관계를 그래프로 그려봤는데, 승률과 관중 수는 아무런 상관이 없는 것으로 나오고 있어. 정말 관중수가 흥행성을 조금이라도 반영한다면 어떻게 팀 성적과 저렇게 무관하게 나올 수 있겠어? 직관적으로 너무 말이 안 되지 않아?

2007~2012년 구단별 관중 수와 관중 선호도

2012	관중 수	5개년 평균 구단별 선호도
삼성	544,859	13%
KIA	502,016	12%
롯데	1,368,995	15%
한화	519,794	6%
넥센	599,381	1%
두산	1,291,703	6%
LG	1,259,480	6%
SK	1,069,929	3%

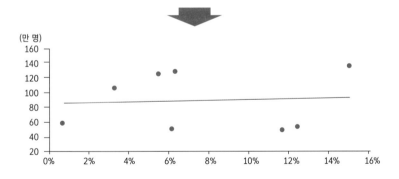

출처: 한국갤럽

게다가 그런 확신이 더 강하게 드는 데이터도 있어. 지난 5년간 구단별 관중 선호도와 관중수 간의 관계를 분석한 건데, 여기에서도 둘 사이엔 이렇게 아무런 관계가 없는 것처럼 나오거든. 승률과 비교했을 때처럼 말이야.

그래도 한편으론 혹시나 싶어 마지막으로 다른 분석을 한 가지

구단별 최대 수용 관중 규모

2012	관중 수	구장 규모
삼성	544,859	12,000
KIA	502,016	13,400
롯데	1,368,995	29,600
한화	519,794	13,000
넥센	599,381	16,000
두산	1,291,703	26,986
LG	1,259,480	26,986
SK	1,069,929	29,500

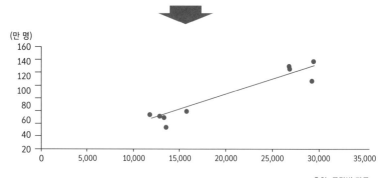

출처: 구단별 자료

더 해봤어. 이것 좀 볼래? 놀랍지 않아? 네가 제시한 구단별 관중수는 구단별 구장의 최대 수용 관중 수와 이렇게도 높은 상관관계를 보였어. 즉, 네가 말한 구단별 관중 수는 구단별 흥행 정도보다는 그저 구단별 구장의 수용 능력을 대변하고 있을 가능성이 높다는 거지. 어떤 구단의 인기나 실력도, 선호도 대변하지 않는, 그냥 무관한 근거일 수 있다는 거야.

두산 팬: 하하! 두산 베어스에 대한 나의 불타는 지지는 여전하지만, 네 말처럼 구단별 관중 수는 팀의 어떤 흥행도 대변하지 못할 가능성이 높아 보이긴 하네. 이야! 내가 제시한 데이터에서 이상한 낌새를 포착하고 이렇게까지 밝혀내니 내가 더 이상 할 말이 없는걸!

지금껏 언급된 많은 역량이 녹아들어갔다는 점이 느껴졌는가? 이렇듯 데이터 리터러시는 똑같은 데이터라도 좀 더 값진 자산으로 만드는 힘이 되고, 그렇기에 데이터 대홍수 시대를 살아가는 데 있어 필수 중의 필수인 역량에 해당한다. 잘 배운 사람들만의 특별한 능력이 아닌, 모든 사람들이 갖춰야 하는 이 시대의 능력이 되어버린 것이다. 데이터를 언어처럼 쓸 줄 아는 기본적인 소양이 없는 데이터맹(盲)이 되지 않기 위해 애써야 하는 이유다.

삼성 팬의 메시지 피라미드

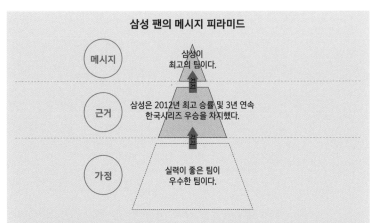

- 삼성 팬은 실력이 좋은 팀이 우수한 팀이라는 가정으로 삼성 라이온즈의 최근 우수한 성적을 근거로 최고의 팀이라는 메시지를 형성함.

- '최고의 팀'이라는 모호한 개념을 '성적'이라는 표준화 데이터로 대표하려고 시도했다고 볼 수 있음.

두산 팬, 삼성 팬과 가정부터 대립되는 메시지 피라미드

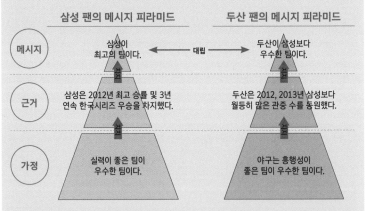

- 두산 팬은 삼성 팬이 형성한 메시지 피라미드 자체를 공략하기보다는 전혀 다른 가정에 근거를 둔 자신만의 메시지 피라미드를 별도로 형성함.

- 다만, 자신이 제시한 메시지 피라미드의 구조에서는 오히려 삼성이 여러 구단 가운데 하위권임을 제시하여 결과적으로 삼성 팬의 메시지를 약화시키려고 시도함.

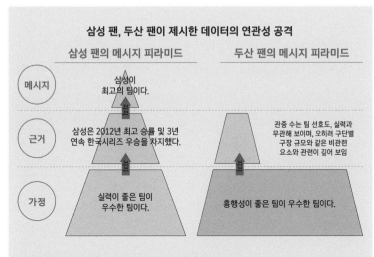

삼성 팬, 두산 팬이 제시한 데이터의 연관성 공격

삼성 팬의 메시지 피라미드   두산 팬의 메시지 피라미드

메시지
삼성이 최고의 팀이다.

근거
삼성은 2012년 최고 승률 및 3년 연속 한국시리즈 우승을 차지했다.

관중 수는 팀 선호도, 실력과 무관해 보이며, 오히려 구단별 구장 규모와 같은 비관련 요소와 관련이 깊어 보임

가정
실력이 좋은 팀이 우수한 팀이다.

흥행성이 좋은 팀이 우수한 팀이다.

· 삼성 팬은 두산 팬이 제시한 근거에 대해 의구심을 적절히 발동시킴.

· 삼성 팬은 자신의 의구심을 증명하기 위해, 두산 팬이 제시한 근거 데이터가 그의 가정과 무관함을 증명함으로써, 결과적으로 두산 팬의 메시지 약화에 성공함.

삼성 팬의 데이터 커뮤니케이션 성공 비결

· 첫째, 의구심의 활용: 두산 팬이 제시한 데이터가 자신의 경험에 비추어 봤을 때, 뭔가 이상하다는 직관적 문제의식을 적절히 발동시킴.

· 둘째, 효과적인 데이터 구조화: 자신의 문제의식을 증명하기 위해 다양한 데이터들을 적절히 구조화함으로써 얻어진 파생 정보를 적절히 활용함.

· 셋째, 가정과 근거의 단절: 두산 팬 메시지 피라미드 중 가정의 핵심인 '흥행성'을 그대로 인정하면서도, 제시된 데이터가 흥행성과 무관함을 밝혀냄으로써 효과적으로 메시지를 약화시킴.

7장

맺으며: 데이터리터러시닷숍
프로젝트

삶은 문제 그 자체고, 사는 것은 문제 풀이의 연속이다.
– 레이먼드 페이스트 (Raymond E. Feist)

데이터 4단 케익 만들기

이제 여러분은 데이터 리터러시가 무엇이고 왜 필요한지 어느 정도 이해했을 것이다. 그럼 이번에는 좀 더 시각을 넓혀 데이터 리터러시가 다른 데이터 관련 개념들과 어떤 관계에 있는지 살펴보자. 보다 큰 그림에서 구조적·유기적으로 이해하면 데이터 리터러시의 필요성도 더욱 명확해질 것이다.

그 '보다 큰 그림'을 압축해서 나타낸 것이 다음의 케이크 그림이다. 기업들에게 이 그림은 데이터가 가진 전체 담론을 이해하고 무엇 위에 무엇을 올려야 할지에 대한 가늠자가 될 수 있다. 여러 단의 케이크를 만들 때 2단 위에 1단을 올릴 수 없듯, 가장 기저에 무엇이 자리해야 하는지를 보여주기 때문이다. 특히나 사고력과 역량 다지기에 앞서 분석 툴 및 분석 기법 교육만으로 데이터 중심 조직을 만들려 했던 기업이라면 이 그림을 더욱 눈여겨보며 좀 더 노련한 쪽으로 조직을 구성해보자.

가장 아랫단, 즉 첫 번째 요소는 실증주의다. 실증주의는 분석되고 증명될 수 있는 지식이 최고의 지식이라는 철학을 기반으로 한다. 이렇게 엄중한 개념이 과연 회사 조직에서 가능할까 싶겠지만, 데이터가 아무리 많아도 이 철학이 깔려 있지 않으면 이 책의 첫 장에서 언급되었던 '다크 데이터의 함정'에서 절대 벗어날 수 없다.

사실 조직에 필요한 실증주의의 정도는 각 조직마다 조금씩 다를 수

데이터 역량은 1단부터 차곡차곡 쌓아야 한다

Why Data Literacy

데이터를 말하듯 쓰는 힘

Data Driven Problem Solving
문제해결 = f(x)(몰입, 통찰, 자원)이니까
From 정보 To 통찰

Tools & Technique
데이터 형태 · 양과 분석기법에 따라
엑셀 · 파이썬 · R 등
분석 목적에 적합한 기법
설명 · 진단 · 예측 · 해결

Data Literacy

Mind & Thinking
데이터를 끌어가는 생각 근육
한계 · 가설 ·
비판적 사고력 ·
시스템 사고력

데이터 신뢰도를 높여주는
데이터 민주주의 ·
데이터 윤리

Culture
저장 · 접근 · 분석 등
데이터 인프라

투명성과 보안의 균형
데이터 거버넌스

경험보다 데이터
실증주의

있다. 업종과 업태에 별 변화가 없고 기존의 상식과 암묵지로도 좋은 의사결정을 충분히 내릴 수 있는 조직이라면 굳이 데이터에 집착할 필요는 덜하다. 그러나 새로운 시장을 개척하거나 과거에 한 번도 해본 적 없는 실험을 현재 진행 중인 조직에서는 실증주의를 기초로 하는 데이터 기반의 소통 문화가 매우 중요하다. 그러므로 자신이 속한 조직의 특성을 감안하여 실증주의의 수위를 조절해야 한다.

좋은 철학과 함께 필요한 것이 좋은 기술적 환경이다. 데이터 저장, 접근 그리고 분석을 위한 최상의 환경이 구축되어야 하는 것이다. 앞서 언급했듯 클라우드 환경에서 저장, 접근, 분석을 한 번에 할 수 있는 소프트웨어가 2018년경부터 전 세계적으로 급속히 판매되고 있다는 사실에 주목할 필요가 있다. 데이터 축적의 시대를 지나 분석의 시대를 위한 환경조성이 본격적으로 시작되었다는 의미이기 때문이다.

튼튼한 철학과 환경이 갖춰지면 사람들은 점점 데이터로 소통하는 시도들을 할 것이다. 그런데 데이터 활용이 증가할수록 고민이 되는 지점이 있다. 바로 보안과의 딜레마이다. 그러므로 이 상충관계의 사이에서 균형을 잡게 해줄 거버넌스가 반드시 필요하다.

기본 환경이 구축되면 사람들의 마음이 먼저 자라기 시작한다. 이 단계에선 데이터 사용에 관한 윤리의식을 바탕으로 지적 겸손함과 의무적 회의감이 쌍을 이뤄 조직 내에서 쉴 새 없이 작동되어야 한다. 그 과정에서 조직은 종전과 다르게 수많은 의사결정을 쳐내게 된다. 또 그 과정에서 마음의 상처를 입지 않는 회복탄력성이 길러진다. 특정 인물에게 상처 받은 게 아니라 더 많은 사실을 파악하지 못한 사실에 안타까워할 뿐이기 때문이다. 또한 한 번에 큰 의사결정을 하기보다는 잘게 나누어 의사결정을 자주 하는 한계적 사고(marginal thinking), 가설을 정하고 검증하는 방식의 사고가 필요하다. 이 둘은 언뜻 서로 상반되는 듯하지만 데이터 황금기의 시대에 반드시 갖춰야 할 생각 근육들이다. 그리고 이 모든 과정은 합리적 비판의식(critical thinking)으로 점검받아야 한다.

이렇게 1단을 쌓았다면 2단, 즉 역량(competency)을 쌓을 차례다. 좋은 마음가짐이 생겨난 뒤엔 좋은 역량들을 갖춰야 한다. 데이터를 보고 눈물을 흘릴 정도의 좋은 감수성, 설사 데이터가 없는 상황이라 해도 스스로 데이터를 만들어낼 줄 아는 역량, 분석하는 순간순간 가설을 진화시켜가며 더듬듯 답을 찾아가는 역량, 그 소중한 결과를 이해되게 잘 정리하여 표현할 줄 아는 역량, 메시지를 극대화하기 위해 스토리를 담아 전달하는 그런 역량들 말이다. 해외 학자들은 더 많은 역량을 정의하고 있지만 반드시 이 책에 등장하는 데이터 리터러시 16개 역량만은 꼭 챙겨두자.

역량과 툴이 갖춰졌다면 주위를 둘러봐야 한다. 이 시기는 명확한 목적의식을 갖춰야 할 때이기 때문이다. 이를 위한 가장 좋은 방법은 바로 직접 문제를 해결해보는 것이다.

2020년 3분기 현재 국내 주요 대기업의 데이터 교육 트랜드에 가장 큰 변화 조짐이 있다면 바로 '데이터 기반 문제해결(DDPS; Data-driven

Problem Solving)'을 꼽을 수 있다. 이 과정을 직접 진행해본 결과, 설사 분석 툴에 대한 이해가 없더라도 각자 가진 실무 문제를 데이터로 해결해보는 실전형 워크샵이 훨씬 효과적이라는 확신을 갖게 되었다. 교육 참여자들의 입에서 "어! 이거 재밌네!"라는 자심감 섞인 말들이 곳곳에서 들려왔기 때문이다. 다시 말해 툴 자체를 가르치는 과정보다는 실제 문제해결 과정을 통해 몰입하게 하며 자신감을 만들어내는 과정이 앞서야 한다는 뜻이다.

데이터리터러시닷숍(www.dataliteracy.shop)

다만 이렇게 문제해결 중심의 과정이 갖는 한계도 존재한다. 교육을 위해 매번 문제상황 자체를 만들어낼 수는 없다는 점이 그것이다. 실제로 교육 참여자들로부터 내가 가장 많이 들은 말도 "연습을 더 해보고 싶은데 어디서 할 수 있나요?"였다. 안타깝게도 나의 대답은 "역량별로 잘 정리된 케이스를 쉽게 찾긴 어려울 거예요."였다.

물론 이는 데이터 리터러시에 대한 인식이 아직 여물지 않아 나타나는 한계일 수도 있지만 그렇다 해도 그저 시간이 해결해줄 문제로 보이진 않는다. 데이터 리터러시 역량 연습은 기본적으로 데이터를 필요로 하는데 이에 필요한 현장감 있는 데이터를 충분히 구하는 게 어렵기 때문이다.

이런 상황에 직면한 나의 질문은 "어떻게 하면 다양한 데이터로 몰입감 있는 연습문제를 만들 수 있을까?"로 귀결되었고, 그 답을 위해 시작한 것이 바로 '데이터리터러시닷숍(www.dataliteracy.shop)' 프로젝트다. 이 프로젝트의 핵심 방향은 '모든 사람을 데이터 연습문제 출제자로 만든다'를 향한다.

데이터는 한곳에 모여야 의미가 있다. 그러므로 전 세계 많은 사람들의 데이터 리터러시 역량을 점차 높여간다면 분명 자신만의 데이터로도 자신만의 문제를 만들어낼 수 있을 것이라는 게 내 생각이다. 그렇게 유료 또는 무료로 공개한 리터러시 역량별 연습문제들은 다른 누군가에게 구매되고 학습되면서 결국 우리 모두의 데이터 리터러시 역량을 급속도로 높일 테고, 이로써 데이터 확보 문제와 몰입감 문제를 동시에 해결할 수 있을 것이다.

책 전반에서 누누이 강조했듯 데이터 리터러시는 전문가들을 위한 역량이 아니다. 따라서 데이터를 접하는 개개인이 단단한 역량을 갖추고 그것을 기반으로 다양하고 깊이 있는 데이터 기반 문제해결 경험을 많이 쌓아가는 것, 그것이 곧 데이터가 가진 잠재력을 최대한 이끌어내는 사회로 발전하는 길이라고 나는 믿는다. 그런 사회를 나와 여러분이 함께 만들어간다면 좋겠다.

부록_ 메시지별 적합한 12개 차트 유형

우리가 데이터라 부르는 것은 '표준화된 정보'고, 정보의 표준화 방법은 크게 계량화와 구조화로 나뉜다. 계량화는 정보의 내용이 수치를 통해 정량적으로 표현되는 것, 구조화는 일관된 기준으로 정보가 배열되는 것을 말한다. 정량화, 구조화된 정보일수록 고유 내용의 전달 속도 및 효과성이 높아진다는 사실을 우리는 이미 잘 알고 있다. 그렇다면 지금부터는 '과연 데이터에는 어떤 유형들이 있는가'에 집중해보자. 구슬이 서 말이라도 꿰어야 보배라 하듯, 아무리 좋은 방법이라해도 정작 우리가 이해하거나 사용할 줄 모르면 아무 의미도 없으니까.

데이터의 유형은 매우 다양하지만, 지금은 구조화와 정량화가 모두이뤄진 그래프형(또는 차트형) 데이터에 집중하려 한다. 그래프형 데이터에 익숙해지려면 일단 두 가지 질문이 필요하다.

① 메시지를 지지하기 위한 근거에 적합한 형태인가?
② 얼마나 많은 관점이 녹아들어 있는가?

①번 질문은 차트형 데이터의 유형과 근거의 유형 사이에 어느 정도 관련이 있음을 의미한다. 정확히는 '근거가 어떤 현상에 착안하여 형성되느냐에 따라 그 현상을 가장 잘 표현하는 데이터의 유형도 달라진다'는 뜻이다. 이를테면 막대그래프형 데이터는 어떤 지표의 절댓값의

근거 유형과 데이터 유형의 적합성 예시

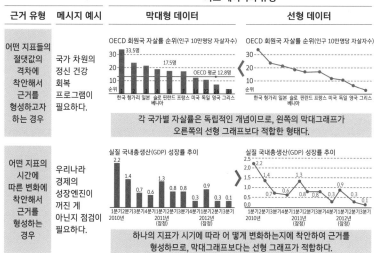

변화를 바탕으로 메시지를 이끌어내고자 할 때 주로 사용되고, 선형 데이터는 변화의 시간적 추이를 바탕으로 메시지를 도출할 때 적합하다. 데이터 유형과 근거 유형이 늘 일치한다고 할 순 없지만 강한 경향성을 가진다는 것은 분명하므로, 이 둘의 관계를 잘 이해하면 자신의 근거에 가장 적합한 차트형 데이터를 효과적으로 선택할 수 있다.

②번 질문은 데이터를 구성하는 지표의 개수에 관한 것이다. 지표를 몇 개나 사용했는지, 그 지표들 사이에 어떤 관계가 있는지를 간파하면 데이터를 빠르게 이해하고 더 나아가 적절하게 활용할 수 있다. 일반적으로 사용된 지표들은 해당 데이터를 구성하는 특정 관점을 대표하기 위해 동원된 것이고, 그 관점들이 구조화되어서 데이터가 완성되는 것이기 때문이다.

관점이 추가될수록 상대적으로 충분성이 더 갖춰진 근거를 마련하는 것이니 어떤 데이터가 몇 개의 관점을 사용했는지, 또 그 관점들이 서로 어떤 관계로 구조화되어 있는지를 파악하는 것은 데이터 이해에 있어 매우 중요하다.

그렇다면 다양한 데이터를 이해하는 데 중요한 이 두 가지 관점, 즉 '근거 형성의 적합성'과 '사용 지표의 개수'를 바탕으로 다양한 데이터 유형을 일목요연하게 정리해보자(지금부터 제시되는 다양한 데이터들은 그저 유형을 표현하기 위한 예시일 뿐, 데이터 자체로 신빙성을 가지는 것은 아님을 미리 밝혀둔다).

1) 막대형 그래프

- 적합한 근거 유형: (근거) ~는 ~보다 크다(작다), (메시지) 그러므
로 ~하다.

다음 그림은 가장 일반적인 형태의 막대형 그래프다. 지표 간 값의
대소를 기반으로 근거를 마련하고자 할 때 가장 많이 사용되며, 다음

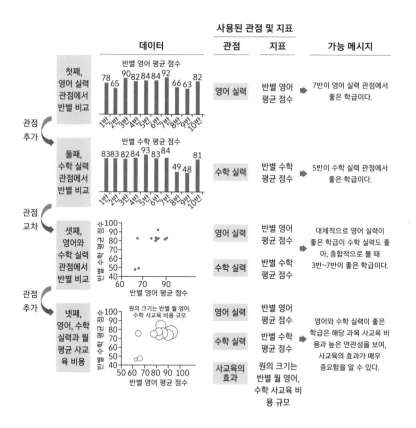

과 같이 여러 형태로 응용될 수 있다.

　다음 예시는 시점별 특정 지표값의 변화를 표현함과 동시에 그 지표를 구성하는 하위 세 개 지표의 구조도 전달하고 있다. 전체를 구성하는 부분을 세 개의 막대로 쌓아서(stacked) 표현했다는 점에서 기본형보다 발전된 형태에 해당한다.

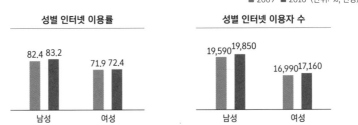

성별 인터넷 이용률 및 이용자 수

■ 2009 ■ 2010 (단위: %, 천명)

출처: 방송통신위원회·한국인터넷진흥원, 2010년 인터넷이용실태조사, 2010. 12

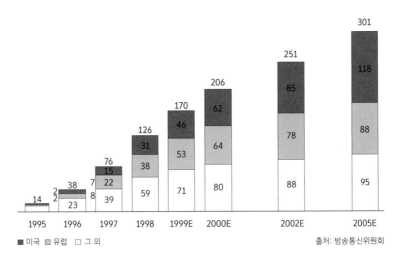

출처: 방송통신위원회

이 밖에도 막대형 데이터의 응용 형태는 얼마든지 있다. 다음의 데이터는 '100% 기준 막대형'이라 불리는 막대그래프다. 시점별 전체 막대의 크기(높이)를 100% 형태로 통일한 후, 전체를 구성하는 부분 막대들의 비중을 분리해서 보여준다. 앞서의 막대그래프는 전체 막대그래프 높이 자체의 변화와 비중 변화를 동시에 보여주는 데 반해, 이번 막대그래프는 부분 막대들의 비중 변화에 초점을 두고 있다. 시간에 따른 부분들의 비중 변화를 강조하고 싶다면 두 번째 막대그래프보다 이것이 더 적합하다.

좀 더 진화한 형태의 막대그래프도 있다. 다음의 막대그래프를 보

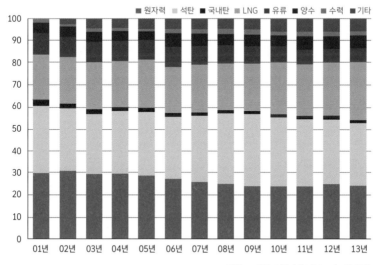

에너지원별 발전설비용량 비중

단위: %, 출처: 전력거래소(2013년 7월 기준)

구매 깔때기	현대	피아트	포드	닛산	르노	도요타	아우디
인구	800	800	800	800	800	800	800
	(22.3%)	(33.2%)	(33.6%)	(4.7%)	(36.8%)	(14.3%)	(23.9%)
초기 고려 (3.04)	178	266	269	37	295	114	191
	(67.7%)	(79.5%)	(76.6%)	(79.2%)	(70.1%)	(75.8%)	(73.9%)
딜러 방문 (2.10)	121	211	206	30	207	86	141
	(95.5%)	(94.8%)	(89.9%)	(81.3%)	(88.7%)	(88.6%)	(92.9%)
최종(Top2) 검토*	115	200	185	24	183	77	131
	(51.8%)	(64.4%)	(57.7%)	(72.2%)	(59.2%)	(60.8%)	(49.7%)
구매	60	129	107	17	109	47	65

* 터키 구매자의 11%는 차량을 구매할 때 오직 한 브랜드만 고려한다.
출처 : 터키 자동차 바이어 연구조사 (2011.07.) 딜로이트

면 X축은 자동차 완성차 메이커들인데 Y축은 소비자들이 자동차를 구입하는 단계를 초기 고려, 딜러 방문, 최종 검토, 구매 등 네 단계로 구분하고 있다. X축과 Y축의 교차 지점에선 메이커별 구입 단계별 통과율을 막대 크기로 표현했다. 즉, 메이커별로 경쟁사 대비 어떤 구입 단계에서 병목 현상이 발생하는지를 볼 수 있게 한 것이다.

이렇듯 막대그래프는 지푯값의 대소를 비교해 어떤 근거를 형성하고자 할 때 주로 적합한 데이터 유형이다.

2) 선형 그래프

- 적합한 근거 유형: ~은 시간의 흐름에 따라 어떠한 변화 추이를 보인다. 그러므로(메시지)~하다.

선형 그래프는 지표값의 변화 추이를 나타낼 경우 가장 적합하다. 불연속 지표도 선으로 이어놓으면 마치 연속적으로 변하고 있다는 느낌을 주기 때문이고, 이런 이유로 X축은 보통 연도를 나타낸다.

막대 그래프와 마찬가지로 선형 그래프 역시 어떤 근거를 만들고자 하느냐에 따라 그 형태가 다양하게 변화할 수 있다. 생수 브랜드, 시점, 채널, 취급률이라는 총 네 가지 관점이 한 번에 사용된 다음의 선형 그래프가 좋은 예다. 이 그래프에서는 취급률 추이가 선형으로 표현되어 채널별 두 생수의 경합 양상을 한눈에 나타내준다.

다음의 파레토 그래프는 선형 그래프가 반드시 시간의 흐름에 따라 전개되는 것은 아님을 보여준다. 파레토 그래프란 흔히 20 : 80 법

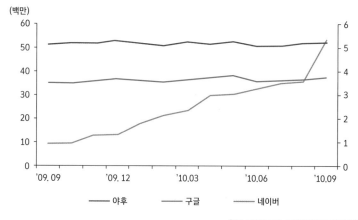

야후재팬, 구글재팬, 네이버재팬 UV 추이

출처: 코리안클릭, 미래에셋증권 리서치센터

부록

칙이라 불리는 파레토 법칙을 표현하기 위한 그래프로, 전체를 구성하는 20%와 80%가 어떻게 분포하는지 나타낸다. 이때 선형은 시간의 추이를 나타내기보다는 부분이 전체를 구성하는 추이를 나타낸

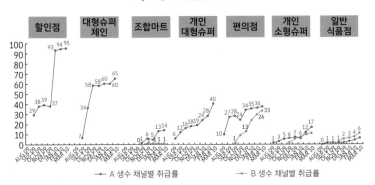

A, B 생수 채널별 취급률

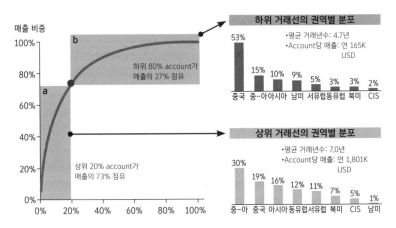

해외사업 거래선 분포

다는 점에서 이전의 선형 그래프들과 전혀 다른 성격을 갖게 된다.

3) 원형 그래프

– 적합한 근거 유형: (근거) ~는 ~의 ~정도 비중을 차지한다. 그러므로 (메시지) ~하다.

원형 그래프는 그야말로 비중의 크기를 나타내기에 최적화된 그래프다. 물론 막대그래프와 선형 그래프도 비중을 표현할 때 사용되기는 하나, 원형 그래프는 대개 전체를 구성하는 부분의 비중을 나타낼 때 사용되고, 그렇기에 그 변형 형태가 다른 그래프 유형보다 많지 않다. 다음은 다양한 단말기의 장소별 사용 시간 비중으로, 대표적 형태

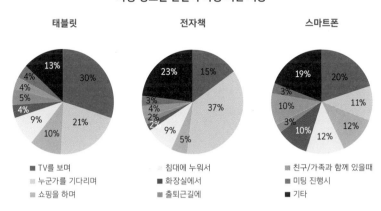

사용 장소별 단말기 사용 시간 비중

의 원형 그래프다.

4) 영역형 그래프

– 적합한 근거 유형: (근거) ~는 ~의 ~정도 비중을 차지한다. 그러므로 (메시지) ~하다.

영역형 그래프는 상당히 융합적 성격을 가지는 그래프 형태다. 기본적으로 전체를 구성하는 부분의 비중을 표현하기에 적합하다는 근거 유형 관점에서 원형 그래프와 매우 유사하다고 볼 수 있다. 하지만, 선형 그래프처럼 시간에 따른 변화를 나타내기에 수월하고 막대그래프처럼 다양한 부분들을 층층이 쌓아올려서 표현하기 좋다는 장점도 있어서 다양한 지표들의 비중 변화를 시간 흐름에 따라 확인하고자 할 때 자주 사용된다.

일반적인 영역형 그래프가 100%형 막대그래프로 전환 가능하듯, 일반적인 영역형 그래프 역시 다음과 같이 얼마든지 100% 영역형으로 표현할 수 있다. 막대그래프의 경우와 마찬가지로 두 유형은 정보의 양은 거의 비슷하나, 비중 변화에 얼마나 초점을 맞췄느냐에 따라 선택적으로 사용될 수 있다.

5) 분산형 그래프

– 적합한 근거 유형: ① (근거) 부분들이 포진하고 있는 양상을 보건

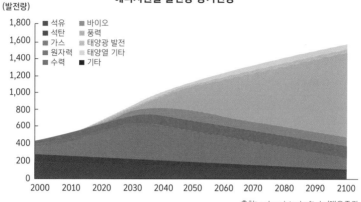

에너지원별 발전량 장기전망

(발전량)

■ 석유　■ 바이오
■ 석탄　■ 풍력
■ 가스　■ 태양광 발전
■ 원자력　■ 태양열 기타
■ 수력　■ 기타

출처: solarwirtschaft.de/대우증권

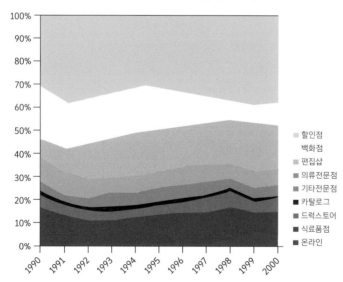

미국의 유통 채널별 시장가치 분배

■ 할인점
　백화점
■ 편집샵
■ 의류전문점
■ 기타전문점
■ 카탈로그
■ 드럭스토어
■ 식료품점
■ 온라인

대 X 축과 Y 축은 ~한 관계를 보이고 있다. 그래서 (메시지) ~하다.
② (근거) 부분들이 포진한 양상을 비슷한 위치의 것들끼리 모아
본 결과, ~는 AA 유형에 속한다고 볼 수 있다. 그래서 (메시지)
~하다.

분산형(scatter) 그래프란 명칭은 여러 개의 값이 X축과 Y축에 맞춰
뿌려진 듯 분산되어 있다고 해서 붙여진 것이다. 이 그래프는 크게 두
가지 목적을 위해 사용된다. 하나는 다수의 지표들이 분산되어 있는
전체 모습을 보고 X축과 Y축 지표의 관계를 알아보려는 목적이다. 대
표적으로 다음 예처럼 다수의 국가를 X축(1인당 GDP)과 Y축(기대수명)
에 따라 위치시키고, 과연 경제력과 수명이 어떤 관계에 있는지 보고

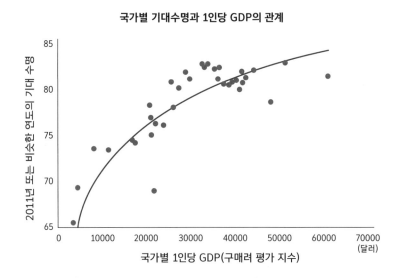

국가별 기대수명과 1인당 GDP의 관계

자 할 때 사용된다.

　두 번째 목적은 여러 값 사이에서 어떤 패턴을 찾아보거나, 그 패턴 상에서 유독 자신이 관심을 두는 값이 어떤 위치에 있는지 알아보려는 것이다. 다음에 나온 '1인당 국민소득 수준과 주관적 행복의 관계' 그래프가 좋은 예에 해당한다. 여러 국가를 X 축(1인당 국민소득)과 Y 축(국민들이 답한 주관적 행복 지수)을 기반으로 뿌려놓았다는 점에서는 앞서 나온 '1인당 GDP와 기대 수명' 그래프와 별반 다를 게 없지만, 두 그래프의 가장 큰 차이는 바로 영역 설정이다. 이 그래프는 각 국가를 나타내는 수많은 점을 두 개의 그룹으로 구분하고 그 그룹에 새로운 의미를 부여했다는 점에서 앞의 것보다 좀 더 의도된 정보를 전달하고 있다. 이런 종류의 새로운 의미 부여는 대부분 최종적으로 전달

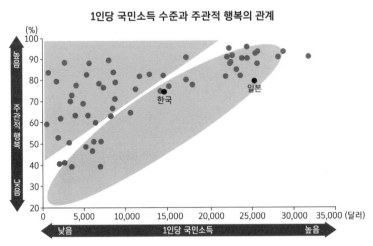

1인당 국민소득 수준과 주관적 행복의 관계

주관적 행복도: 각국에서 행복하다 또는 만족한다고 응답한 사람의 비율.

하고 싶은 말, 즉 메시지와 직접 연관되어 있다.

일반적인 분산 그래프에 관점을 추가하면서 근거의 충분성을 끌어올리는 방법은 이 밖에도 얼마든지 있다. 아래의 분산 그래프를 보자. 이 그래프는 앞서의 두 그래프와 같이 X축과 Y축을 기준으로 다양한 분석 대상을 뿌려놨다는 점, 그리고 어떤 영역을 설정하고 특정한 의미를 부여했다는 점에서 전혀 다를 바가 없다.

다만 여기에선 뿌려진 점의 크기를 이용해서 관점을 추가한 점이 다르다. 앞의 두 그래프에서는 모든 국가가 획일화된 크기의 점으로 표현되어 있지만, 이 그래프에서는 관점을 추가해 대상별로 점의 크기를 달리했다. 이런 형태는 크기가 제각각인 원이 마치 비눗방울이 날리는 것과 비슷하다 하여 버블 차트(bubble chart)라 불리기도 한다.

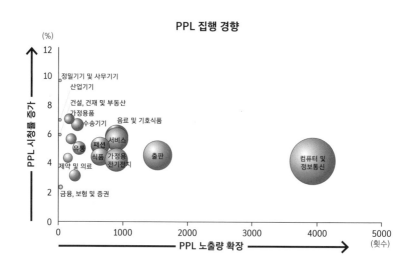

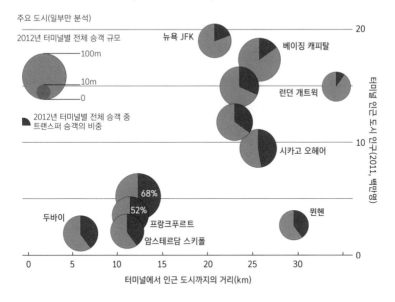

공항 터미널별 승객 수, 트랜스퍼 승객 수, 도심까지의 거리, 도심 인구 분석

주요 도시(일부만 분석)

2012년 터미널별 전체 승객 규모

뉴욕 JFK
베이징 캐피탈
런던 개트윅
시카고 오헤어

2012년 터미널별 전체 승객 중 트랜스퍼 승객의 비중

68%
52%

두바이
프랑크푸르트
암스테르담 스키폴
뮌헨

터미널 인근 도시 인구(2011, 백만명)

터미널에서 인근 도시까지의 거리(km)

버블 차트가 분산형 그래프에 관점을 추가하며 진화한 마지막 형태는 아니다. 다음의 그래프처럼 버블 차트를 이미 앞에서 다뤘던 원형 차트로 변환시키는 경우도 있기 때문이다. 이런 형태의 그래프는 버블의 크기를 달리할 뿐 아니라 그 버블을 구성하는 속성들의 비중 정보까지 보여준다. X축, Y축, 원의 크기, 원의 비중 등 총 네 가지 지표에 따른 값들을 한꺼번에 표현하는 셈이다.

6) 방사형 그래프

– 적합한 근거 유형: (근거) ~의 다양한 속성은 ~한 특성을 보이고

있어, (메시지) ~하다.

방사형 그래프는 마치 거미줄과 비슷하다 해서 스파이더 그래프(spider graph), 또는 레이더 계기판 같다고 하여 레이더 차트(radar dhart)라고도 불린다. 어떤 대상의 속성을 나누고 그 속성들의 수준을 나타내고자 할 때 가장 많이 사용되는 형태다.

다음의 방사형 그래프에서는 중국, 미국, 일본 영국 등 네 나라를 일곱 가지 관점별로 평가하고 그 결과를 연결해서 생긴 7각형을 확인할 수 있다. 각 7각형의 크기와 모양은 국가별로 저마다 다른데, 이는 일곱 가지 평가 기준에 비춰봤을 때 각 국가들의 특징이 어떻게 다른

국가별 연구자당 핵심 투자 및 성과 지표

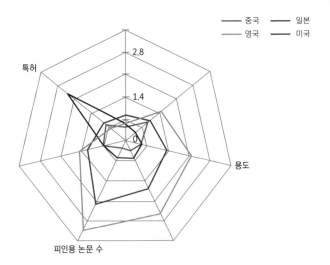

지를 매우 효과적으로 나타낸다.

7) 주식형 그래프
– 적합한 근거 유형: (근거) ~는 최솟값과 최댓값을 고려할 때 ~ 하므로, (메시지) ~하다.

다음의 막대형 차트를 보고 이 질문에 답해보자.

"각 반별로 영어 평균 점수뿐만 아니라 최고 점수와 최저 점수를 한 그래프에 표현할 방법은 없을까?"

주식형 그래프는 바로 이런 질문에 대한 답을 할 때 필요하다. 주식형 차트라는 명칭은 특정 기간(대부분 하루)에 나타난 특정 주식의 최고가와 최저가 및 종가를 동시에 표현하기에 적합하다 해서 붙여진 것으로 실제 주식시장 관련 데이터에서 상당히 많이 찾아볼 수 있는 형

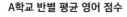
A학교 반별 평균 영어 점수

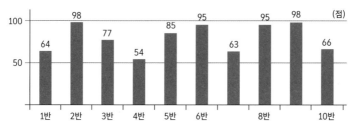

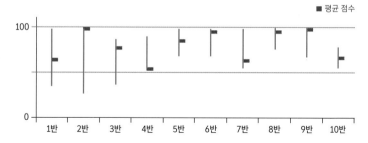

각 반별 평균 점수 및 최고, 최저 점수

■ 평균 점수

태의 데이터다. 여기서는 종가를 영어 평균 점수로, 주식 최고가와 최저가를 각각 반별 영어 최고점과 최저점으로 치환해서 이해하면 된다. 사실 막대그래프나 선형 그래프로는 막대나 선을 여러 개 그리지 않는 한 평균, 최고 또는 최소 점수를 한번에 나타낼 수 있는 방법이 마땅치 않지만, 주식형 차트를 이용하면 다음과 같이 이것 모두를 아주 효과적으로 나타낼 수 있다.

주식형 차트는 특정 값을 이해할 때 그 값의 배경이 되는 최소 또는 최대를 함께 볼 수 있다는 점에서 매우 유용하고, 따라서 최종값이 도출되게 된 배경에서 메시지의 실마리를 찾으려 하는 경우에 무척 효과적이다.

8) 마리메코형 그래프

- 적합한 근거 유형: (근거) 전체에서 ~는 ~정도의 비중과 특징을 보

여주고 있으므로, (메시지) ~하다.

쉽게 메코 차트(Mekko chart)라 불리는 마리메코(Marimekko)형 차트
는 전체를 구성하는 부분들의 비중을 보여준다는 점에서 원형 그래프
와 유사하지만, 기본적으로 막대그래프의 변형 형태로 이해해야 한다.
대개의 막대그래프가 각 막대의 높이를 통해서만 어떤 값들의 차이를
보여줬다면, 메코 차트는 가로와 세로 모두에 의미를 부여함으로써 막
대그래프의 면적을 통해 값의 차이를 일목요연하게 보여준다는 것이
가장 큰 차이점이다.

아래의 메코 차트에서 볼 수 있듯이 Y 축이 어떤 부분(데스크톱, 랩
톱, 노트북)의 정도를 나타내며 X 축 역시 같은 방식으로 표현된다. 또
한, 동일한 방식으로 각 부분 내에서 다시 하위 부분으로 세분화하여

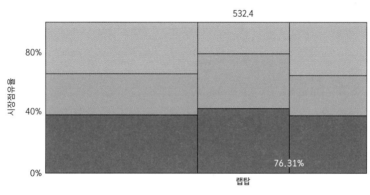

2004년도 시장점유율 분석

나타냄으로써, 전체와 부분의 비중을 막대의 면적을 통해 매우 직관적으로 이해할 수 있다.

9) 원가/최대 생산 가능량 그래프

– 적합한 근거 유형: (근거) 현재의 시장가격 구조에서 ~사업자까지만 이윤이 보장된 생산이 가능하여 시장 전체 생산량은 ~정도 되므로, (메시지) ~하다.

원가/최대 생산 가능량 그래프는 석유정제업·석유화학, 화학공업·철강업, 비철금속공업 등 대형 장치 산업에서 주로 사용된다. 역시 막대그래프를 기본으로 하는 이 그래프는 메코 차트처럼 각 막대의 높이와 길이에 중요한 정보를 담고 있는데, 좀 더 산업 특화적인 활용 범위를 특징으로 한다.

다음에 나타난 다양한 크기의 막대그래프는 회사(또는 공장) 하나하나를 의미한다. Y축은 회사별 평균 생산원가를, X축은 최대 생산

실제 사용 예

US$/t   2011년 중국 향(向) 기준 철광석 공급사별 비용 곡선[US$/t 62% Fe CFR China]

현재의 현물 가격은
한계 단가 이하다.

BHP   FMG

가능량을 표현하며 왼쪽에서 오른쪽으로 갈수록 생산원가가 높은 회사를 배치해놓았다.

복잡해 보이지만 사실 이 그래프는 회사별 생산원가와 생산량을 상징하는 막대를 원가의 순서대로 배열한 그래프에 지나지 않는다. 다시 말해 원가와 생산량이라는 단 두 개의 관점만을 사용한 단순 그래프인 것이다.

이 그래프가 장치산업 종사자들에게 특히 애용되는 이유는 이 산업의 경쟁 전략이 원가와 최대 생산 능력에 의해 결정되는 특성을 가지고 있기 때문이다. 왜 이런 특징을 가지게 되었고, 그런 특징을 표현하는 데 이 그래프가 적합한지 납득하기 위해서는 우선 장치 산업에 대한 이해가 필요하다.

장치 산업이 다른 산업과 구별되는 가장 큰 특징은 산업 내 경쟁 업체들이 동질의 상품(commodity)을 생산한다는 점, 그리고 시장 수요와 가격이 특정 업체의 개별 전략과 관계없이 시장 전체의 수급에 의해 결정되는 경향이 강하다는 점이다. 이런 상황에서 개별 기업에 가장 중요한 전략적 요소는 단 두 가지밖에 없으니 '동일한 시장가격하에서 최대 수익을 남기기 위해 얼마나 경쟁력 있는 원가 구조를 가질 것인가'와 '시장 수요에 대응하기 위해 어느 정도 적정한 최대 생산 규모를 유지할 것인가'가 그것이다. 바로 이 두 가지 고민이 그래프의 X축과 Y축에 고스란히 녹아 있는 것이다.

이런 이해를 바탕으로 다음 그래프를 읽었을 때 알아낼 수 있는 것들이 있다. 일단 시장가격이 전체 시장에서 결정되면, 손해를 보지 않고 제품 생산이 가능한 생산자는 브라보 II 사업자 이전의 사업자까지다. 만약 주어진 시장가격에서 브라보 II 업체가 생산을 시작한다면, 생산할수록 손해를 보게 되기 때문이다. 이 그래프는 시장가격이 변할 때 어떤 업체까지 온전한 생산이 가능한지를 직관적으로 이해할 수 있게 해준다. 또한 시장 수요량이 예시에서처럼 7만 5,000톤으로 형성되면 브라보 I 사업자까지는 온전한 생산이, 알파 II 사업자는 일부 생산이 가능해진다. 즉, 시장 수요가 변동할 때 원가 구조를 감안하여 어떤 생산자까지 생산이 가능한지를 이 그래프에서 볼 수 있는 것이다.

이 원가/최대 생산 가능량 그래프가 우리에게 주는 교훈이 있다. 어

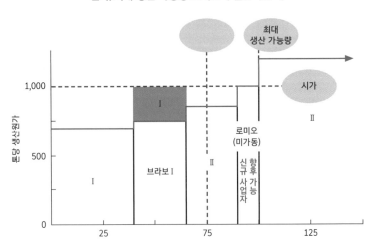

원가/최대 생산 가능량 그래프의 일반적인 예

떤 데이터들은 산업의 특성을 반영하기 위해 자유자재로 변형 가능하므로, 데이터 자체의 유형에 천착하기보다는 그 데이터에 녹아 있는 관점이 왜 중요하게 사용되는지를 이해하면서 살펴봐야 한다는 것이다.

10) 워터폴형 그래프

– 적합한 근거 유형: (근거) ~는 ~보다 크므로(작으므로), (메시지) ~

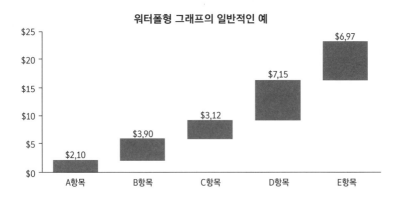

워터폴형 그래프의 일반적인 예

2008년도 회사 이윤

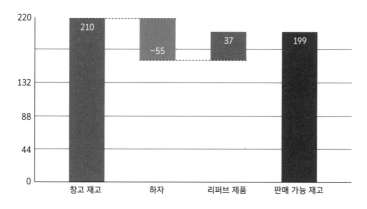

남성 티셔츠 재고자산 조사

하다.

마치 폭포(Waterfall)에서 물줄기가 떨어지는 것과 모양이 비슷하다 해서 이름 붙여진 워터폴(waterfall)형 그래프는 전체와 부분의 비중을 나타낼 때 사용된다는 측면에서 원형 그래프와 매우 유사한 역할을 한다. 다만 그 표현 방식이 메코 차트와 마찬가지로 막대그래프의 변형을 기반으로 한다는 것이 차이점이다.

첫 번째 예시에서 보듯 전체를 대표하는 가장 큰 막대가 어떤 부분들로 나뉘었는지를 폭포수가 순차적으로 떨어지듯 나눠 표현했다는 시각적 차이를 제외하면 정보의 양의 차이는 막대그래프와 본질적으로 없다고 봐도 무방하다. 워터폴 차트가 단순 막대그래프보다 우월한 점은 전체를 구성하는 플러스 요소와 마이너스 요소를 동시에 보여줄 수 있다는 점이다. 앞의 예들을 보면 최종 막대의 높이를 결정할 때 도움을 주는 부분과 그렇지 않은 부분을 나눠서 이해할 수 있다는 게 확인된다.

11) 퍼널형 그래프

– 적합한 근거 유형: (근거) 전체 단계에서 ~단계에서 정체가 일어나고 있으므로, (메시지) ~하다.

2007년도 5월 전환 비율

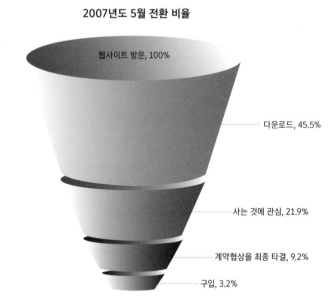

웹사이트 방문, 100%

다운로드, 45.5%

사는 것에 관심, 21.9%

계약협상을 최종 타결, 9.2%

구입, 3.2%

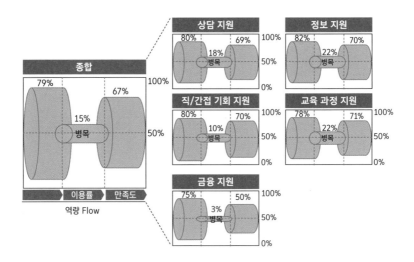

깔때기를 뜻하는 퍼널(funnel) 차트는 어떤 결과가 시작에서 끝으로 흐를 때, 중간 단계별로 측정한 값을 깔때기의 폭이나 높이를 기준으로 나열한 것이다. 따라서 특정 단계의 깔때기 폭이나 높이가 지나치게 얇거나 두꺼운 경우를 찾아내고 그를 기반으로 메시지를 형성하기에 적합하다.

다음의 퍼널 차트는 대학들이 학생 취업을 위해 마련한 다양한 지원 제도들이 학생들에게 얼마나 잘 스며들고 있는지를 (지원 제도의) 필요성, (실제) 이용률, (이용 후) 만족도 등 세 단계로 나타낸 것이다. 깔때기로 표현된 각 단계의 폭을 유심히 살펴보면 지원 내용과 관련 없이 학생들의 이용률이 가장 큰 병목 구간이라는 점을 매우 쉽게 이해할 수 있다.

12) 히트맵형 그래프

- 적합한 근거 유형: (근거) 전체 중에서 ~ 영역이 유난히 취약(또는 우월)하므로, (메시지) ~하다.

　열 지도라 부르기도 하는 히트맵(heat map) 차트는 전체를 구성하는 부분들을 하나의 큰 판으로 보여주고 특정 값의 정도에 따라 부분들의 색깔을 달리함으로써 어느 부분이 취약하고 우월한지를 한눈에 보여줄 때 적합하다. 특별히 신경 써서 읽지 않아도 대략적인 내용을 파악할 수 있을 만큼 시각적으로 매우 직관적인 정보 전달이 가능하므로, 이 차트를 사용할 때는 첫 번째 예의 범례에 나타나 있듯 나타내

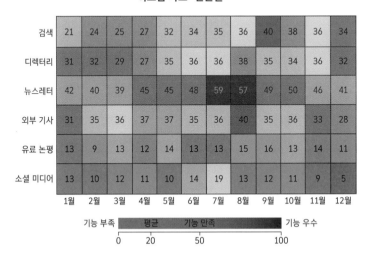

히트맵 차트: 전환율

	1월	2월	3월	4월	5월	6월	7월	8월	9월	10월	11월	12월
검색	21	24	25	27	32	34	35	36	40	38	36	34
디렉터리	31	32	29	27	35	36	36	38	35	34	36	32
뉴스레터	42	40	39	45	45	48	59	57	49	50	46	41
외부 기사	31	35	36	37	37	35	36	40	35	36	33	28
유료 논평	13	9	13	12	14	13	13	15	16	13	14	11
소셜 미디어	13	10	12	11	10	14	19	13	12	11	9	5

기능 부족　평균　기능 만족　기능 우수

0　20　50　100

고자 하는 지표의 정도 차이를 색상 변화에 세심히 잘 반영해야 한다. 다시 말해 지표값이 높거나 강한 부분은 동일한 계열의 진한 색으로, 그렇지 않은 부분은 연한 색으로 칠해야 시각적 장점을 충분히 살릴 수 있다.

　다음 예시는 상담, 정보, 기회, 금융, 교육과정에 관련한 학생 지원 내용이 인프라, 이용률, 만족도 관점에서 어떻게 강약을 보이는지를 학교별로 나타난 것이고, 그다음 예시는 주요 기술들의 사회적 파급도를 분야별로 나타낸 것이다. 히트맵 차트를 이용하면 학교별 분석과 학교 간 유형 비교가 매우 효과적으로 이뤄지고, 기술별 사회적 파급 유형 또한 한눈에 볼 수 있다. 마치 사람의 엑스레이 사진을 판독하듯 말이다.

맥킨지가 선정한 12대 와해성 기술의 경제적 파급효과의 범위

범례: ■ 1위　■ 2위　■ 잠재성　■ 선진국　■ 개도국

	개인과 사회				비즈니스				경제와 정부 정책				국가별 파급 효과 분포
	삶의 질 건강 환경	소비 패턴	작업의 특성	창업	신제품 서비스	생산자 간 잉여 전환	소비자 잉여 확대	조직 구조 변화	생산성 증대	국가 비교 우위 변화	고용 창출	규제 강화	
모바일 인터넷													선 개
지식 노동의 자동화													선 개
사물 인터넷													선 개
클라우드 기술													선 개
첨단 로봇													선 개
자율적 운송수단													선 개
차세대 지노믹스													선 개
에너지 저장장치													선 개
3D 프린터													선 개
첨단 재료													선 개
첨단 원유(가스 탐사 및 복구)													선 개
재생에너지(태양광/풍력)													선 개

참고문헌

김승현 , 박자연, "데이터의 블루오션, '다크 데이터(Dark Data)'", 이코노믹리뷰, 2018.

정종길, "쌓여가는 비정형데이터 고민, '오브젝트 스토리지'로 해결한다", 컴퓨터월드, 2018.

윤정근, "스마일커브 이론: 부가가치는 어디에?", 월간IM 11월호, 2009.

Andy Partizio, "IDC: Expect 175 zettabytes of data worldwide by 2025", Networkworld, 2018.

Marcus Dervin, "Underuse of Analytics could be costing organisations millions", The CEO Magazine, 2019. https://www.theceomagazine.com/

Titan GPS, "Heavy Equipment OEM Intergration: CaterPillar", https://titangps.ca/gps-tracking/gps-equipment-tracking/gps-equipment-tracking-heavy-equipment-oem-integration/heavy-equipment-oem-integration-caterpillar/

Jerry Gao, Chunli Xie, Chunanqi Tao, "Big Data Validation and Quality Assurance

- Issuses, Challenges, and Needs", 10th IEEE International Symposium on Service-Oriented System Engineering, 2016.

Ajay Vasal, Sanjeev Vohra, Emmanuelle Payan, Yusof Seedat, "Closing the Datavalue Gap", Accenture, 2019.

James Roberts, "4 Reasons Why Most Data Science Projects Fail", Ciodive, 2017.

Yann Lepant, "The truth about data", The Telegraph, 2018.

Michael Shirer, "IDC Forecasts Revenues for Big Data and Business Analytics Solutions Will Reach $189.1 Billion This Year with Double-Digit Annual Growth Through 2022", IDC, 2019.

Katie Costello, Meghan Rimol, "Gartner Says Global IT Spending to Grow 3.7% in 2020", Gartner, 2019.

Aneta Bonikowska, Claudia Sanmartin and Marc Frenette, "Data Literacy: What It Is and How to Measure It in the Public Service", Analytical Studies Branch, Statistics Canada, 2019.

F. Javier Calzada-Prado, Miguel Ángel Marzal, "Incorporating Data Literacy into Information Literacy Programs: Core Competencies and Contents", 2013.

Milo Schield, "Statistical Literacy Curriculum Design", Augsburg University, 2004.

Saurabh Bhargava and Dayanand Manoli, "Psychological Frictions and the Incomplete Take-Up of Social Benefits: Evidence from an IRS Field Experiment", American Economic Review, 2015.

Hugo Bowne-Anderson, "Your Data Literacy Depends on Understanding the Types of Data and How They're Captured", Harvard Business Review, 2018.

Josh Bersin, Marc Zao-Sanders, "Boost Your Team's Data Literacy", Harvard Business Review, 2020.

Brent Dykes, "Why Companies Must Close The Data Literacy Divide", Forbes, 2017.

Forbes Insights Team, "Rethinking The Role of Chief Data Officer", Forbes, 2017.

Qilk, "New Research Uncovers $500 Million Enterprise Value Opportunity with Data Literacy", Businesswire, 2016.

Accenture Labs, "Building digital Trust: the role of data ethics in the digital age", Accenture, 2016.

Ian Gauci, "Transparency, Auditability and Accountability in Software", GTG Advocates, 2019.

Qilk, "Lack of Data Literacy Hampers Business and Personal Performance", Qilk, 2018.

Christie Aschwanden, "Science Isn't Broken", FiveThirtyEight, 2015.

Pew Research Center, "Daily prayer is more common in the U.S. than in many other wealthy countries", Pew Research Center, 2018.

Jeff Desjardins, "U.S. Healthcare is a Global Outlier, and Not in a Good Way", Visual Capitalist, 2016.

Kevin Quealy, Margot Sanger-Katz, "Comparing Gun Deaths by Country: The U.S. Is in a Different World", The New York Times, 2016.

Cliff Kuang, "Infographic of the Day: A Stunning 3-D Chart of Afghan Casualties", Fast Company, 2011.

Julio Tarraf, "Market Sizing Case Interview Examples (Best Of 2020)", Crafting Cases, 2019.

Management Consulting Prep, "Case Interview Data Chart Insights", Management Consulting Prep, https://mconsultingprep.com/case-interview-data-chart-insights/

데이터 리터러시

1판 1쇄	2021년 1월 20일
1판 8쇄	2023년 8월 30일

지은이	강양석
펴낸이	김승욱
편집	김승욱 심재헌
디자인	김선미
마케팅	정민호 박치우 한민아 이민경 박진희 정경주 정유선 김수인
브랜딩	함유지 함근아 박민재 김희숙 고보미 정승민 배진성
제작	강신은 김동욱 이순호

펴낸곳	이콘출판(주)
출판등록	2003년 3월 12일 제406-2003-059호

주소	10881 경기도 파주시 회동길 455-3
전자우편	book@econbook.com
전화	031-8071-8677
팩스	031-8071-8672

ISBN | 979-81-89318-22-2 03320